钓鱼岛问题文献集　主编 张　生

"国史馆"藏档

董为民 殷昭鲁 徐一鸣 编

南京大学出版社

"十二五"国家重点图书出版规划项目
国家社科基金2015年度重大项目"《钓鱼岛问题文献集》及钓鱼岛问题研究"
中国南海研究协同创新中心
南京大学人文基金
江苏省2013年度哲学社会科学研究重大项目"钓鱼岛问题文献集"

钓鱼岛问题文献集

顾　　问　茅家琦　张宪文
学术指导　张海鹏　步　平　李国强

编纂委员会
主　　编　张　生
副 主 编　殷昭鲁　董为民　奚庆庆　王卫星
编 译 者　张　生　南京大学教授
　　　　　姜良芹　南京大学教授
　　　　　叶　琳　南京大学教授
　　　　　郑先武　南京大学教授
　　　　　荣维木　中国社会科学院研究员
　　　　　王希亮　黑龙江省社会科学院研究员
　　　　　舒建中　南京大学副教授
　　　　　郑安光　南京大学副教授
　　　　　雷国山　南京大学副教授
　　　　　李　斌　南京大学讲师
　　　　　翟意安　南京大学讲师
　　　　　王　静　南京大学讲师
　　　　　蔡丹丹　南京大学讲师
　　　　　王睿恒　南京大学讲师
　　　　　于　磊　南京大学讲师
　　　　　杨　骏　南京大学博士生
　　　　　刘　奕　南京大学博士生

徐一鸣	南京大学博士生
陈海懿	南京大学博士生
蔡志鹏	南京大学硕士生
刘　宁	南京大学硕士生
张梓晗	南京大学硕士生
顾　晓	南京大学硕士生
仇梦影	南京大学硕士生
殷昭鲁	鲁东大学讲师
王卫星	江苏省社会科学院研究员
罗萃萃	南京航空航天大学副教授
董为民	江苏省社会科学院助理研究员
奚庆庆	安徽师范大学副教授
郭昭昭	江苏科技大学副教授
屈胜飞	浙江工业大学讲师
窦玉玉	安徽师范大学讲师
张丽华	安徽师范大学讲师
张玲玲	央广幸福购物(北京)有限公司

"东亚地中海"视野中的钓鱼岛问题的产生
（代序）

所谓"地中海"，通常是指北非和欧洲、西亚之间的那一片海洋。在世界古代历史中，曾经是埃及、希腊、波斯、马其顿、罗马、迦太基等群雄逐鹿的舞台；近代以来，海权愈形重要，尼德兰、西班牙、英国、法国、奥斯曼土耳其帝国、意大利、德国乃至俄罗斯，围绕地中海的控制权，演出了世界近代史的一幕幕大剧。

虽然，法国历史学家布罗代尔（Fernand Braudel）引用前人的话说"新大陆至今没有发现一个内海，堪与紧靠欧、亚、非三洲的地中海相媲美"[1]，但考"mediterranean"的原意，是"几乎被陆地包围的（海洋）"之意。欧亚非之间的地中海，固然符合此意；其他被陆地包围的海洋，虽然早被命为他名，却也符合地中海的基本定义。围绕此种海洋的历史斗争，比之欧亚非之间的地中海，其实突破了西哲的视野，堪称不遑多让。典型的有美洲的加勒比海，以及东亚主要由东海、黄海构成的一片海洋。

本书之意，正是要将东海和黄海，及其附属各海峡通道和边缘内海，称为"东亚地中海"，以此来观照钓鱼岛问题的产生。

一

古代东亚的世界，由于中国文明的早熟和宏大，其霸权的争夺，主要在广袤的大陆及其深处进行。但东吴对东南沿海的征伐和管制，以及远征辽东的

---

[1] 费尔南·布罗代尔著，唐家龙等译：《地中海与菲利普二世时代的地中海世界》第1卷，商务印书馆2014年版，扉页。

设想①,说明华夏文明并非自隔于海洋。只不过,由于周边各文明尚处于发轫状态,来自古中国的船舰畅行无忌,相互之间尚未就海洋的控制产生激烈的冲突。

唐朝崛起以后,屡征高句丽不果,产生了从朝鲜半岛南侧开辟第二战场的实际需要。新罗统一朝鲜半岛的雄心与之产生了交集,乃有唐军从山东出海,与新罗击溃百济之举。百济残余势力向日本求援,日军横渡大海,与百济残余联手,于是演出唐——新罗联军对日本——百济联军的四国大战。

东亚地中海第一次沸腾。论战争的形态,中日两国均是跨海两栖作战;论战争的规模和惨烈程度,比之同时期欧亚非之间的地中海,有过之无不及。公元663年8月,白江口会战发生,操控较大战船的唐军水师将数量远超自身的日军围歼。② 会战胜利后,唐军南北对进,倾覆立国700余年的高句丽,势力伸展至朝鲜半岛北部、中部。

但就东亚地中海而言,其意义更为深远:大尺度地看,此后数百年间,虽程度有别,东亚国际关系的主导权被中国各政权掌握,中日韩之间以贸易和文化交流为主要诉求,并与朝贡、藩属制度结合,演进出漫长的东亚地中海和平时代。"遣唐使"和鉴真东渡可以作为这一和平时期的标志。

蒙古崛起后,两次对日本用兵。1274年其进军线路为朝鲜——对马岛——壹歧岛——九州,1281年其进军路线为朝鲜——九州、宁波——九州。战争以日本胜利告终,日本虽无力反攻至东亚大陆,但已部分修正了西强东弱的守势。朱明鼎革以后,朱元璋曾有远征日本的打算而归于悻悻,倭寇却自东而西骚扰中国沿海百多年。《筹海图编》正是在此背景下将钓鱼屿、赤屿、黄毛山等首次列入边防镇山。③

明朝初年郑和远洋舰队的绝对优势,没有用来进行东亚地中海秩序的"再确立";明朝末年,两件大事的发生,却改写了东亚地中海由中国主导的格局。一是万历朝的援朝战争。1591年、1597年,日本动员十万以上规模的军队两

---

① [晋]陈寿撰,[宋]裴松之注,《三国志》第47卷《吴书二·吴主传第二》,中华书局1959年版。

② 参见韩昇:《白江之战前唐朝与新罗、日本关系的演变》,《中国史研究》2005年第1期,第43—66页。

③ [明]胡宗宪撰:《筹海图编》第1卷《沿海山沙图·福七、福八》,影印《文渊阁四库全书》第584册,台北:台湾商务印书馆1986年版,第14页。

次侵入朝鲜,明朝虽已至其末年,仍果断介入,战争虽以保住朝鲜结局,而日本立于主动进攻的态势已经显然。二是1609年的萨摩藩侵入琉球,逼迫已经在明初向中国朝贡的琉球国同时向其朝贡。日本在北路、南路同时挑战东亚地中海秩序,是白江口会战确立东亚前民族国家时代国际关系框架以来,真正的千年变局。

二

琉球自明初在中国可信典籍中出现①,这样,东亚地中海的东南西北四面均有了政权。中日朝琉四国势力范围犬牙交错,而中国在清初统一台湾(西班牙、荷兰已先后短期试图殖民之)和日本对琉球的隐形控制,使得两大国在东亚地中海南路发生冲突的几率大增。

对于地中海(此处泛指)控制权的争夺,大体上有两种模式。一是欧亚非之间地中海模式,强权之间零和博弈,用战争的方式,以彻底战胜对方为目标,古代世界的罗马、近代的英国,均采此种路径。二是加勒比海模式,19世纪下半叶,英国本与奉行"门罗主义"的美国"利益始终不可调和",在加勒比海"直接对抗",但感于加勒比海是美国利益的"关键因素",乃改而默许美国海军占据优势②,这是近代意义上的绥靖。

1874年,日本借口琉球难民被害事件出兵台湾,实际上是采取了上述第一种模式解决东亚地中海问题的肇端。琉球被吞并,乃至废藩置县,改变了东亚地中海南路的相对平衡格局,钓鱼岛群岛已被逼近——但在此前后,钓鱼岛

---

① 成书于明永乐元年(1403年)《顺风相送》载:"太武放洋,用甲寅针七更船取乌坵。用甲寅并甲卯针正南东墙开洋。用乙辰取小琉球头。又用乙辰取木山。北风东涌开洋,用甲卯取彭家山。用甲卯及单卯取钓鱼屿。南风东涌放洋,用乙辰针取小琉球头,至彭家花瓶屿在内。正南风梅花开洋,用乙辰取小琉球。用单乙取钓鱼屿南边。用卯针取赤坎屿。用艮针取枯美山。南风用单辰四更,看好风单甲十一更取古巴山,即马齿山,是麻山赤屿。用甲卯针取琉球国为妙"。这是目前所见最早记载钓鱼屿、赤屿等钓鱼岛群岛名称的史籍,也是中琉交往的见证。本处《顺风相送》使用牛津大学波德林图书馆(Bodleian Library)所藏版本,南京大学何志明博士搜集。句读见向达《两种海道针经》,中华书局1982年版。

② 艾尔弗雷德·塞耶·马汉著,李少彦等译:《海权对历史的影响:1660—1783年;附亚洲问题》,海洋出版社2013年版,第529—530页。

均被日本政府视为日本之外——1873年4月13日，日本外务省发给琉球藩国旗，要求"高悬于久米、宫古、石垣、人表、与那国五岛官署"，以防"外国卒取之虞"。其中明确了琉球与外国的界线。① 在中日关于琉球的交涉中，日本驻清国公使馆向中方提交了关于冲绳西南边界宫古群岛、八重山群岛的所有岛屿名称，其中并无钓鱼岛群岛任何一个岛屿。② 1880年，美国前总统格兰特（Ulysses Grant）调停中日"球案"争端后，"三分琉球"未成定议，中日在东亚地中海南路进入暴风雨前的宁静状态。日本采取低调、隐瞒的办法，对钓鱼岛进行窥伺，寻机吞并。

1885年10月30日，冲绳县官员石泽兵吾等登上钓鱼岛进行考察。③ 同年11月24日，冲绳县令西村舍三致函内务卿山县有朋等，提出在钓鱼岛设立国家标志"未必与清国全无关系"。④ 12月5日，山县有朋向太政大臣三条实美提出内部报告，决定"目前勿要设置国家标志"。⑤ 这一官方认识，到1894年4月14日，日本内务省县治局回复冲绳知事关于在久场岛、鱼钓岛设置管辖标桩的请示报告时，仍在坚持。⑥ 1894年12月27，内务大臣野村靖鉴于"今昔情况不同"，乃向外务卿陆奥宗光提出重新审议冲绳县关于在久场岛、鱼钓岛设置管辖标桩的请示。⑦ 随后，钓鱼岛群岛被裹挟在台湾"附属各岛屿"

---

① 村田忠禧著，韦平和等译：《日中领土争端的起源——从历史档案看钓鱼岛问题》，社会科学文献出版社2013年版，第162页。

② 《宫古、八重山二岛考》（光緒六年九月四日，1880年10月7日），台北，"中研院"近代史研究所档案馆藏，外交部门档案·总理各国事务衙门，01/34/009/01/009

③ 「魚釣嶋他二嶋巡視調查の概略」（明治18年11月4日）、JACAR（アジア歴史資料センター）Ref. B03041152300（第18画像目から）、帝国版図関係雑件（外務省外交史料館）

④ 村田忠禧：《日中领土争端的起源——从历史档案看钓鱼岛问题》，第171页。

⑤ 「秘第一二八号ノ内」（明治18年12月5日）、JACAR（アジア歴史資料センター）Ref. A03022910000（第2画像目から）、公文別録・内務省・明治十五年～明治十八年 第四巻（国立公文書館）

⑥ 「甲69号 内務省秘別第34号」（明治27年4月14日）、JACAR（アジア歴史資料センター）Ref. B03041152300（第47画像目から）、帝国版図関係雑件（外務省外交史料館）

⑦ 「秘別133号 久場島魚釣島ヘ所轄標杭建設之義上申」（明治27年12月15日）、JACAR（アジア歴史資料センター）Ref. B03041152300（第44画像目から）、帝国版図関係雑件（外務省外交史料館）

中,被日本逐步"窃取"。

野村靖所谓"今昔情况不同",指的是甲午战争的发生和中国在东亚地中海北侧朝鲜、东北战场上的溃败之势。通过战争,日本不仅将中国从中日共同强力影响下的朝鲜驱逐出去,且占据台湾、澎湖,势力伸展至清朝"龙兴之地"的辽东。白江口会战形成的东亚地中海秩序余绪已经荡然无存,东亚地中海四面四国相对平衡的局面,简化为中国仅在西侧保留残缺不全的主权——德国强占胶州湾后,列强掀起在中国划分势力范围的狂潮;庚子事变和日俄战争的结果,更使得日本沿东亚地中海北侧,部署其陆海军力量至中国首都。"在地中海的范围内,陆路和海路必然相依为命"。① 陆路和海路连续战胜中国,使得日本在东亚地中海形成对中国的绝对优势。

1300年,东亚地中海秩序逆转,钓鱼岛从无主到有主的内涵也发生了逆转。马汉所谓"海权包括凭借海洋或者通过海洋能够使一个民族成为伟大民族的一切东西"②,在这里得到很好的诠释。

三

格兰特调停中日"球案"时曾指出:姑且先不论中日之是非,中日之争,实不可须臾忘记环伺在侧的欧洲列强③。那时的美国,刚刚从南北内战的硝烟中走来,尚未自省亦为列强之一。但富有启发的是,中日争夺东亚地中海主导权前后,列强就已经是东亚地中海的既存因素。东亚地中海的秩序因此不单单是中日的双边博弈。而在博弈模型中,多边博弈总是不稳定的。

马戛尔尼(George Macartney)使华只是序曲,英国在19世纪初成为东亚海洋的主角之一,并曾就小笠原群岛等东亚众多岛屿的归属,与日、美产生交涉。英国海图对钓鱼岛群岛的定位,后来被日本详加考证。④

---

① 费尔南·布罗代尔:《地中海与菲利普二世时代的地中海世界》第2卷,第931页。
② 艾尔弗雷德·塞耶·马汉:《海权对历史的影响:1660—1783年:附亚洲问题》,《出版说明》。
③ 《七续纪论辨琉球事》,《申报》,光绪六年三月十八日,1880年4月26日,第4版。
④ 「久米赤島・久場島・魚釣島の三島取調書」(明治18年9月21日)、JACAR(アジア歴史資料センター)Ref. B03041152300(第8画像目から)、帝国版図関係雑件(外務省外交史料館)

美国佩里（Matthew Perry）"黑舰队"在19世纪50年代打开日本幕府大门之前，对《中山传信录》等进行了详细研究，钓鱼岛群岛固在其记述中，而且使用了中国福建话发音的命名。顺便应当提及的是，佩里日本签约的同时，也与琉球国单独签约（签署日期用公元和咸丰纪年），说明他把琉球国当成一个独立的国家。

俄罗斯、法国也在19世纪50年代前后不同程度地活跃于东亚地中海。

甲午战争，日本"以国运相赌"，其意在与中国争夺东亚主导权，客观结果却是几乎所有欧美强国以前所未有的强度进入东亚地中海世界。日本虽赢得了对中国的优势，却更深地被列强所牵制。其中，俄罗斯、英国、美国的影响最大。

大尺度地看，在对马海峡击败沙皇俄国海军，是日本清理东亚地中海北侧威胁的重大胜利，库页岛南部和南千岛群岛落入日本控制。但俄罗斯并未远遁，其在勘察加半岛、库页岛北部、滨海省和中国东北北部的存在，始终让日本主导的东亚地中海秩序如芒刺在背，通过出兵西伯利亚、扶植伪满洲国、在诺门坎和张鼓峰挑起争端，以及一系列的双边条约，日本也只能做到局势粗安。而东亚地中海的内涵隐隐有向北扩展至日本海、乃至鄂霍次克海的态势。因为"俄国从北扩张的对立面将主要表现在向位于北纬30°和40°之间宽广的分界地带以南的扩张中"。[①] 事实上，二战结束前后，美国预筹战后东亚海洋安排时，就将以上海域和库页岛、千岛群岛等岛屿视为苏联的势力范围，并将其与自己准备占据小笠原群岛、琉球群岛关联起来，显然认为其中的内在逻辑一致。[②]

在日本主张大东群岛、小笠原群岛等东亚洋中岛屿主权的过程中，英国采取了许可或默认态度。日本占据台湾，视福建为其势力范围，直接面对香港、上海等英国具有重大利益的据点，也未被视为重大威胁。其与日本1902年结成的英日同盟，是日本战胜俄罗斯波罗的海舰队的重要因素。但是，一战后日本获得德属太平洋诸岛，这与英国在西太平洋的利益产生重叠，成为英日之间

[①] 艾尔弗雷德·塞耶·马汉：《海权对历史的影响：1660—1783年；附亚洲问题》，第466页。

[②] *Liuchiu Islands*（*Ryukyu*），(14 April 1943)，沖縄県公文書館蔵，米国収集文書·Liuchius (Ryukyus) (Japan)，059/00673/00011/002。

产生矛盾与冲突的根源。1922年《九国公约》取代英日同盟,使得日本失去了维护其东亚地中海秩序的得力盟友。九一八事变后,日本对英国远东利益的排挤更呈现出由北向南渐次推进的规律。攻占香港、马来亚、新加坡,是日本对英国长期积累的西太平洋海权的终结,并使得东亚地中海的内涵扩张至南海一线。

虽然由于后来的历史和今天的现实,美国在中国往往被视为列强的一员,实际上在佩里时代,英美的竞争性甚强。格兰特的提醒,毋宁说是一种有别于欧洲老牌殖民帝国的"善意";他甚至颇具眼光地提出:日本占据琉球,如扼中国贸易之咽喉①——这与战后美国对琉球群岛战略位置的看法一致②——深具战略意义。

美西战争,使得"重返亚洲"的美国在东亚地中海南侧得到菲律宾这个立足点,被马汉(Alfred Thayer Mahan)誉为"美国在空间范围上跨度最广的一次扩张"③,但美国在东亚地中海的西侧,要求的是延续门罗主义的"门户开放"和"机会均等"。早有论者指出,美国的这一政策,客观上使得中国在19世纪末免于被列强瓜分。④ 而对日本来说,美国逐步扩大的存在和影响,使其在战胜中国后仍不能完全掌控东亚地中海。马汉指出:"为确保在最大程度上施行门户开放政策,我们需要明显的实力,不仅要保持在中国本土的实力,而且要保持海上交通线的实力,尤其是最短航线的实力"。⑤ 美国对西太平洋海权的坚持,决定了美日双方矛盾的持久存在。日本起初对美国兼并夏威夷就有意见,而在20世纪30年代英国不断后撤其东亚防御线之后,美国成为日本东亚地中海制海权的主要威胁,日本对美国因素的排拒,演成太平洋战争,并使得钓鱼岛问题的"制造"权最终落入美国手中。

---

① 《七续纪论辨琉球事》,《申报》,光绪六年三月十八日,1880年4月26日,第4版。
② U. S. Policy toward Japan, Top Secret, National Security Council Report, May 17, 1951, *Digital National Security Archive* (以下简称 *DNSA*), PD00141.
③ 艾尔弗雷德·塞耶·马汉:《海权对历史的影响:1660—1783年:附亚洲问题》,第460页。
④ 张玉法:《中华民国史稿》修订版,台北:联经出版事业有限公司2010年版,第33页。
⑤ 艾尔弗雷德·塞耶·马汉:《海权对历史的影响:1660—1783年:附亚洲问题》,第527页。

四

本来,开罗会议期间,美国总统罗斯福曾询问蒋介石中国是否想要琉球,但蒋介石提议"可由国际机构委托中美共管",理由是"一安美国之心,二以琉球在甲午以前已属日本,三以此区由美国共管比归我专有为妥也"。①

德黑兰会议期间,美苏就东亚地中海及其周边的处置,曾有预案,并涉及到琉球:

> ……罗斯福总统回忆道,斯大林熟知琉球群岛的历史,完全同意琉球群岛的主权属于中国,因此应当归还给中国……②

宋子文、孙科、钱端升③以及王正廷、王宠惠④等人对琉球态度与蒋不一,当时《中央日报》、《申报》等媒体亦认为中国应领有琉球,但蒋的意见在当时决定了琉球不为中国所有的事实。蒋介石的考虑不能说没有现实因素的作用,但海权在其知识结构中显然非常欠缺,东亚地中海的战略重要性不为蒋介石所认知,是美国得以制造钓鱼岛问题的重要背景。

在所有的地中海世界中,对立者的可能行动方向是考虑战略安排的主要因素,东亚地中海亦然。战争结束以后,美国在给中国战场美军司令的电文中重申了《波茨坦宣言》的第八条:"开罗宣言的条款必须执行,日本的主权必须

---

① 高素兰编注:《蒋中正"总统"档案:事略稿本》(55),台北:"国史馆"2011年版,第472页。

② Minutes of a Meeting of the Pacific War Council, *Foreign Relations of the United States*(以下简称 *FRUS*), Diplomatic Papers, The Conferences at Cairo and Tehran, 1943, United States Government Printing Office, Washington:1961. pp. 868-870.

③ *Chinese opinion*,(8 December 1943),沖縄県公文書館蔵,米国収集文書・Territorial Problem-Japan: Government Saghalien, Kuriles, Bonins, Liuchius, Formosa, Mandates, 059/00673/00011/001。

④ 《王正廷谈话盟国应长期管束日本至消灭侵略意念为止》,《申报》,1947年6月5日,第2版;《王宠惠谈对日和约 侵略状态应消除 对外贸易不能纵其倾销》,《申报》,1947年8月15日,第1版。

仅限于本州、北海道、九州、四国及由我们所决定的一些小岛屿。"①但苏联在东亚地中海的存在和影响成为美国东亚政策的主要针对因素,对日处理,已不是四大国共同决定。美国认为,"中国、苏联、英国和琉球人强烈反对将琉球群岛交还日本",也认知到"对苏联而言,可以选择的是琉球独立或是将琉球交予共产党领导的中国。苏联更倾向于后者"。但美国自身的战略地位是最重要的考量因素。

> 承认中国的领土要求包含着巨大的风险。中国控制琉球群岛可能会拒绝美国继续使用基地,并且共产党最终打败国民党可能会给予苏联进入琉球群岛的机会。这样的发展不仅会给日本带来苏联入侵的威胁,而且会限制美国在太平洋地区的战略军事地位。②

1948年,美国国家安全委员会向美国总统、国务卿等提出"对日政策建议":"美国欲长期保留冲绳岛屿上的设施,以及位于北纬29度以南的琉球群岛、南鸟岛和孀妇岩以南的南方诸岛上的参谋长联席会议视为必要的其他设施。"③麦克阿瑟指出:"该群岛对我国西太平洋边界的防御至关重要,其控制权必须掌握在美国手中。……我认为如果美国不能控制此处,日后可能给美军带来毁灭性打击。"④1950年10月4日,参谋长联席会议未等与国务院协商一致,直接批准了给远东美军的命令,决定由美国政府负责北纬29度以南琉球群岛的民政管理。"该地区的美国政府称作'琉球群岛美国民政府'"。命令美军远东司令为琉球群岛总督,"总督保留以下权力:a. 有权否决、禁止或搁置执行上述政府(指琉球群岛的中央、省和市级政府——引者)制定的任何法律、法令或法规;b. 有权命令上述政府执行任何其本人认为恰当的法律、法令

---

① Memorandum by the State-War-Navy Coordinating Subcommittee for the Far East, *FRUS*, 1946, Vol. VIII, The Far East, United States Government Printing Office, Washington:1971. pp. 174 – 176.

② *The Ryukyu Islands and Their Significance*, (24 May 1948), 沖縄県公文書館蔵, 米国収集文書・Central Intelligence Agency, 319/00082A/00023/002。

③ Report, NSC 13/2, to the President Oct. 7, 1948, *Declassified Documents Reference System* (以下简称 *DDRS*), CK3100347865.

④ General of the Army Douglas MacArthur to the Secretary of State, *FRUS*, 1947, Vol. VI, The Far East, United States Government Printing Office, Washington:1972. pp. 512 – 515.

或法规;c. 总督下达的命令未得到执行,或因安全所需时,有权在全岛或部分范围内恢复最高权力"。① 美国虽在战时反复宣称没有领土野心,但出于冷战的战略需要,在东亚地中海中深深地扎下根来。

根据1951年9月8日签订的《旧金山和平条约》(中华人民共和国中央人民政府公开宣言不予承认),美国琉球民政府副总督奥格登(David A. D. Ogden)1953年12月25日发布了题为《琉球群岛地理边界》(Geographic Boundaries of the Ryukyu Islands)的"民政府第27号令",确定琉球地理边界为下列各点连线:

北纬28度,东经124.4度;
北纬24度,东经122度;
北纬24度,东经133度;
北纬27度,东经131.5度;
北纬27度,东经128.18度;
北纬28度,东经128.18度。②

上述各点的内涵,把钓鱼岛划进了琉球群岛的范围。正如基辛格1971年与美国驻日大使商量对钓鱼岛问题口径的电话记录所显示的,美国明知钓鱼岛主权争议是中日两国之事,美国对其没有主权,但"1951年我们从日本手中接过冲绳主权时,把这些岛屿作为冲绳领土的一部分也纳入其中了"。③ 钓鱼岛被裹挟到"琉球"这个概念中,被美日私相授受,是美国"制造"出钓鱼岛问题的真相。

在美国对琉球愈发加紧控制的同时,随着朝鲜战争的爆发和冷战愈演愈烈,美国眼中的日本角色迅速发生转变,其重要性日益突出。1951年美国国家安全委员会的《对日政策声明》(1960年再次讨论)称,"从整体战略的角度

---

① Memorandum Approved by the Joint Chiefs of Staff, *FRUS*, 1950, Vol. VI, East Asia and The Pacific, United States Government Printing Office, Washington: 1976. pp. 1313 – 1319.

② *Civil Administration Proclamation NO. 27*, (25 December 1953), 冲绳县公文书館藏, 米国收集文书·Ryukyus, Command, Proclamations, Nos. 1 – 35, 059/03069/00004/002。

③ Ryukyu Islands, Classification Unknown, Memorandum of Telephone Conversation, June 07, 1971, *DNSA*, KA05887.

而言,日本是世界四大工业大国之一,如果日本的工业实力被共产主义国家所利用,则全球的力量对比将发生重大改变"。① 1961年,《美国对日政策纲领》进一步宣示了美国对日政策基调为:

1. 重新将日本建成亚洲的主要大国。
2. 使日本与美国结成大致同盟,并使日本势力和影响的发挥大致符合美国和自由世界的利益。②

这使得以美国总统、国务院为代表的力量顶着美国军方的异议③,对日本"归还"琉球(日方更倾向于使用"冲绳"这一割断历史的名词,而"冲绳县"和被日本强行废藩置县的古琉球国,以及美国战后设定的"琉球群岛美国民政府"的管辖范围并不一致)的呼声给予了积极回应。④ 扶持日本作为抵制共产主义的桥头堡,成为美国远东政策的基石,"归还"琉球,既是美国对日政策的自然发展,也是其对日本长期追随"自由世界"的犒赏。

值得注意的是,旧金山和约签订之后,在日本渲染的所谓左派和共产党利用琉球问题,可能对"自由世界"不利的压力下,美国承认日本对于琉球有所谓"剩余主权"。⑤ 但美国在琉球的所谓"民政府"有行政、立法、司法权,剥除了行政、立法、司法权的"剩余主权"实际上只是言辞上的温慰。1951年6月美国国务卿杜勒斯(John Dulles)的顾问在备忘录中坦率地表示,美国事实上获

---

① U. S. Policy toward Japan, Top Secret, National Security Council Report, May 17, 1951, *DNSA*, PD00141.
② Guidelines of U. S. Policy toward Japan, Secret, Policy Paper, c. May 3, 1961, *DNSA*, JU00098.
③ 美国军方异议见 Memorandum by the Secretary of State to the Ambassador at Large (Jessup), *FRUS*, 1950, Vol. VI, East Asia and The Pacific, United States Government Printing Office, Washington:1976. pp. 1278 - 1282.
④ Reversion of the Bonin and Ryukyu Islands Issue, Secret, Memorandum, c. October 1967, *DNSA*, JU00766.
⑤ Background information and recommendations with respect to Japanese demands that the U. S. return administrative control of the Ryukyu Islands over to them. Dec 30, 1968, *DDRS*, CK3100681400.

得了琉球群岛的主权。① 美国宣称对中国固有领土拥有"主权"自属无稽,但这也说明日本在20多年中对琉球的"主权"并不是"毫无争议"的。等到1972年"归还"时,美方又用了"管辖权""行政权"等不同的名词,而不是"主权",说明美国注意到了琉球问题的复杂性。

由于海峡两岸坚决反对将钓鱼岛及其附属岛屿裹挟在琉球群岛中"归还"日本,美国在"制造"钓鱼岛问题时,发明了一段似是而非、玩弄文字的说法:"我们坚持,将这些岛屿的管辖权归还日本,既不增加亦不减少此岛屿为美国接管前日本所拥有的对该岛的合法权利,亦不减少其他所有权要求国所拥有的业已存在的权利,因为这些权利早于我们与琉球群岛之关系"。② "国务院发言人布瑞(Charles Bray)在一篇声明中指出,美国只是把对琉球的行政权交还给日本,因之,有关钓鱼台的主权问题,乃是有待中华民国与日本来谋求解决的事"。③ 美国言说的对象和内容是错误的,但钓鱼岛及其附属群岛的主权存在争议,却是其反复明确的事实。

余 论

在早期的中、日、琉球、英、美各种文献中,钓鱼岛及其附属岛屿都是"边缘性的存在"。在中日主权争议的今天,它却成为东亚地中海的"中心"——不仅牵动美、中、日这三个国民生产总值占据世界前三的国家,也牵动整个东亚乃至世界局势。妥善处理钓鱼岛问题,具有世界性意义。

马汉曾经设定:"可能为了人类的福祉,中国人和中国的领土,在实现种族大团结之前应当经历一段时间的政治分裂,如同法国大革命之前的德国一

---

① Memorandum by The Consultant to the Secretary (Dulles), *FRUS*, 1951, Vol. VI, Asia and The Pacific(in two parts)Part1, General Editor: Fredrick Aandahl, United States Government Printing Office, Washington:1977. pp. 1152-1153.

② Briefing Papers for Mr. Kissinger's Trip to Japan, Includes Papers Entitled "Removal of U. S. Aircraft from Naha Air Base" and "Senkakus", Secret, Memorandum, April 6, 1972, *DNSA*, JU01523.

③ 《美国务院声明指出 对钓鱼台主权 有待中日解决》,台北《中央日报》,1971年6月19日,第1版。

样。"①马汉的设定没有任何学理支撑,但确实,台海两岸的政治分裂给了所有居间利用钓鱼岛问题的势力,特别是美国以机会。1971年4月12日,美日私相授受琉球甚嚣尘上之际,台湾当局"外交部长"周书楷前往华盛顿拜会美国总统尼克松,提出钓鱼岛问题会在海外华人间产生重大影响,可能造成运动。尼克松顾左右而言他,将话题转移到联合国问题的重要性上,尼克松说:"只要我在这里,您便在白宫中有一位朋友,而您不该做任何使他难堪的事。中国人应该看看其中微妙。你们帮助我们,我们也会帮助你们。"②其时,台湾当局正为联合国席位问题焦虑,尼克松"点中"其软肋,使其话语权急剧削弱。果然,在随后与基辛格的会谈中,周书楷主动提出第二年的联合国大会问题,而且他"希望'另一边'(即中国共产党)能被排除在大会之外"。③ 事实上,中华人民共和国中央人民政府对钓鱼岛及其附属岛屿主张主权和行动,一直遭到台湾当局掣肘。钓鱼岛问题,因此必然与台湾问题的处理联系在一起,这极大地增加了解决钓鱼岛问题的复杂性和难度。这是其一。

其二,被人为故意作为琉球一部分而"归还"的钓鱼岛及其附属岛屿的主权归属问题,在美国有意识、有目的的操弄下,几乎在中日争议的第一天起就进入复杂状态。中国固有领土被私自转让,自然必须反对。1971年12月30日,中华人民共和国外交部严正声明:"绝对不能容忍""美、日两国政府公然把钓鱼岛等岛屿划入'归还区域'"。同时,善意提示日方勿被居间利用:"中国政府和中国人民一贯支持日本人民为粉碎'归还'冲绳的骗局,要求无条件地、全面地收复冲绳而进行的英勇斗争,并强烈反对美、日反动派拿中国领土钓鱼岛等岛屿作交易和借此挑拨中、日两国人民的友好关系。"④可以说,态度十分具有建设性。

---

① 艾尔弗雷德·塞耶·马汉:《海权对历史的影响:1660-1783年:附亚洲问题》,第482页。

② Memorandum of Conversation, *Foreign Relations of the United States*, 1969-1976, Volume XVII, China, 1969-1972, Document 113, p. 292. 下文所引20世纪70年代以后的美国外交关系文件(FRUS),来源与来自威斯康辛大学的上文不同,文件来源是http://history.state.gov/. 特此说明。

③ Memorandum of Conversation, *Foreign Relations of the United States*, 1969-1976, Volume XVII, China, 1969-1972, Document 114, p. 294.

④ 《中华人民共和国外交部声明》(1971年12月30日),《人民日报》,1971年12月31日,第1版。

日本自居与美国是盟友关系,可以在钓鱼岛问题上得到美方的充分背书。但其实,没有得到完全的满足——虽然日本一直希望援引美方的表态主张权利,将其设定为"没有争议",但1972年8月,美国政府内部指示,对日本应当清楚表示:"尽管美国政府的媒体指导已进行了部分修改以符合日本政府的要求,这丝毫不意味着我们改变了美国在尖阁诸岛争端问题上保持中立的基本立场。"①更有甚者,1974年1月,已任美国国务卿的基辛格在讨论南沙群岛问题时,为"教会日本人敬畏",讨论了将中华人民共和国"引导"到钓鱼岛问题的可能性。② 这样看,实际上是"系铃人"角色的美国,并不准备担当"解铃人"的作用——促使中日两国长期在东亚地中海保持内在紧张,更符合美国作为"渔翁"的利益。

对美国利用钓鱼岛问题牵制中日,中国洞若观火,其长期坚持的"搁置争议,共同开发"这一创新国际法的、充满善意的政策,目的就是使钓鱼岛这一东亚地中海热点冷却下来、走上政治解决的轨道。但其善意,为日本政府所轻忽。日本政府如何为了日本人民的长远福祉而改弦更张、放弃短视思维,不沉溺于被操纵利用的饮鸩止渴,对钓鱼岛问题的政治解决至关重要。

其三,马汉还说,"富强起来的中国对我们和它自己都会带来更严重的危险"。③ 这一断言充斥着"文明冲突论"的火药味和深深的种族歧视,他论证说,"因为我们届时必须拱手相送的物质财富会使中国富强起来,但是中国对这些物质财富的利用毫无控制,因为它对这种在很大程度上支配了我们的政治和社会行为的思想道德力量缺乏清楚的理解,更不用说完全接受。"马汉以美国价值观作为美国接受中国复兴的前提条件,是今天美国操纵钓鱼岛问题深远的运思基础。

但是,正如布罗代尔总结欧亚非地中海历史所指出的:"历史的普遍的、强

---

① Issues and Talking Points: Bilateral Issues, Secret, Briefing Paper, August 1972, *DNSA*, JU01582.

② Minutes of the Secretary of State's Staff Meeting, *Foreign Relations of the United States*, 1969 - 1976, Volume E - 12, Documents On East and Southeast Asia, 1973 - 1976, Document 327, p.3.

③ 艾尔弗雷德·塞耶·马汉:《海权对历史的影响:1660—1783年:附亚洲问题》,第522页。

大的、敌对的潮流比环境、人、谋算和计划等更为重要、更有影响"。① 中国的复兴是操盘者无法"谋算"的历史潮流和趋势,然而,这一潮流并不是"敌对的",2012年,习近平更指出:"太平洋够大,足以容下中美两国(The vast Pacific Ocean has ample space for China and the United States")"②,充满前瞻性和想象张力的说法,相比于那些把钓鱼岛作为"遏制"中国的东亚地中海前哨阵地的"敌对的"计划,更着眼于"人类的福祉"。中国所主张的"新型大国关系",摈弃了传统的地中海模式,扬弃了加勒比海模式,内含了一种可能导向和平之海、繁荣之海的新地中海模式,值得东亚地中海所有当事者深思。

张生

2016年5月

---

① 费尔南·布罗代尔:《地中海与菲利普二世时代的地中海世界》第2卷,第955页。
② 来自人民网,http://www.people.com.cn/GB/32306/33232/17111739.html,2012年02月14日。

出版凡例

一、本文献集按文献来源分为中文之部、日文之部、西文之部三个大的序列。每个序列中按专题分册出版,一个专题一册或多册。

二、文献集所选资料,原文中的人名、地名、别字、错字及不规范用字,为尊重历史和文献原貌,均原文照录。因此而影响读者判断、引用之处,用"译者按"或"编者按"在原文后标出。因原文献漫漶不清而缺字处,用"□"标识。

三、日文原文献中用明治、大正、昭和等天皇年号的,不改为公元纪年。台湾方面文献在原文中涉及政治人物头衔和机构名称的,按相关规定处理;其资料原文用民国纪年的,不加改动。

四、所选史料均在起始处说明来源,或在文后标注其档案号、文件号。

五、日本人名从西文文献译出者,保留其西文拼法,以便核对;其余外国人名,均在某专题或文件中第一次出现时标注其西文拼法。

六、西文文献经过前人编辑而加注释者,用"原编辑者注"保留在页下。

七、原资料中有对中国人民或中国政府横加诬蔑之处,或基于立场表达其看法之处,为存资料之真,不加改动或特别说明,请读者加以鉴别。

本册说明

本册主要收录了台湾"国史馆"藏蒋介石档案、蒋经国档案、严家淦档案，以及"外交部"档案中有关钓鱼岛问题的文献。另收录少量中国国民党中央文化传播委员会党史馆藏钓鱼岛问题相关当事人的回忆资料。

台湾"国史馆"所藏档案时间上从第二次世界大战结束至当代。内容包括第二次世界大战后对日本领土的处置，直至当代钓鱼岛问题再次引发争议后台湾当局的情报搜集及应对。尤以20世纪70年代"保钓运动"爆发后，台湾当局的相关情报及应对为主，这部分主要分为三个方面：一是台宣传外交综合研究组会议报告，主要为海外留学生保钓运动情形及台湾当局因应对策情况。二是台"外交部"与驻外单位来往电文档案，主要是"驻美使馆"及"驻日使馆"就钓鱼岛交涉情况同台湾当局的交流互动，如驻美"外交人员"就钓鱼岛问题同美国相关人员的交涉情形等。三是台方关于钓鱼岛问题立场之讨论及所收资料，主要为台湾当局在钓鱼岛主权问题上的立场、声明，及与相关国家折冲情况的档案。

本册大部分档案资料系首次公开出版，具有十分重要的史料价值。

编　者

2016年7月

目 录

"东亚地中海"视野中的钓鱼岛问题的产生（代序） ………………… 1

出版凡例 ……………………………………………………………… 1

本册说明 ……………………………………………………………… 1

一、台湾"国史馆"档案 ……………………………………………… 1
（一）战后琉球问题档案 …………………………………………… 1
1. 驻英大使顾维钧自华盛顿电蒋中正主席报告谒罗斯福总统为我国在世界和平机构会议中对三国草案颇多赞许表示欣慰 ……………… 1
2. 外交部长宋子文呈蒋中正委员长拟具旧金山会议会外应与美、英、苏商谈之各项方案 ……………………………………………………… 2
3. 商震电蒋中正续报日本对和约之观点 ………………………… 12
4. 郑介民呈蒋中正美国对日和约之态度为扶植日本经济复兴等 …… 13
5. 王世杰电蒋中正与马歇尔会商对日和约方案 ………………… 14
6. 王世杰电蒋中正与维辛斯基及葛罗米柯商谈日本和约苏主张由四国起草 ……………………………………………………………… 16
7. 薛岳呈蒋中正日政府假定之盟国对日和约条款之预备方案摘要 …………………………………………………………………… 17
8. 毛人凤呈蒋中正琉球革命同志会检呈琉球国王之印印模为属我国史证 …………………………………………………………………… 18
9. 王世杰电蒋中正与马歇尔晤谈对日问题及我国对琉球之态度 …… 19

（二）对日和约相关档案 …………………………………………… 20

1

1. "外交部"电蒋中正检送对日和约事上陈"院长"代电之副本 …… 20
2. 顾维钧电蒋中正与杜勒斯商谈对日和约事 …… 22
3. 顾维钧电蒋中正与杜勒斯商谈对日和约事之附件 …… 24
4. 王世杰呈蒋中正美方所提对日和约节略之因应方案说明书 …… 26
5. 王世杰呈蒋中正美方所提对日和约节略之因应方案说明书之附件一 …… 27
6. 王世杰呈蒋中正美方所提对日和约节略之因应方案说明书之附件二 …… 31
7. 叶公超呈蒋中正对日和约顾维钧答复美方节略稿副本 …… 33
8. 叶公超呈蒋中正对日和约顾维钧答复美方节略稿副本之附件 …… 35
9. 李惟果电蒋中正杜勒斯称访远东之行结果圆满对日和约约稿即将起草 …… 37
10. 顾维钧电蒋中正廿日与杜勒斯商谈对日和约格式程序内容 …… 38
11. 顾维钧电蒋中正今晨杜勒斯邀往续谈对日和约问题并面交节略及约稿之附件一 …… 39
12. 顾维钧电蒋中正今晨杜勒斯邀往续谈对日和约问题并面交节略及约稿之附件二 …… 40
13. 顾维钧电蒋中正今晨杜勒斯邀往续谈对日和约问题并面交节略及约稿之附件三 …… 41
14. 王世杰呈蒋中正对日和约因应办法及美方所提对日和约稿之说帖之附件一 …… 46
15. 蒋中正条谕对日和约之方针 …… 49
16. "行政院"呈蒋中正对日和约研究小组认为最主要问题为取得参加签约机会 …… 50
17. "中央通讯社"电蒋中正中国代表权是和约中一大困难问题之附件 …… 53
18. "外交部"呈蒋中正对日和约案我方致美国政府复文草稿 …… 55
19. "外交部"呈蒋中正对日和约稿之我方复文顾维钧已面交杜勒斯之附件 …… 58
20. 顾维钧致"外交部"转呈蒋中正 6 月 21 日电 A …… 60

21. 顾维钧致"外交部"转呈蒋中正 6 月 21 日电 B ················ 61
22. 顾维钧电蒋中正与杜勒斯续商签订对日和约问题 ············ 63
23. 黄少谷呈蒋中正蓝钦与叶公超谈话纪录建议暂缓公布对日和约稿之附件 ··· 65
24. "外交部"发表声明严重抗议美发表对日和约稿未将中国列为签字国 ··· 76
25. 蒋中正在革命实践研究院讲词美国对日有关和约草案发表后之感想 ·· 78
26. 叶公超与蓝钦谈话纪录对日和约问题国务院已复电之附件 ······ 83
27. 叶公超呈蒋中正与日本签订双边和约拟具一项声明为解决方案之附件 ··· 84
28. 陈诚呈蒋中正叶公超拟中日双边和约适用范围问题解决方案 ··· 87
29. 杜鲁门在对日和会开幕式中发表演说词剪报资料 ············ 89
30. 叶公超发表声明旧金山对日和会摒除"中华民国"此举不当剪报资料 ··· 91
31. "外交部"译吉田致杜勒斯函呈蒋中正中日缔结正常关系条约之附件 ··· 94
32. 叶公超呈蒋中正蓝钦将我方所提条约实施范围文字谓我政府不拟让步 ··· 97
33. 叶公超呈蒋中正中日和约谈判迄今发展 ··················· 98

（三）日本政情电报有关钓鱼岛档案 ······················· 100
1. 日本政情电报（一） ···································· 100
(1) 周书楷从美国来电（558 号） ························· 100
(2) 周书楷从华盛顿来电（564 号） ······················· 101
(3) "驻日大使馆"来电（083 号） ························ 101
(4) "驻日大使馆"来电（087 号） ························ 102
(5) 周书楷从华盛顿来电（585 号） ······················· 102
(6) "驻日大使馆"来电（107 号） ························ 103
(7) 周书楷从华盛顿来电（625 号） ······················· 103
(8) "菲律宾大使馆"来电（656 号） ······················ 104
(9) 孙必奇从菲律宾来电（657 号） ······················· 104

  (10) 周书楷从华盛顿来电(657号) ……………………………… 105
  (11) "驻日大使馆"来电(151号) ………………………………… 105
  (12) 朱晋康从霍斯敦来电(669号) ……………………………… 106
  (13) "驻日大使馆"来电(156号) ………………………………… 106
  (14) 李剑民从泰国来电(221号) ………………………………… 106
  (15) 俞国斌从纽约来电(682号) ………………………………… 107
  (16) "驻日大使馆"来电(166号) ………………………………… 107
  (17) "华府大使馆"来电(692号) ………………………………… 108
  (18) 刘邦彦、罗安琪从华盛顿来电(469号) …………………… 108
  (19) "驻日大使馆"来电(198号) ………………………………… 108
  (20) "驻日大使馆"来电(196号) ………………………………… 109
  (21) "驻美大使馆"来电(701号) ………………………………… 110
  (22) "波士顿总领馆"来电(020号) ……………………………… 111
  (23) 沈剑虹从华盛顿来电(789号) ……………………………… 111
  (24) "驻日大使馆"来电(334号) ………………………………… 111
  (25) "驻日大使馆"来电(341号) ………………………………… 112
  (26) "驻日大使馆"来电(391号) ………………………………… 113
  (27) "驻日大使馆"来电(398号) ………………………………… 113
  (28) "驻美大使馆"来电(960号) ………………………………… 114
  (29) "日本大使馆"来电(438号) ………………………………… 114
  (30) "火奴鲁鲁领事馆"来电(588号) …………………………… 115
 2. 日本政情电报(二) ………………………………………………… 116
  (1) "日本大使馆"来电(942号) ………………………………… 116
  (2) 日关切我在钓鱼台设行政机构 ……………………………… 117
(四) 海外对"匪"斗争工作统一指导委员会第二八〇次会议记录
 ……………………………………………………………………… 118
(五) 薛光前与苏联驻联合国代表团二等秘书卡拉车夫会谈要点
 ……………………………………………………………………… 120
(六) 台宣传外交综合研究组会议报告 ………………………………… 126
 1. 1971年6月19日报告 ………………………………………… 126

2. 1971年11月20日报告 ·· 127
　3. 1972年4月22日报告 ··· 128
　4. 1972年5月6日报告 ·· 129
　5. 1972年5月21日报告 ··· 130

(七) 台"外交部"与驻外单位来往电文 ······································ 131
　1. "驻日大使馆"来电(650号) ··· 131
　2. "驻日大使馆"来电(826号) ··· 132
　3. "驻美大使馆"来电(625号) ··· 133
　4. "驻日大使馆"来电(198号) ··· 134
　5. "驻美大使馆"来电(701号) ··· 135
　6. 驻香港罗秘书来电 ·· 137
　7. "驻日大使馆"来电(289号) ··· 138
　8. "驻美大使馆"来电(789号) ··· 139
　9. "驻日大使馆"来电(137号) ··· 140
　10. "驻美大使馆"来电(857号) ·· 141
　11. "驻日大使馆"来电(383号) ·· 142
　12. "驻日大使馆"来电(418号) ·· 143
　13. "驻美大使馆"来电(300号) ·· 144
　14. "驻日大使馆"来电 ··· 145
　15. "驻日大使馆"来电 ··· 146
　16. "驻日大使馆"来电 ··· 147

(八) 台方关于钓鱼岛问题立场之讨论及所收资料 ························· 148
　1. 美参事与钱复谈话 ·· 148
　2. 周书楷与宇山、马康卫谈话记录 ···································· 149
　3. 魏道明所呈关于钓鱼岛之资料 ······································ 154
　4. 关于钓鱼台案"总统"卯东电示计达 ································· 157
　5. "驻日大使馆"来电 ·· 158
　6. "驻日大使馆"来电 ·· 159
　7. 台方关于美国"归还"琉球之声明稿 ·································· 161
　8. 台方关于美国"归还"琉球之声明稿修正本 ··························· 163
　9. 台方对美国之口头声明 ··· 164

5

    10. 台方关于美国"归还"琉球的声明修正件 …………………… 166
    11. "驻美大使"致美国国务卿节略稿及批示 ………………… 168
（九）马康卫逃难记 ……………………………………………………… 170
（十）台美关系折冲 ……………………………………………………… 172
    1. 周书楷来电 ………………………………………………………… 172
    2. 周书楷来电 ………………………………………………………… 173
    3. 张群致周书楷 ……………………………………………………… 174
（十一）严家淦关于钓鱼岛之宣示 …………………………………… 175
    1. "立法院"第四十六会期口头施政报告 ………………………… 175
    2. 国防研究院十二期学员讲话 …………………………………… 176
    3. 党工会议讲词 …………………………………………………… 177
    4. "副总统"欢宴回国侨领致辞——录音全文 ………………… 178
    5. 复何昌年先生函 ………………………………………………… 182
    6. "钓鱼台事件"对日本政局的影响 ……………………………… 183
（十二）"日华时局对策协议会"合作开发大陆礁层计划 ……… 186
    1. 亚东关系协会、台亚太司、"总统府"第一局往来信函 …… 186
    2. 条约司意见 ……………………………………………………… 187
    3. 台"外交部"给亚东关系协会函 ………………………………… 189
    4. 日华时局对策协议会致台"总统府"函 ………………………… 190
    5. "经济部长"致各单位函 ………………………………………… 192
（十三）"国民大会"代表五十九年度年会提案办理情形汇报 ……
    …………………………………………………………………………… 193
（十四）"钓鱼台事件"对日本政局的影响 ………………………… 194
（十五）关于联合国中国代表权问题中日东京会谈纪录 ……… 197
（十六）日本政情资料 ………………………………………………… 200
    1. 日本政情资料（一） ……………………………………………… 200
        (1) 日拟在钓鱼台列屿开采石油 ……………………………… 200
        (2) 日外相拟与"匪"谈判钓鱼台 ……………………………… 200
        (3) 日政府关切钓鱼台消息 …………………………………… 201
        (4) 日就钓鱼台事向我"使馆"提抗议 ………………………… 202

6

2. 日本政情资料（二） ··· 203
　(1) 佐藤查究擅运装备到琉球事 ·································· 203
　(2) 美日交换琉球协定批准书 ······································ 203
　(3) 美将继续使用钓鱼台靶场 ······································ 204
　(4) 佐藤不满美对钓鱼台问题态度 ·································· 205
　(5) 英报指日将派军驻守钓鱼台 ···································· 207
　(6) 日将钻探钓鱼台油源 ·· 208
　(7) 美对钓鱼台问题仍持中立立场 ·································· 208
　(8) 日议员追究琉球协定外交密约 ·································· 209
　(9) "匪"警告日本勿巡逻钓鱼台水域 ································ 210
　(10) 季辛吉将向日解释　美对台湾问题立场 ························ 211
　(11) 日指钓鱼台主权明显属于日本 ································ 212
　(12) 一群亲"匪"日人主张钓鱼台属中国 ····························· 212

3. 日本政情资料（三） ··· 214
　(1) 时代周刊重提钓鱼台问题 ······································ 214
　(2) 日防空识别区将列入钓鱼台 ···································· 214
　(3) 日将钓鱼台划入飞航识别区内 ·································· 215
　(4) 琉球警察驱赶钓鱼台附近我渔船 ································ 215
　(5) 琉球军事基地问题　美日可能发生争论 ························· 216
　(6) 日海军可能巡逻钓鱼台 ·· 217
　(7) 美报忧虑钓鱼台纠纷扩大 ······································ 217
　(8) 香港学生筹备"保钓"示威 ······································ 218
　(9) 美国华侨将作"保钓"示威 ······································ 219
　(10) 日将大肆宣传琉球归日 ······································· 220
　(11) 香港学生举行"保钓"示威 ····································· 220
　(12) 澳洲华裔反对琉球归日 ······································· 222
　(13) 日本觊觎中国海海底油藏 ····································· 222
　(14) 抗议钓鱼台移交日本　华盛顿华人游行示威 ····················· 223
　(15) 美联社报导台湾学生运动 ····································· 226
　(16) 一日人赴钓鱼台一小岛升旗 ··································· 227
　(17) 日将建议联合开发钓鱼台 ····································· 227

(18)"匪"报就琉球问题抨击美日 …………………………………… 228
　　(19)"匪"向安理会提抗议书　不承认美移交钓鱼台 ………… 229
　　(20)日本公明党妄称钓鱼台属日 ……………………………… 230

(十七)台各机关及"国民大会"会议就钓鱼岛提案办理情形 ……
　………………………………………………………………………… 231
　　1. "行政院"对第一届"国民大会"第五次会议各代表提案汇复表 … 231
　　2. "外交部"对第一届"国民大会"第四次会议暨五十九年度年会提案及临时动议办理情形 ……………………………………………… 232
　　3. "外交部"对第一届"国民大会"五十九年度年会提案及临时动议决议案办理情形 ………………………………………………………… 233
　　4. 第一届"国民大会"代表五十九年度年会提案办理情形汇复表 … 234
　　5. 第一届"国民大会"代表五十九年度年会提案 …………………… 236

(十八)台"行政院"会议所议钓鱼岛资料 ……………………………… 250
　　1. "行政院"第一五七四至一五八三次会议资料 …………………… 250
　　2. "行政院"第一三七四至一三八四次会议资料 …………………… 252

(十九)日本经济参考资料所涉钓鱼岛资料 …………………………… 256

(二十)"中央通讯社"参考消息 …………………………………………… 257

(二十一)日本重要时事摘要所涉钓鱼岛资料 ………………………… 258
　　1. 日本重要时事摘要(二十八) ……………………………………… 258
　　　(1)福田首相、园田外相一致认为钓鱼台列屿问题应以大使级会谈解决 … 258
　　　(2)福田强调以外交方式处理日"匪"钓鱼台纠纷 …………………… 258
　　　(3)"共匪"渔船仍在钓鱼台列屿附近海域出现 ……………………… 259
　　　(4)廖"匪"承志表明今后中共渔船将不再靠近钓鱼台列屿海面作业 … 259
　　　(5)福田将再度邀请卡特访日 ………………………………………… 260
　　　(6)福田首相访美前接见记者发表谈话 ……………………………… 260
　　2. 日本重要时事摘要(二十九) ……………………………………… 262
　　　(1)日本将重行交涉日"匪"和约，并先解决钓鱼台列屿问题 ……… 262
　　　(2)福田首相指示准备在北平召开佐藤·韩会谈 …………………… 262
　　　(3)日政府首长表明：日"匪"缔约交涉重开与否将待福田首相裁决 … 263
　　　(4)佐藤与韩"匪"念龙会谈，致力缔结日"匪"和约 ………………… 263

8

(5) 中共向日本抗议日韩大陆棚法案在国会通过 …………………… 264

(6) 为重开日"匪"和约谈判,自民党内的"促进"及"慎重"两派活动频繁 … 264

(7) 参议院商工委员会拟在本届国会会期内通过日韩大陆礁层法案 …… 265

(8) 日韩大陆礁层协定之有关法案获参院通过 …………………… 265

(9) 青风曾批判园田外相为缔结日"匪"和约访"匪区"事 ………… 265

(10) 日"匪"和约谈判将于七月三日重开,园田外相拟于七月上旬访"匪"
……………………………………………………………………… 266

(11) 佐藤驻"匪"大使透露"匪方"亦希望早期缔约 ………………… 266

(12) 福田及中曾根派年轻议员认为钓鱼台列屿之所有权问题未澄清时,不应缔结日"匪"和约 …………………………………………… 267

(13) 福田首相决定倾全力在先进国首脑会议前草签日"匪"和约 …… 267

3. 日本重要时事摘要(三十) …………………………………… 268

(1) 日众院外务委员访"匪"团十二日曾晤黄"匪"华 ……………… 268

(2) "共匪"有意与日本共同开发东海一带之大陆礁层之石油 …… 268

(3) 福田首相指示外务省当局重开谈判时应坚持"反对霸权并非针对特定第三国"之原则 …………………………………………………… 269

(4) 自民党慎重派要求:日"匪"缔约交涉应就钓鱼台归属问题明确谈判 … 269

(5) 日"匪"缔约交涉已就第三国条款达成协议 …………………… 270

(6) 伊藤防卫局长表示,日中和约对日本的国防安全有利 ………… 270

(7) 香港左倾报纸强调钓鱼台是中国的领土 ……………………… 270

(8) 园田外相表示:希望与"匪"共同开发钓鱼台周围的石油 ……… 271

(9) 通产省拟扩大输入"匪区"原油 ………………………………… 271

(10) "共匪"有意与日本共同开发大陆礁层石油、煤、非铁金属资源 …… 271

4. 日本重要时事摘要(三十一) ………………………………… 273

(1) 日本拟对约为四千处的无人岛岩礁确立"实际支配"的事实 …… 273

(2) 钓鱼台列屿有三岛未在日本政府国有财产底册中登记 ……… 273

(3) 福田·邓会谈,同意推进南北韩会谈 ………………………… 274

(4) 邓"匪"主张搁置钓鱼台列屿的主权问题 …………………… 274

(5) 邓"匪"强调反霸权,抨击苏联 ………………………………… 275

(6) 邓"匪"表示拟将钓鱼台列屿问题搁置到下一代 ……………… 275

(7) 外务省担心邓"匪"的钓鱼台发言将在日本国内引起反响 …… 275

5. 日本重要时事摘要(三十四) ······ 277
 (1) 日本着手钓鱼台列屿之调查 ······ 277
 (2) 中共表示对钓鱼台之立场不变 ······ 277
 (3) 我"外交部"发言人金树基发表关于钓鱼台列屿主权之谈话 ······ 277
 (4) 冲绳开发厅派团调查钓鱼台列屿的地质、水质及动植物概况 ······ 278
 (5) 日本着手调查钓鱼台列屿 ······ 278
 (6) 日"匪"即恢复渤海湾石油开发谈判 ······ 279
 (7) 日政府内部对调查钓鱼台列屿事,态度不一致 ······ 279
 (8) 中共对日本派团调查钓鱼台列屿表示遗憾 ······ 280
 (9) 园田表示最好不去管钓鱼台列屿 ······ 280
 (10) 冲绳开发厅指示调查团尽快完成工作回来 ······ 280
 (11) 邓小平向铃木善幸表示有意接受日政府贷款 ······ 281
 (12) 邓小平重申搁置钓鱼台列屿的归属问题 ······ 281
 (13) 自民党首脑主张由日"匪"共同开发钓鱼台石油资源 ······ 282
 (14) 日本调回钓鱼台列屿调查团 ······ 282
 (15) 钓鱼台列屿学术调查团离岛撤回 ······ 282
 (16) 钓鱼台列屿调查团表示调查之成果满意 ······ 283
 (17) 李"匪"证实:"匪"苏将有外交次长级会谈,欢迎日"匪"共同开发钓鱼台列屿地区 ······ 283
 (18) 园田外相表示不谈领有权问题拟与中共共同开发钓鱼台列屿之石油资源 ······ 284
 (19) 日方建议就钓鱼台列屿领海外之公海设定区域与中共共同开发石油资源 ······ 285
 (20) 中共李先念表示赞成搁置领有权问题,由中日共同开发钓鱼台石油资源 ······ 285
 (21) 外务省检讨中日共同开发的钓鱼台海底石油 ······ 286
 (22) "共匪"赞成与日共同开发钓鱼台石油 ······ 286

5. 日本重要时事摘要(三十五) ······ 287
 (1) "共匪"希望适用渤海湾方式,与日本共同开发钓鱼台列屿海底油田 ······ 287
 (2) 日本政府对于日"匪"共同开发钓鱼台列屿海底油田构想,有慎重从事的想法 ······ 287

(3)日本暂停与中共谈判,共同开发钓鱼台海底石油 …………… 289
　　(4)日政府决定正式与中共谈判钓鱼台海底石油共同开发问题 ………… 289
　　(5)日本将向中共提议洽商大陆礁层划线问题 ……………… 290
　　(6)"中华民国"当局宣布领海十二海里,经济水域二百海里…… 290
　　(7)"中华民国"宣布扩大领海为十二海里并设定二百海里经济区…… 291
　　(8)台湾当局宣布实施二百海里经济区域 ………………… 292
　　(9)日本对我二百海里宣言感到困惑 ……………………… 292
　　(10)日本内阁阁僚表示钓鱼台列屿是日本领土 …………… 293
　　(11)"中华民国"宣布二百浬将波及韩国、"共匪" ………… 293
　6. 日本重要时事摘要(三十七) ……………………………… 295
　　(1)日本冲绳开发厅发表调查报告,认为钓鱼台列屿之开发困难很多 …… 295
　　(2)高桥庄五郎著书表明钓鱼台列屿系台湾之附属岛屿 ……… 295
　7. 日本重要时事摘要(三十九) ……………………………… 296
　　(1)中共通知日本将作发射洲际飞弹实验 ………………… 296
　　(2)中共抗议日韩开始探采石油 …………………………… 296
　　(3)邓"匪"小平表示拟与日本谈判日韩大陆棚问题 ………… 296
　　(4)日"匪"将举行东海大陆棚问题的交涉 ………………… 297
　　(5)外务省首长表示日本不曾附和中共的"反苏防卫论" …… 298
　　(6)日本将与中共签订"科技合作协定",进行原子能和平利用合作 …… 298
　8. 日本重要时事摘要(四十) ………………………………… 300
　　(1)日本拟与中共共同开发钓鱼台列屿的海底油田 ………… 300

二、中国国民党中央文化传播委员会党史馆藏琉球档案 ……… 302
(一)钱复回忆录 …………………………………………… 302

索　引 ………………………………………………………… 306

一、台湾"国史馆"档案

（一）战后琉球问题档案

1. 驻英大使顾维钧自华盛顿电蒋中正主席报告谒罗斯福总统为我国在世界和平机构会议中对三国草案颇多赞许表示欣慰

1944 年 10 月 4 日

重庆。密。主席钧鉴：今午钧偕魏大使、胡次长、商团长入觐罗斯福总统，由美首席代表陪往，罗斯福告钧：（一）奎北会议，对于如何继续助华，有共同决定。（二）奈耳逊离美赴华时，曾告以到华后所得印象或致失望，彼回美后报告，谓我国情况一般尚佳。（三）将来日本在太平洋之岛屿如何处置，颇费考虑。美国不愿再增土地，琉球及 Bonin 岛（即小笠原群岛），无论如何，亦不能交还日本。又谓闻往时 Bonin 岛王曾由中国任命。（四）航空问题亦多困难，如允予中国民航线展至檀香山，则澳之同样要求，难以拒绝，将来日本恐亦希图。（五）和平机构会议，美外交次长向总统报告，进行顺利，我国对三国草案颇多赞许，总统表示欣慰，但谓投票权问题未能解决，苏俄主张在国际组织大会中，应有十六票权，代表十六共和国，如予以同意，则巴西有二十一票。苏俄又坚持到底，倘常任理事为争端之一造，仍可投票，此实与法律上当事人不得同意作裁判官之原则相反，为一重要之点，必须有一解决云云。顾维钧。质。

（《我与联合国》，《特交文电（七）》，《蒋中正"总统"档案》，33040227）

2. 外交部长宋子文呈蒋中正委员长拟具旧金山会议会外应与美、英、苏商谈之各项方案

1945年3月26日

查关于联合国会议内之各项方案，前已由本部拟具，呈请核夺，惟会议只以成立新国际机构为对象，而现在战事已届结束时期，与我国有关各项政治问题亟待解决者甚多，似应乘此时机分别与美、英、苏求得谅解，谨分类拟具方案如下：

（一）成立远东顾问委员会问题

查美、英、苏为解决欧洲各项政治纠纷，保证三国切实合作起见，曾于德黑兰会议后在伦敦设立一欧洲顾问委员会。现时远东战事已迅速到达决定阶段，我似应乘此向美、英提出在重庆设立一同样性质之远东顾问委员会（命名远东较亚洲或太平洋为妥，盖用远东字样可避免使荷、澳、纽等国要求参加），由中、英、美各派代表组成。如苏联参战或愿在参战以前指派代表参加，我当欢迎。如英方要求令法加入，而美不表示反对，我亦可赞同。举凡对日之军事占领及战后处置以及对泰、对韩、对越南各种政治问题，均可由该会拟具方案，送请各政府核定。此举于我有大利二点：1. 对于上述各问题可以保持重要盟国之密切合作；2. 若苏联不加入，对于远东之措施可以三国之协调方式出之，予苏联以有力之钳制。若苏联加入，则我可利用此机构，以缓和或增强中苏关系，故此建议与我关系甚大，其着手方法自当先与美方商洽，得其赞助，再共同向英方提出。

（二）中国沦陷区解放后之行政问题

查此次战役依照各盟国间之协议，沦陷区在被解放之初期，占领军有最高权威，行政权亦隶属其下，直至解放区与作战无关时，始将行政权交还原主权国。即盟军与法国所订协议亦系如此，将当时法国划分为两区，一前方区，一内地区，由盟军统帅决定，始能将前方区改为内地区，交还法国政府。此种办法若只有美、英军队在我领土内作战，原无不利，惟因对东北之顾虑起见，我应向美、英要求，无前方区与内地区之划分，所有中国领土（包括开罗会议宣言应行归还中国之领土在内）无论被任何军队解放，其行政权应即在开始时完全归

还我方。此案前已由职向赫尔利大使提出,若赫尔利大使与美当局商谈尚无结果,此次应再向美方提出,必要时并可将我之顾虑密告美方,以促其成,庶可作为先例,万一苏军开入东北时,我可据以交涉。(附协定草案)

(三)对日问题

本部前与国防最高委员会王秘书长商订日本无条件投降草案,由王秘书长签请核准在案。此次赴美,若讨论及此事,自当以之为根据(附草案),惟对于要求赔偿问题,则拟仿照此次克里米亚会议之苏联办法,要求下列三点作为补充:1. 各盟国应摊得之赔偿,应以各该国所损失对其本国国富之百分比为标准;2. 日本对于中国之赔偿,应以实物交付为主;3. 盟国应在重庆设立赔偿委员会,主持日本对盟国赔偿事宜。但若时机尚未成熟,或美英同意设立远东顾问委员会时,则可将此问题留待该会讨论。

(四)对韩问题

本部前与王秘书长亮畴、王主任雪艇会拟《扶助韩国独立方案》,经王秘书长签呈核准,现因国际机构即将成立,谨将该方案条文略加修正,若讨论及韩国时,自当以为依据(附方案)。

(五)对泰问题

现美国已照我所请求,向英提出建议,成立"自由泰国解放委员会"。届时若尚未成立,我应设法催促,使其早日成立。此外则应:1. 协助自由泰国解放委员会,要求美、英解除冻结泰国之资金;2. 相机订定中、美、英、泰军事协议(附协定草案);3. 对于泰国战前领土之完整,我似应主张维持,其由马来亚及缅甸夺来之土地则应归还,其由越南夺来之土地,则应以当地人民投票方式解决。但此点我方应先不提出,俟查明美、英态度后再行斟酌办理。

(六)对越南问题

我应乘此密询美方态度:1. 如美已决定将越南交回法国,我自不便反对,但我可向美方说明越南与我毗邻,此次日本曾用以为侵略我之根据地,战后法国应予我以特殊交通之便利,并将我侨民待遇改善;我与法方交涉时,美应为我声援;2. 如美主张将越南置于国际领土代管制度之下,则我除向美作前项之同样说明外,并表示希望法应早使越南独立;3. 如美主张将越南交由数国代管,则我应赞同其主张,并要求为代管国家之一。

(七)对苏问题

中苏关系极为复杂,殊难有一固定方案。但国际机构既为奠定世界和平,我似可乘此时机,向美方当局将我顾虑之点,例如 1. 苏联供给哈匪及伊匪军火,以扰乱新疆之实在情形;2. 苏军若开入中国境内后,或有产生非法且非代表中国民意组织之可能,恺切向美方说明,并以中苏关系实亦有关美国之安全,请美从旁协助,使中苏能开诚谈判。若苏联能有确切表示尊重中国领土完整及政治独立之决心,则我可考虑:1. 在经济上予苏联以在新疆及东三省之极大让步(新疆经济合作方案已提出,东三省方面可允将大连划为自由港,并保障其使用满洲里至海参崴之铁路及中东路之运输便利);2. 外蒙及唐努乌梁海我允在中国主权下予以高度自治,如苏联同意,我并可与之签订类似英苏、法苏及捷苏条约之互助条约(附约稿),至于旅顺问题,苏方或竟要求回复日俄战争以前之状态,此点我似应坚持;必要时我似可建议苏联得将韩国三大要港之一划为其军港。

再苏联现已予十六联邦以外交权,其接近我之联邦有三:克萨克斯唐、基尔基思及塔易克,迟早苏联必设法逼我使与之发生外交关系,我与美、英处境不同,我似可乘此机会向美、英询问其对此事之意见,以作事先准备。

(八)战后华侨返回居留地问题

英、荷等国目下对于华侨于战后返回原居留地,似有故意留难之趋势,兹谨拟定我对此事之方案,以便相机商洽。

以上所拟是否有当,谨呈委员长蒋。

附件一:关于中国领土经盟军解放后之行政协定大纲

(一)中国领土(包括开罗宣言应行归还中国领土在内)无论中、美、英三国军队单独或共同解放时,有关军事之事务由解放军队之最高军事当局负责,行政事务应立即由中国政府派遣官吏完全负责。

(二)中国政府所派遣之官吏对于军事当局作战之需要,应积极予以协助。

(三)为保持军事当局与中国行政当局之密切联系起见,中国政府应指派军事特派员驻在解放军事当局之司令部内,所有军事当局因作战需要之措施,由军事当局商经中国政府军事特派员之同意,由后者令饬中国地方官吏执行之。

(四)所有司法案件依照中、美军事司法协议办理,隶属各盟国之军事人员统归各盟国军事法庭裁判管辖,中国人民统归中国政府裁判管辖。

（五）本协议之实施办法，依照本协议之原则另定之。

附件二：日本无条件投降时所应接受遵办之条款草案
关于本草案有三点应先说明

（一）通常所谓停战条款乃由交战国双方磋商订定，轴心国无条件投降时所应接受与遵办之条款则由联合国方面规定。

（二）日本所应接受与遵办之条款自须由中美英诸国共同议定，兹所拟列乃本中国之立场，例如第二条、第三条、第十二条、第十三条、第十四条、第十五条、第十六条、第二十一条、第二十四条等尤专与中国有关。

（三）下列所拟关于军事政治经济性质之条款大别可分两类：(1) 为若干事项应由日本在无条件投降以后、媾和以前——遵办者；(2) 为若干事项（例如关于赔偿驻兵等）其基本原则应由日本无条件投降时立即接受，但其详细办法须另行规定者。

日本承认无条件投降，并对下列条款负忠实履行之完全责任，如有违犯时，联合国得予以报复及惩罚，必要时得将本文件所载各条款立即废止。（德停战条款第三十四款、义①投降时接受条款第四十四款）。

军事条款（第一条至第十条）

第一条：（一）日本应立即停止其陆海空三方面一切军事行动。（德第一款、义第一款）

（二）日本之各式飞机不得离开投降时所在之机场，或船舶并不得自加毁坏，听候处置。（义第八款）

（三）日本投降时所有各式军舰、潜艇及船只，凡停泊在港口中者不得离开港口，其在航行中者，应立即开往联合国所指定之港口，所有军舰、潜艇及船只均不得自加毁坏，听候处置，如系商船，并不得转让，而悬挂中立国国旗。（义第七款）

附注：最好我方能与美英诸国先期彼此商定，除本草案第三条第一款所规定者外，日本应将其它军舰、潜艇若干吨（参阅本草案第三条第二款）、商船若干吨交与中国。

---

① 编者按：指意大利，下同。因来源关系，本册所辑史料中外文人名、地名的译法与新华社通用译法多有不同，易引起误读之译名，编者业已注出，其他还请读者注意鉴别。

（四）日本所有作战器材之数量及地点，应报告联合国，听候处置。（义第十一款）

（五）日本应将其在本国及侵占区内所驻扎陆海空军之编制人数、配备以及地点等详细情形通知联合国。（义第二款）

（六）日本应于无条件投降后若干天以内，将前线及其它侵占区域内埋布地雷、水雷及类似品之地点详细书面说明，并协助联合国寻觅及消除此项危险物品。（德第八款）

（七）日本应将其国境内外关于陆海空军之军事布置设备与防御工事，以及关于运输与交通等情形通知联合国。（义第十款）

第二条：（一）日本应于联合国指定之期限内，自九一八起在中国所占领之地区及在其它联合国所占领之地区撤退其全部陆海空军人员，逾期不撤退者，即俘虏之。（德第二款）

（二）日本对于定期撤退区域内居民之身体与自由不得加以损害或限制。（德第六款）

（三）日本对于定期撤退区域内一切中外公私财产（包括一切道路及交通工具，如铁路、公路、水道、桥梁、电报、电话之设备等，以及日本公私财产与中日合办工厂等）应负责保全，并应暂留少数必需人员维持现状，以待我方派员接收。（德第七款、义第十九款）

（四）日方不得于撤退军队时预作任何处置，或计划、唆使、利用或组织不良分子于其撤退后从事破坏物资与交通，扰乱安宁秩序。

第三条：（一）敌人所有在中国境域内一切武器与配备，如大炮、机关枪、坦克、飞机、军舰、潜艇、车辆以及军用与航空器材应悉数缴存，不得加以毁坏，听候中国政府派员点收。（奥停战续加条款第一款第二项甲）

（二）日本应将我方指定数量之完好武器与配备，如各类军舰、潜艇、飞机、坦克、大炮、机关枪以及车辆等等定期交与中国。（德第四款）

（三）第一项缴存点收之武器与配备及车辆等，其中完好部分得算入第二项所指，应由日本定期交出之数量之内。

第四条：日本对于其在占领地区内所征编之伪军警，应负责约束，听候点验处置，不得纵容或唆使其扰乱治安。

第五条：日本应立即释放联合国方面被俘之战斗员及被扣之非战斗员，包括正在受审或已经判决者。（德第三、第十、第十八款，义第三十二款）

第六条：联合国人民被日本强迫调送出国者，应依照联合国指定期限，由日方资送回籍。

第七条：日本之陆海空军，除由联合国准许保留者外，应依照联合国之规定，予以复员。（义第六、第三十四款）

第八条：日本作战器材之制造生产与配置及其进口出口，除经联合国准许者外，一律禁止。（义第十三款）

第九条：（一）联合国于日本境内指定若干地点，由联合国派兵驻扎，以保证日本履行本文件所列各条款，以及将来和约中各条款。（义第十八款）

（二）日本应遵守联合国对于出版、戏剧、电影、广播等之管制与检查。

（三）联合国舰船、飞机等得自由利用日本之领海、领土与领空。

（四）联合国文武官员在日本境内有通行之权，在执行职务上日本政府并须予以便利及保护。

第十条：日本应完全解除武装。（义第三十四款）

政治条款（第十一条至二十条）

第十一条：联合国指定之日本战事罪犯，日本应即交出，听候审判。（义第二十九款）

第十二条：在中国各地伪组织重要人员，应由日方依照我方所指定之名单，分别加以扣留，听候我方处置。

第十三条：旅顺、大连既因中国对日宣战废止有涉中日关系之一切条约、协议、合同，而归属中国，应定期由日方撤退其军警，由我方接收以上地方一切堡垒、军器、工厂、铁道及其它一切公有财产，应无偿交与中国，并不得于移交之前加以毁坏。

第十四条：日本应将南满路及中东路无偿交还中国。

第十五条：台湾及澎湖列岛应归还中国。以上地方一切堡垒、军器、工厂、铁道及其它一切公有财产应无偿交与中国，并不得于移交之前加以毁坏。

第十六条：琉球群岛应归隶中国。

附注：琉球群岛比诸台湾及澎湖列岛情形稍异，如美英异议时，我方可考虑下列两种办法：甲、将琉球划归国际管理；乙、划琉球为非武装区域。

第十七条：日本承认朝鲜依甲午战争前之版图独立。

第十八条：日本应解散一切从事侵略或宣传侵略主义之组织，并应取缔一切侵略主义之思想与教育。（义第三十款）

第十九条：日本人民及其它任何国籍人民，凡曾因与联合国接触或对联合国表示同情或倾向民主主义而被日本政府限制拘禁或受判决者，应依照联合国之指示释放之，并免除其所受一切法律上之限制。（义第三十二款丙）

第二十条：日本应供给联合国所需之一切情报及文件，此项情报及文件之档卷、纪录、计划等不得藏匿或毁坏。（义第三十五款）

经济条款（第二十一条至二十四条）

第二十一条：日本应归还中国中央及地方机关（包括国立银行）之一切文件、簿籍、现金、币钞及其它有价证券等。（德第十九款）

第二十二条：日本文武人员或私人自占领地区所运走之重要图书、古物、文化品以及工厂设备、机器、机件、铁轨等应于联合国指定之期限归还。（德第二次延长停战协议第六款）

第二十三条：日本应归还自联合国攫去之一切船舰、车辆等。（德第二十九款）

第二十四条：（一）日本应赔偿中国因日本侵略（自九一八起）所受之一切公私损失，包括因日本在侵占区域内发行军用票、各种伪钞及有价证券所受之损失。

（二）依第二条第三款由我方所接收之日本公私财产，得作为本条日本赔偿中国损失之一部分。

第二十五条：为保证本文件所载各条款切实执行起见，由联合国设立联合国监督委员会，其组织规程另定之。（德第三十四款、义第三十七款）

附　记

如日本先德国向联合国家投降，则本条款中尚应加下列三项：

（一）日本无条件投降后，应将国内及占领区内尚与联合国作战之敌国官吏、人民及船舰器材等交与联合国。（义第二十八款）

（二）日本无条件投降后，对于尚与联合国作战之敌国，不得予以军事、政治、经济或其它援助。（义第二十五款）联合国于必要时得利用日方领土、物资，向上项敌国作战。（义第十八、第二十款）

（三）日本应完全遵行联合国根据上列两款所定之详细办法。

附件三：中美英泰军事协议草案

中美英泰四国为协同击败日本，解放泰国，恢复其独立自由起见，议定条款如左：

（一）自本协议生效之日起，泰国政府应密令泰国武装部队及其它有关机构，立即设法避免对同盟国有损害之一切行为及企图。

（二）泰国政府应即与同盟国家合作，供给有关敌人之一切情报。

（三）为便于协同作战起见，泰国政府应将泰国现有陆海空军兵力、装备、驻地、军火生产情形、港湾设施、交通状况、运输工具数量、飞机场位置与设备、陆上要塞设施，以及盟方所需要之其它各种情报事项通知盟方。

（四）在中美英三国决定泰国应开始对敌作战时，泰国应立即撤消对美英之作战宣言，并同时对敌方宣战。

（五）泰国于对敌宣战后，应将陆海空军立即归入盟军作战序列，受中国战区统帅部之指挥，共同对敌作战。

（六）盟军入泰或登陆时，泰国政府应以所有机场及港湾设备，供盟军自由使用，尽量供应盟军之给养及交通运输，并将作战区域之一切交通、通信、邮政及地方治安等，暂交由中国战区统帅部负责管理，于必要时并以泰币供给盟军使用。

（七）为在泰境执行对敌军作战起见，中国战区统帅以全权决定一切计划，泰国政府须依照中国战区统帅部之指导，协助该项计划之顺利实施。

（八）泰国人民及在泰国之盟国人民，因其与同盟国有关系，或对同盟国表示同情，被泰国政府拘禁或判决者，应一律释放，并免除其所受一切法律上之限制。泰国政府应负责肃清亲日分子，取消不利于盟国之一切法令，并改善同盟国侨民之待遇。

（九）中国战区统帅部认为泰国成为非军事行动之区域时，即将泰境战区之行政权归还泰国政府。

（十）本协议全文以中英两国文字为准。

（十一）本协定于签字之日起生效。

附件四：中苏互助条约草案

中华民国与苏维埃社会主义共和国联邦为巩固两国现存友好关系，根据两国一九二四年五月三十一日签订之《中俄解决悬案大纲》与一九三七年八月三十一日之互不侵犯条约及一九四一年美国总统与英国首相所宣布，而经中苏两国政府声明遵守之大西洋宪章原则暨中苏美英四国在莫斯科共同宣言之

精神,深愿战后共谋和平之维持,保证彼此间以及与其它联合国家间之密切合作,特派……议定各条如下:

第一条　缔约国双方声明愿与同样志趣之国家合作,于战后树立远东及世界永久而公正之和平,使任何企图侵略破坏和平之国家不再有侵略行动之可能。(仿英苏条约第二条第一款及第二款)

第二条　缔约国双方在顾及彼此利益及安全与其它联合国家之利益下,同意在和平再建以后保持密切友好之合作,并遵守不企求本国领土之扩大及不干涉他国内政之两项原则。(仿英苏条约第五条、苏捷条约第四条)

第三条　双方同意战后尽可能发展两国间,尤其是两国毗邻地带之贸易关系,并互相给予一切可能之经济援助(仿英苏条约第六条、苏捷条约第四条)。为便利苏联东方运货起见,中国政府允诺依照国际公法之一般原则,给予苏联政府在中国东三省境内有关铁路之商货过境便利,其详细办法由两国协商规定之。(此指两铁路而言,一由满洲里直达海参崴,但苏联以海参崴为冻港,恐要求利用大连港口,我似应建议将韩国三大港口之一划为国际港口,在东三省则予以铁路运输便利,使达此港口。)

第四条　缔约国双方互相保证不参加反对他方之任何同盟或联合。(仿英苏条约第七条、苏捷条约第五条)

第五条　双方同意《中俄解决悬案大纲》第二条所规定之会议应于最早之适当期间内举行,根据本条约及《中俄解决悬案大纲》之精神,商议解决一切悬案之详细办法,予以施行。(末句系用大纲第二条条文,大纲内对于外蒙之撤兵及疆界之划定均有规定)。

第六条　本条约一经签字,立即有效,有效期间为二十年。期满前十二月任何一方得声明废止,否则继续有效,直至一方声明废止后之当年十二月为止。

附件五:对于战后华侨返回原居地之方案

(一)依据善后救济总署第四委员会之第四小组委员会报告之规定,我国海外侨民因战争关系被迫离开原居留地者,盟军收复各该地后,我侨民有权无条件重返原居地。

(二)依照善后救济总署决议案第四委员会之第四小组委员会报告之规定,各所在地政府应负主要责任,协助华侨重返原居留地,并予以各种舟车及衣食住宿药品之便利。

（三）各地侨民产业在战争期间被所在地政府征用者,应于战事结束后退还原主,并补偿其因征用而受之损失。

（四）侨产因战事所受损害,如各所在地政府向敌方要求赔偿时,各所在地政府对于我国侨民所受损失应同样要求赔偿。

（五）我国侨民在各地之经济文化事业因战争而停顿或遭受损害者,由所在地政府协助予以恢复,其协助之程度应与本国人民同。

(《旧金山联合国会议有关事项》,《"国民政府"档案》,档号:0631.30/4480.01-01,微卷号:403)

3. 商震电蒋中正续报日本对和约之观点

1947年6月11日

三、日本对和约之观点续报

关于日本对和约之观点，顷续查悉如次：

（一）钧电所示内容，系日外务省条约局所拟，关于和约意见书图表，省内传阅过程中被漏泄，首为我中央社所获悉，经详电告南京总社，又法国新闻社普罗君，与外务省某职员向有联系，故获悉亦较早。

（二）上述意见书，据称去年十一月完成初稿，后根据盟国对意和约加以修正，于本年二月完成，近稿内确表示日方之观点及希望，此外闻尚拟就若干专门文件，凭作根据。

（三）吉田老成持重，未敢提出，经职团向各通讯社面询，均答吉田并无通知盟军总司令部之事，似较可信。

（四）芦田外相，于五日向记者谈话，关于领土部分，根据上述吉田意见书，实为日方富有试探性之表示，因各方反响不佳，灰日复作解释要点：(甲)冲绳岛在甲午战前德川时代，即为日本所有；(乙)千岛部分，系雅尔塔密约所规定者，日本仅接到波茨坦宣言，是该日人领土，尚属未定。

（五）对台湾取得移民权事，若干方面，均称无此主张，但据法记者普罗称：渠确在该省阅及此项有关文件，日来此间新闻界，尚在口传日本在签订和约及加入联合国后拟要求台湾由联合国托治，并企图参加托治云。

判断或拟办：拟抄交外交国防两部参考。商团长查报日本对于和约之观点，于本月十一日列呈钧阅。谨注。

批示：如拟。

（《革命文献——对日议和（一）》，《蒋中正"总统"文物》，入藏登录号002000000457A，典藏号：002-020400-00053-002）

4. 郑介民呈蒋中正美国对日和约之态度为扶植日本经济复兴等

1947 年 7 月 31 日

三、美对日和约态度

此间逆料美国对日和约之态度,为:(一)扶植日本经济复兴,以为远东安定势力,我国似应要求参加一切日本经济复兴之计划,以防止日本军需工业之抬头;(二)美将提议,不向日本要求赔款,但我所受之损失最大应反对;(三)琉球岛及父母岛,由美国托管;(四)提议由十一国定约二十五年,监督解除日本之武装。

判断或拟办:拟抄交张院长、王外交部长参考。

批示:已注。

(《革命文献———对日议和(一)》,《蒋中正"总统"文物》,
入藏登录号 002000000457A,典藏号:002-020400-00053-004)

5. 王世杰电蒋中正与马歇尔会商对日和约方案
1947年9月15日

第721号　十五日

急，南京外交部次长转呈蒋主席，今晚马歇尔国务卿约杰晚餐，未约他客，详谈两小时余，谈话要点如下：（甲）关于魏德迈使华事，马卿说明数点，第一彼荐魏使华，系因其素来反共，且原为主席参谋长，第二派魏使华，在寻求一种方式援华，第三马卿除接到魏德迈关于批评我台湾政府之批评报告一件外，现尚未接到任何其它报告，第四马卿拟俟二三日魏返华府来纽约听取其报告后，再与杰详谈，杰对此事暂未作任何表示；（乙）关于日本和会事，美政府及舆论近日显然对我政府态度感觉不安，马卿显欲借今日谈话改变我之立场，马谓美国如承认苏联有否决权，则三四月内决无对日和约产生，倘十国先行集会草定和约，则召集和约大会之时苏联仍必参加云云，杰当郑重声述我方见解，第一在对日和约起草会中苏联纵有否决权，亦不致过分阻挠和约工作，因对日和约之成立可改变美国独管日本之办法，于苏有益无害，第二中美苏等国与纽丝纶①荷兰法国等以同等资格参加对日和会，实不公允，第三中国与苏联签有共同抗日同盟条约，倘中国抛弃苏联单独对日签订和约，苏联乃至世界公论必认中苏条约先被中国撕毁，此点尤使中国无法弃苏而参加和会，杰言时极端坚定恳切，马卿为之改容，杰坚请其考虑我所主张之方案，即和约起草会议由十一国组成，并予中美英苏以否决权，彼允与其政府续商后再约谈；（丙）联合国大会主席照例由五强以外之国家充任，现竞选者颇众，苏美均支持其与国，杰今日告马卿，如选举形成僵局，中国准备提议以现时尚未出席而竞选之印度首席代表潘迪夫人尼赫鲁之妹为主席，杰并谓马卿负有一个历史使命，即以一切可能之方法促使印度与中国同情西方民主国家，马氏对杰之此一表示似甚感动，声明将与其代表考虑，惟杰到此稍晚，此一建议恐不易实现，以上为谈话大要，

---

① 编者按：纽丝纶，及下文中的纽锡兰、纽西兰，均为新西兰。因本册所辑史料形成年代不同，作者各异，同一人名、地名，前后译法常不一致，为存其真，未予改动，还请读者稍加留意。

至俞部长大维所携军械节略应否提送,似宜再度与马卿谈话后决定,又该节略谓所列第一款一亿三千万子弹,愿使云已于七八两月装船启运,计已到华,请查明后饬令删除,职王世杰叩。

批示:如拟

拟办:

(《革命文献——对日议和(一)》,《蒋中正"总统"文物》,入藏登录号002000000457A,典藏号:002-020400-00053-005)

6. 王世杰电蒋中正与维辛斯基及葛罗米柯商谈日本和约苏主张由四国起草

1947年9月24日

第748号　23日

急,南京外交部密呈蒋主席、张院长钧鉴,马日主席电示自当遵办,关于日本和约事,今午维辛斯基及葛罗米柯来杰寓午餐,杰当申述中国主张应由十一国起草,但中美英苏应各有否决权,并告以美方尚未接受此方案,如美国始终拒绝中国主张,中国或将拒绝参加会议,维辛斯基谓苏联将仍主张只由四国起草,杰遂告以如美方接受中国主张,而苏联坚持己见,拒绝中国主张,中国将无理由拒绝参加会议,故请其郑重转告莫斯科,彼云当即报告莫斯科再作最后答复,以杰揣度,苏方此时大概不肯接受我之妥协案,容俟其最后答复后续陈,又今日午后此间鲁斯主持之华美文化协进会开会对杰表示欢迎,杰所以此事甚小,未甚注意,及出席时乃知马歇尔、魏德迈均自华府赶来出席,八十余岁之杜威教授亦亲自前来,杰演词仅言中美过去文化工作之重要与其影响,未言他事,马歇尔答词亦未及他事,但词极恳挚友善,魏之参加当系马所指示,魏云彼已将钧座政治声明及俞部长财政文件提送总统,杰亦未作任何表示,职世杰叩。

拟办:

(《革命文献——对日议和(一)》,《蒋中正"总统"文物》,入藏登录号002000000457A,典藏号:002-020400-00053-008)

7. 薛岳呈蒋中正日政府假定之盟国对日和约条款之预备方案摘要

1948 年 1 月 31 日

日政府假定之盟国对日和约条款之预备方案摘要

一、领土　希望保留，千岛群岛北部可置于联合国托管制之下。

二、政治　军事占领与管制机构必须撤销，并取消盟国人民之治外法权，占领期间发布之指令，均归无效，已按上述指令制定之国法，在未废止之前，暂属有效。

三、战罪　要求盟国明确声明战犯审判终止之日期，普通罪行之战犯，由日本法庭按日本法律审判之。

四、赔偿　尽力保持平时经济所必需之设备，若需以出产偿付赔偿时，则必需之生产与运输设备，须予保留，且须供应必需原料及充分之外汇。

（附呈原件）

原件呈

阅

拟抄知外交部王部长

参考

职　薛岳　呈

三十七年一月三十一日

（《革命文献——对日议和（一）》，《蒋中正"总统"文物》，入藏登录号 002000000457A，典藏号：002-020400-00053-012）

8. 毛人凤呈蒋中正琉球革命同志会检呈琉球国王之印印模为属我国史证

1948年3月24日

琉球革命同志会检呈琉球国王印模一纸

一、续元月十三日密重字第零一五六号情报。

二、琉球革命同志会负责人喜友名嗣正等,以琉球为我国属土,史实俱在,胜利后日美两国均有夺取该地之意图,此国防要地绝不能容许落于他人之手,特检呈"琉球国王之印"印模一纸,以为琉球属于我国之史证,现该印尚存琉球视为国宝,谨检同原印模一纸,报请鉴核。

附呈:印模一纸(未附卷)

来源:原报人转据琉球革命同志会负责人喜友名嗣正呈报。

意见:拟请转交有关部门研究以作处理琉球问题之参考。

拟办:

批示:

(《革命文献——对日议和(一)》,《蒋中正"总统"文物》,入藏登录号002000000457A,典藏号:002-020400-00053-014)

9. 王世杰电蒋中正与马歇尔晤谈 对日问题及我国对琉球之态度

1948 年 9 月 29 日

王世杰致翁院长转呈　蒋总统 9 月艳电

民国三十七年九月二十九日于巴黎

抵法后，杰曾与马歇尔晤谈两次……（一）关于对日问题，杰询马卿略谓，和约一时既难成立，美政府愿否考虑以美前国务院贝尔纳斯所提中美英苏四国对日同盟条约草案为基础，由中美英磋商订立盟约，共负防止日本侵略之责（并声明苏联如愿加入，仍可随时加入），倘有此约则，即无和约，中国人民亦可放心，因之美国对日经济措施，中国亦较便协助，中日间贸易商业关系，亦可开展云云，马卿对杰此议甚感兴趣，愿仔细研讨，并赞成杰与共和党代表杜勒斯（Dulles）商谈；（二）马卿以冲绳岛之设防为对付苏联之要着，询我国对琉球之态度，杰告以我政府尚未决定，但杰本人预计我政府可赞同美政府在冲绳岛设防，惟琉球全部将来应置于中美共同托管之下……钧座有何指示，盼电示。

附注：（一）奉　批阅。

（二）原件编入对美外交一般交涉案。

（《革命文献——对日议和（一）》，《蒋中正"总统"文物》，入藏登录号 002000000457A，典藏号：002 - 020400 - 00053 - 015）

（二）对日和约相关档案

1. "外交部"电蒋中正检送对日和约事上陈"院长"代电之副本

1950 年 9 月 16 日

"外交部"检送关于对日和约事，上陈"院长"代电之副本谨摘要，并附原件呈钧阅，谨呈

"总统"蒋

　　关于对日和约事，接顾大使迭电，以与美国务院中国事务局长主管对日和约顾问杜勒斯，及该管助理次长商询，据云，美对此事已拟有若干原则，作将来洽谈时根据，届时将有远东委员会各国参加，包括我政府在内，又云，美虽主张速定对日和约，但事极重大，自难立即完成。

　　职及本部主管司司长，复与美代办蓝钦晤谈，其要点如下：（甲）美政府若干人员及麦帅主张早订和约，韩战解决前，苏无参加可能，美亦不坚持其参加，美可能与日本缔结双边协议，澳洲及纽锡兰或亦采同样行动如和约必须列入解决台湾问题，英可能不参加；（乙）职告以中国政府因环境变迁，对于起草和会之组成及投票程序各问题，已准备重行考虑其立场，蓝钦表示欣慰。

　　查目前局势剧变，远委会十三委员国中，已有六国承认中共，我于对日和约及对日政策，似应作下列之考虑。

　　（一）对日和约程序问题，在三十六年十一月，我曾对美、苏两国之对立方案提出折中方案，主张议案应由远委会会员国多数表决，但此项多数中，必须包括中、美、英、苏四国，目前情势既变，此项立场，似应明确宣示完全予以放弃。

　　（二）我对日整个政策，就酌情放宽之原则下，拟定原则三项：

　　甲、关于日本领土问题：我自应主张在和约内确定我对台湾之主权，惟鉴于美、英似不愿即确定台湾之法律地位，我似可俟时机成熟，再行设法解决，目

前宜暂守缄默。

乙、关于解除日本武装问题：美认为日本应具有自卫力量，我鉴于"赤祸"蔓延，凡对日本之独立与安全有所裨益之措施，自应参酌采用。

丙、关于赔偿问题：鉴于美方业已宣布放弃赔偿要求，我于不得已时，似只有酌情核减或全部放弃。

以上为本案最近经过，及本部考虑之点，除续电顾大使、李代表嘱其表明我愿放弃对和会程序之立场，对台湾问题仍主在和约中确定我主权，并密探日方对我态度外，谨报请鉴核。

批示：密存

（《革命文献——对日议和（一）》，《蒋中正"总统"文物》，入藏登录号 002000000457A，典藏号：002-020400-00053-019）

2. 顾维钧电蒋中正与杜勒斯商谈对日和约事

1950年10月22日

第603号　21日

　　极密，台北"外交部"，对日和约事，杜勒斯因公忙，改廿日在成功湖商谈，李代表须出席远委会，未能同往，改偕谭公使襄助，据杜告，除苏联定下周会商外，其余远委会各国均已与谈过，正向各本国请示中，又谓：（一）美对和约领土问题，以为日本依照开罗宣言及日本投降条款等件，得保有本国四岛及附属小岛外，余如琉球、小笠原群岛，应交联合国托管，以美治理国、台湾、澎湖、库页南半岛及千岛，由中、英、美、苏将来决定，倘和约实行后一年内不能解决，应交由联大会决定；（二）关于日本安全问题，在联合国切实负责以前，应继续由日本负责供给便利，与美国或美及其它国家，在日本区域维持国际和平安全之军队合作，钧询以便利两字意义，彼答即联合国宪章第43条所称便利之意，即系供给海港空军基地等等；（三）钧询谓所谓台湾问题，美已提交联大会讨论，究竟美方用意及希望如何，彼答须待彼下星期一与艾卿商谈后方能作答，但美之用意，欲将台湾地位暂付冻结，因美虽切望世界大战不再爆发，并无把握，深不愿台湾落入仇视美国者之手，尤不愿为苏联利用，美国人力不足，对太平洋防卫只能利用海军空军树立强固防线，倘一朝有事，美能控制亚洲沿海大陆，而台湾岛正在此防线之内，又谓冻结台湾岛地位，即是维持我"国民政府"地位，故深盼我国代表不在联合国会议席上积极反对美国对台立场，如我为表明我国立场，而声明台湾为我国领土，美可了解，但如我在会议席上坚决反对美国对台立场，力与争辩，未免增加美国困难，使美不能贯彻保持台湾，维持我政府国际地位之宗旨，盖如美亦认台湾已纯为中国领土，不特我政府代表权问题，即须解决，而美之派遣第七舰队保台及自取领导地位出为主持此案，亦将失却根据，故盼钧详报政府，剀切说明理由，望能训令蒋代表勿过分反对美国立场，彼并似与蒋代表一谈云，再关于问题，钧已告蒋代表接洽矣；（四）钧问美主千岛与库页南半岛与台湾岛相提并论，预料苏联反响如何，彼答苏联自必反对，但为苏对和约不肯让步合作，美亦何必在和约内加以承认，巩固此地位；（五）至经济问题，杜称美主宽大，拟将各种限制解除，俾日本能达自给目的，钧谓我对日本亦无报复思想,现国际情势大变,我固不愿日本重为军国威胁,我国亦愿见日发展相当实力,俾能维持其国内秩序,不为共党扰乱,我对赔偿问题,前为表示宽大,并重视合作,已有缩减之意,然以我政府与人民所受损失浩大,碍难完全放弃,在不使日本不胜负担情况下,仍拟取得若干赔偿,并期能订立经济互换权法,于我有利,而于日亦不无裨益,杜谓,美鉴于第一次世界大战后,法比等国所争得之德国赔偿,均成泡影,即以工业产品抵付权法,结果亦仅与美国所给德国工业借款数额相等,日本投降以来,美所给日本资助,俾能生存,已达二十亿美元,美现愿以经济直接协助日战受损,各国不愿继续援助日本,间接供付赔偿云;(六)钧问订约程序如何,杜答须俟与各有关国洽商完毕后,方能决定,目前采取非正式协商办法,不用集议方式,一因苏联不肯变更其原有立场,一因为集会讨论,英印巴缅荷兰等国必反对我政府代表权,徒滋纠纷,美现用各别洽商权法,各该国不能反对美与我国一律不允洽商,因美为主持对日和约之国,而又为续承认我政府者,此亦为万难者中觅得有利我政府之唯一办法,至何时可能与日商订,杜答,预计须至明夏云旋钧与列席之国务院日本司长谈,询和约方式,被答召开正式和会,苏联态度及我政府代表权问题,恐多困难,只有采取洽议一致和约大纲,分由各有关国与日本订立双边协议,为临时过渡办法,待将来局势澄清,再集会订立正式和约云,并报,谈话后面交备忘录,译文另电,原文航寄呈,顾维钧。

批示:

拟办:

(《革命文献——对日议和(一)》,《蒋中正"总统"文物》,入藏登录号002000000457A,典藏号:002-020400-00053-020)

3. 顾维钧电蒋中正与杜勒斯商谈对日和约事之附件

1950年10月22日

原电呈
"总统"阅

职　王世杰　十月二十六日

第604号　23日

　　台北"外交部"极密，603号电计达，节略全文照译如后："为订立对日和约以终止战争状态起见，兹将美国政府认为应行入约之各原则提要如下，此项大纲仅属初步与建议性质，美国政府对将来任何草案之详细内容或措词，并不因而束缚，希予注意，所期望者，此种大纲经研究后，将有若干非正式讨论，俾对骤视不甚明确任何各点加以阐明。"分为"美国主张对日和约，应规定终止战争状态，恢复日本主权及使日本以平等地位重返自由民族之社会，至于细节和约中应包括下列诸原则：(一)参与国家——凡某一或所有曾经对日宣战而愿根据本大纲所包括，并将来协议同意之原则，以订立和约之国家，均得参加；(二)联合国之加入——日本入会事应在意想之中；(三)领土——日本应：(甲)承认韩国独立；(乙)同意将琉球及小笠原群岛交由联合国托管，以美国为治理国；(丙)接受英苏中美对台湾澎湖库页岛南半及千岛地位，将来之决定，倘和约实行一年内不能解决，联合国大会应作决定，日本在中国之特权及利益应予放弃；(四)安全——和约中应设法规定在未有圆满安全办法，如联合国担负切实责任之前，应继续由日本供给便利与美国，或美暨其它国家在日本区域维持国际和平安全之军队合作。(There would be continuing cooperative responsibility between Japanese facilities and U. S. and perhaps other forces for the maintenance of international peace and security in the Japan area.) (五)政治与商务关系——日本应同意附签有关麻醉品及渔业之多边条约，战前之双边条约，得由相互同意予以恢复，在新约未订立前，日本应给予最惠国待遇，但通常不在此范围之待遇，得以例外论；(六)索偿——一九四五年九月二日以前，因战争行为发生事变之赔偿，要求各参与订约国应予放弃，但(甲)各盟国就一般而论，应保有其境内之日本资产；(乙)日本应将各盟国资产退还,倘不能全部退还,则应以日元抵偿,经协议同意之损失部分价值;(七)争端——关于索偿之争端,应由国际法院院长组成之中立性特设法庭解决,其它争端应经由外交途径或送交国际法院解决。"原文航呈。顾维钧。

批示：
如拟：

(《革命文献——对日议和(一)》,《蒋中正"总统"文物》,入藏登录号002000000457A,典藏号：002-020400-00053-020)

4. 王世杰呈蒋中正美方所提对日和约节略之因应方案说明书

1950 年 11 月 4 日

兹由"外交部"叶部长送来关于美方所提对日和约节略之因应方案说明书，谨摘要附原件呈

钧阅，谨呈

"总统"蒋

美方此次所提节略，在表示虽无苏联参加，亦将早订对日和约之决心，此时议订对日和约，于我虽未见其利，惟我不宜有异议，惟有尽量与美方合作，尽量对日表示宽大，美方所提节略共分七项，与我最有关系者为领土，安全及赔款三者，（一）领土问题，美方将台湾、澎湖列为尚待解决之地区，与我之主张适相背驰，惟有各持己见，而将最后解决尽量拖延为上策，美方所提程序如能贯彻，当亦可收拖延作用，此外美方主张琉球由美方托管，此可吸致美方实力于远东，对我尚属利多害少，我宜予赞同；（二）赔偿问题，美方主张放弃赔偿，原在我意料之中，我惟有予以接受，而另望取得其它补偿；（三）安全与军备问题，美方主张由日本供给便利与美军继续合作维持，此种过渡措施，原属绝对必要，我自应予以赞同，此外美方节略中所举各节，如日本加入联合国，取消日本战前在华特权等项，我对美方建议似均宜予以接受。

附呈原说明书及美国对日和约节略之修正译文各一件。

批示：

（《革命文献——对日议和（一）》，《蒋中正"总统"文物》，入藏登录号 002000000457A，典藏号：002-020400-00053-021）

5. 王世杰呈蒋中正美方所提对日和约节略之因应方案说明书之附件一

1950年11月4日

极机密第2号

关于美方所提对日和约节略之因应方案说明书

（一）

对日和会，因苏联之蓄意作梗，而迟迟未能召开。美方此次所提节略，其主旨自在表示虽无苏联参加亦将早订对日和约之决心。关于此事，美方目前所采步骤，为与对日作战各国个别商谈，将来或即以商谈所得之共同结论分别与日本缔结双边协议，察其主要考虑，除为避免苏联作梗外，似尚有如下三者：（甲）若干国家已承认"匪①伪政权"，我代表权问题易滋纠纷；（乙）民主集团中，亦尚各存歧见，不易沟通，如澳大利、纽西兰必反对日本整军，菲律宾不愿放弃赔款，即其荦荦大者；（丙）终结对日战争状态，使日本重返国际社会，实为适应目前远东情势所必需，如于此时遽行召开和会，势必再遭延宕，而无补时艰。

我国目前国际地位，至为低落，于此时与日媾和，我方发言力量，自极微弱；且无苏联及"匪伪"参加之和约，自日本观之，其实用价值原属有限，自不尽抱热望，而于与我媾和部分，尤难免踌躇不前，故于此时议订对日和约，于我实未见其利。但如上文所述，美方既已痛下决心，我方反对无益，即以索价还价之方式，略事延宕，亦将招致美方之重大反感与误会，而与我方对日宽大之口号，亦不相符。计惟有因势利导，尽量与美方合作，尽量对日表示宽大，俾美方乐于助我，日本不便对我冷淡，使和约之签订，我方仍能获得参加机会，至如我方对日基本主张，亦应同时顾及自无待言。

查我方对日基本主张，仍系以"总统"于三十七年五月二十一日所为宣示

---

① 编者按：为维持史料原貌，本书并未修注文献中对大陆"匪"的蔑称，请读者阅读时注意鉴别。

为基础,即对日不采报复主义而主张"合理的宽大",嗣后几经补充及变通适用,而有"行政院"第一〇三次院会秘密会议之决定。该决定规定:我对美方主张,应力图接近,本部并曾遵照该项决定之精神,拟定如下方针,报请　鉴核:(一)关于日本领土问题,我应坚决主张在和约内确定我对台湾及澎湖之主权。(二)关于赔偿问题,我于不得已时可酌情核减或全部放弃。(三)关于解除日本武装问题,凡属于日本独立与安全有所裨益之措施,我应酌予赞同,(见本部本年九月十六日外3.9东一字第五八五九号代电)是为我方对日之最近基本主张。窃以为上述方针,对目前环境,尚能适应,惟鉴于"赤祸"日益倡披,我应更进而赞助日本积极整军,俾能成为有力反共抗俄份子。我对美方节略之审核,自应以上开方针为依据。

(二)

美方所提节略,共分七项,而其与我基本主张,存有密切关系者,仅为(一)领土(二)安全及(三)赔款三项,余为技术问题。兹以此为分类依据,逐项予以检讨。

[甲]基本问题

(子)领土问题——领土问题中,自以台湾及澎湖问题为最要。美方所提节略,将台湾、澎湖与南库页岛千岛群岛,同列为尚待解决之地区。其将来地位须另经中美苏英四国协商决定;如在和约生效后一年之内,尚未获致协议,则由联合国大会予以决定。此与我方所持台湾、澎湖已为我国领土之主张,适相背驰。美方坚持此议,系其目前处境及现行政策所致(本部所拟《关于联合国有关台湾各案因应方案》,已有较详分析,兹不复述),自非我方所能变更;然为维持我方民心士气起见,我于美方主张,自亦未便竟予苟同,换言之,即惟有各持己见,而在其它方面,另谋合作。关于台湾、澎湖之地位,中美所持主张,既属无可调和,关于台湾澎湖之最终解决,自以尽量拖延为上策。查美方所提程序,如能贯彻始终,不生其它枝节(如同时由联合国大会予以处理),已能发生拖延作用,盖以和约何时观成,尚未可知,而台湾、澎湖之交由联合国处理,复系和约观成一年后之事也。似此我对该项程序,自不妨在原则上予以接受,而另附以如下意见:(一)所定一年期限,应酌予延长,改为两年或不作时间上之硬性规定,均属相宜;(二)台湾、澎湖,应与南库页岛千岛群岛同时同样解决,俾更能曲尽拖延之能事。

此外,美方并主张(一)琉球及小笠原群岛由美方托管;(二)日本应承认韩国独立。查我与琉球，固另有历史关系，但我从未主张收归我国版图，如由美国托管，自足避免分散我方实力，且可吸致美方实力于远东，对我尚属利多害少，宜予赞同；至小笠原群岛之宜由美方托管，韩国独立之应予确认，自更无待论。

（丑）赔偿问题——美国主张在日本受降前因战争行为所引起之一切赔偿要求概予放弃。美国此项主张，原为我所逆料，我原拟对日和约方针，早已载有"关于赔偿问题，我于不得已时可酌情核减或全部放弃"之规定，今美方既已正式提出上项主张，在我惟有予以接受，而另望美方助我取得其它补偿，借图补救于万一。

（寅）安全与军备问题——美国主张："和约中将提及在未有其它圆满安全办法，如由联合国担负切实责任之前，日本区域之国际和平与安全，将由日本供给便利与美国军队或美国暨其它军队，以继续合作之责任维持之"。此种过渡措施，原属绝对必要，且与我方原拟方针，适相配合，我方自应予以赞同。

［乙］技术问题——美方节略所举各节，大抵均已见诸对义和约或第二次世界大战后之其它和约，兹分别略论如后：

（子）日本加入联合国及参加国际技术合作各节，对义和约绪言中，载有类似规定，我可赞同，至何时加入联合国及其加入手续如何，仍应依照联合国宪章有关规定办理，自无待言。

（丑）取消日本战前在华特权一节，查对义和约中曾有专章规定，美方所定原则，谅系以该约为蓝本，在我自表赞同，但日本放弃特权之日期，似应追溯至三十年十二月八日我国对日宣战之日始，届时本部当就此点妥为因应。

（寅）关于战前所有双边条约之存废问题，对义和约中已有类似规定，所不同者即对日和约所定恢复战前双边条约之方式系由盟国于和约生效后六个月内，自行抉择通知义方，此次美国所定原则，则采用相互同意恢复之方式，查战前中日条约，概经我于对日宣战时宣告废止，此点我似应于和约中先由日本追认，至何者应予恢复，美方所定相互同意之方式，于我并无不利，似可听之。

（卯）关于处理日本在各盟国境内及盟国在日本境内之资产一节，对义和约亦有类似规定，美方所定原则，谅系以此为据，自可赞同。

（辰）关于和约后之商务关系，美方所定原则，仅提及日本应给予最惠国待遇，而在对义和约中，则规定各盟国亦事实上给予最惠国待遇，查最惠国待遇一词，我国因有过去不平等条约之历史关系，常被国人误解，实则我如不以特殊优惠与人，人亦莫能凭此向我要求特殊优惠，且此一待遇已成现代商业中之不祧原则，最近我与盟总所订关于台日间之贸易协议即已将最广泛之无条件最惠国待遇，列入其中，今美方正式提出，我自无反提异议之理。

（巳）关于争端之处理一节，查对义和约中规定由有关盟国与义大利派员共组委员会进行处理，美方此次所提对日和约原则，则规定由国际法院解决，其用意想系在予日本以同等地位而泯除其战败国之心理。此项用意，我自赞同，惟在技术上，似不妨另予研讨。

（三）

据上论断，我于此时除应就台湾、澎湖问题强调我方主张外，对美国节略所载其它建议，似均宜予以接受，并允以通力合作。

（《革命文献——对日议和（一）》，《蒋中正"总统"文物》，入藏登录号002000000457A，典藏号：002-020400-00053-021）

6. 王世杰呈蒋中正美方所提对日和约节略之因应方案说明书之附件二

1950年11月4日

极机密第二号

美国关于对日和约节略之修正译文

美国政府兹将其认为适于终结对日战争状态之和约形式,简要提出下列一般性之声述。须予强调者,此项声述仅属建议性质且系初步意见;美国政府对将来任何草约之细节或措词,并不因此而受约束。美国政府期望在界机会研究此一大纲后,将有一连串非正式之磋商,加以研讨,并使骤视大甚明晰之任何部分,得以阐明。

美国建议一项旨在终结战争状态,恢复日本主权并使日本得以平等资格重返自由民族社会之对日和约。至细节方面,和约内将表达下列各项原则。

（一）缔约国——凡参加对日战争之任何或全体国家,其愿依此处所建议并经获致同意之基础而媾和者,均得参加缔约。

（二）联合国——日本之会员资格将予以考虑。

（三）领土——日本将（甲）承认韩国独立,（乙）同意以琉球及小笠原群岛交联合国托管并以美国为治理国及（丙）接受英、苏、中、美四国将来对于台湾、澎湖列岛、南库页岛及千岛群岛地位之决定；倘于和约生效后一年内尚无决定,联合国大会将作决定。日本在中国之特权及利益将予放弃。

（四）安全——和约中将提及在未有其它圆满安全办法,如由联合国担负切实责任之前,日本区域之国际和平与安全,将由日本供给便利与美国军队或美国暨其它军队,以继续合作之责任维持之。

（五）政治与商务办法——日本将同意加入关于麻醉药品及渔业之多边条约。战前之双边条约得由相互同意予以恢复。在新商约未缔订前,除正常例外之情况外,日本将给予最惠国待遇。

（六）赔偿要求——各缔约国将放弃一九四五年九月二日以前因战争行为而引起之赔偿要求,但（甲）各盟国就一般而论将保持其领土内之日本资产及（乙）日本应将盟国资产归还或在不能完整归还时，以日圆补偿其业经同意部分之损失价值。

（七）争端——补偿要求之争端将由国际法院院长组织特设中立法庭裁决之。其它争端将由外交途径或提交国际法院处理。

一九五〇年十一月九日

（一九五〇年十一月二十日由美国国务院顾问杜勒斯在成功湖面交顾"大使"）

（《革命文献——对日议和（一）》，《蒋中正"总统"文物》，入藏登录号002000000457A，典藏号：002-020400-00053-021）

7. 叶公超呈蒋中正对日和约顾维钧答复美方节略稿副本

1951年1月24日

对日和约一案，顷接顾"大使"电呈答复美方节略稿，已由部电复照发，并报院，特检附原呈副本暨各附件，请察阅。

顾大使致美国务院杜勒斯顾问节略稿摘要

美政府提与日本签订条约之初步建议，中国"大使"曾于去年十二月于国务院之会谈中，将我政府意见特达于杜勒斯先生，兹将该项意见及补充意见复述于本节略中，但此非最后意见，美政府建议续有修改，或其它国家之见解发表时，当再作更详尽之声言。

1. "中国政府"亟愿以适当和约，终结对日战争状态，使日重返主权国家之社会，望早开和会，如有国家阻挠，此事无法实现，我政府亦愿同意与日本缔结双边和约之程序。

2. 我政府甚愿日本加入联合国，惟此项申请，应在和约缔结之后提出。

3. 日本必须明认韩国之独立，琉球小笠原群岛由联合国托管，我原则上同意，至台湾澎湖列岛在法律事实及历史上，均为我领土，然为太平洋区域目前一般安全计，我亦不对此四群岛地位取决于英美苏中之会商，但不愿他国以我政府对台湾澎湖列岛系属我领土之基本意见有所更改，又认此项决定，应在和约缔结后至少二年或二年以上为之，同时日应明白申明放弃在中国所享之特权与利益。

4. 我同意在无圆满安全办法，由联合国负担切实责任前，续由日本供给便利与美国军队合作负责维持日本区域之国际和平及安全之建议。

5. 我对日应加入多边公约有同感，日本应于和约明认我国一九四一年对日宣战时废止对日双边条约之宣布。

6. 我受日本长期侵害，损失最大，有要求赔偿之权，现为便利缔结和约，愿放弃赔偿要求，但以其它国家同样办理为条件。

34 "国史馆"藏档

附原节略。

批示：

(《革命文献——对日议和(一)》,《蒋中正"总统"文物》,入藏登录号002000000457A,典藏号:002-020400-00053-023)

8. 叶公超呈蒋中正对日和约顾维钧答复美方节略稿副本之附件

1951 年 1 月 24 日

驻美顾"大使"致美国务院杜勒斯顾问节略稿译文

查美国政府前曾提出关于与日本签订条约之初步建议,该项条约,旨在"终结战争状态,恢复日本主权,并使日本以平等资格,重返自由民族之社会","中国大使"曾于一九五〇年十二月九日于在国务院举行之会谈中,依照"中国政府"之训令,将"中国政府"对于美国政府该项初步建议之意见,转达于杜勒斯先生,兹将该项意见,连同补充意见,复述于本节略中,但本节略中所开各节,并非最后意见,亦非详尽无遗,俟美国政府之建议续有修改,届时或需再表意见,或俟其它有关政府之见解发表时,当再作更详尽之声言。

(一)"中国政府"亦亟愿以适当之和约,终结对日战争状态,同时使日本重返主权,一个或数个有关国家之阻挠,致此事无法实现时,则"中国政府"亦愿同意与日缔结双边和约之程序,在此种情形下,各国虽须个别订约,"中国政府"仍望在盟国之间,尽可能有一共同约稿。

(二)"中国政府"甚愿见日本终得加入联合国,惟日本加入联合国之申请,自将在和约缔结之后提出。

(三)"中国政府"认为日本必须明白承认韩国之独立,"中国政府"对于将琉球及小笠原群岛置于联合国托管制度之下,而以美国为管理当局一节,在原则上可予同意,至关于所谓台湾及澎湖列岛之地位,"中国政府"经详加考虑后,认为各该岛在历史上、法律上及事实上,均为中国领土之一部,仅最后形式上之手续尚待办理,因此各该岛之地位,实与南库页岛及千岛群岛之地位不同,但鉴于远东局势之不定,并为促进太平洋区域目前之一般安全计,"中国政府"对于此四岛群之地位,取决于英、苏、中、美之会商一节,不拟表示反对,抑"中国政府"虽勉不反对此点,亦不愿他国以为"中国政府"对于台湾及澎湖列岛系属中国领土之基本意见,有所更改,"中国政府"认为此项决定应在和约缔结后一年内为之期限,实嫌太促,并建议应改为至少二年或二年以上,至此四领土群之性质,虽不尽同,已如上述,惟其决定自将同时并以同一程序为之,倘在上述建议之期限内不能获得决定,则此项问题或将提交联合国大会,就日本而言,只须在和约内放弃其对于各该领土之主权,即为已足,至日本对于其前在中国所享之特权及利益,明白声明予以放弃,亦为必要,并属适当。

(四)"中国政府"对于在未有其它圆满安全办法,如由联合国担负切实责任之前,将续由日本供给便利与美国及可能其它国家之军队合作负责,以维持日本区域之国际和平及安全之建议,表示同意所宜特予注意者,即为此目的,其它国家之军队,亦一如美国军队,均包括在此项计划之中。

(五)"中国政府"对于日本应加入若干多边公约,尤以与麻醉药品有关者为然,具有同感,至关于战前之双边条约,就中日之间者而言,中国政府于一九四一年十二月九日对日宣战时,业已宣布予以废止,故日本应于和约中明白承认此项宣布,但"中国政府"亦不反对在和约中列入一般性之条款,规定战前之双边条约,得由相互同意,予以恢复,此外"中国政府"对于在新商约未缔订前,除正常例外之情况外,日本将给予最惠国待遇之一项建议,亦表同意。

(六)关于赔偿要求一节,兹应说明,由于日本之长期侵华,中国人民所受痛苦之久,牺牲之大,实较任何其它被侵国家之人民为甚,兹因中国境内之日产,不足以抵偿合法之要求,而三年前所为之临时交付,亦仅属象征性之偿付,故要求日本充分赔偿因其侵攻而引起之损害,亦与公允之原则完全相符,但为便利对日和约早日缔结起见,"中国政府"愿放弃另提赔偿之要求,惟以其它国家同样办理为条件,如任何其它国家坚持付给赔偿,"中国政府"将要求受同样之考虑,鉴于中国对于赔偿问题所采之合作立场,希望美国政府就收回被劫财产,归还对中国民族有历史价值之若干艺术品,及将原属于伪"满洲国"及台湾银行而现在日本之资产移让中国各节,予中国以友谊之支助,在上述条件下,"中国政府"对于日本归还盟国财产,或在不能将财产完整归还时,以日圆补偿业经同意部分之损失价值一项建议,表示同意。

(七)对于美国节略第七项所开解决补偿要求及争端之数种备选择程序,中国政府在大体上可予接受。

(《革命文献——对日议和(一)》,《蒋中正"总统"文物》,入藏登录号 002000000457A,典藏号:002-020400-00053-023)

9. 李惟果电蒋中正杜勒斯称访远东之行结果圆满对日和约约稿即将起草

1951年2月28日

原电呈

"总统"阅

  附注：所报告昔，均已见报。

            职 王世杰 三月三日

第五九号 二十八日

  台北"外交部"，杜勒斯氏访远东各国返美后，今日对记者谈称，此行结果圆满，对日和约约稿实时起草，如和约在本年年半未能缔结，彼将大为失望，不论苏联参加与否，和约将予签订，但彼仍希望苏联能参加，故最近将与苏联出席联合国代表再行磋商云，关于和约内容，杜氏宣称：（一）日本在原则上，已同意和约后美方在日留驻陆海空军；（二）彼拒与日方讨论归还琉球及小笠原群岛事，但北海道附近之齿舞列岛并不属千岛群岛范围，现虽由苏联占领，美方对此不能承认；（三）澳、纽两国重视太平洋联防公约等语，按昨日纽约时报曾刊专文，透露杜氏向国务院所提报告之要点，内容与上述各节大致相同，除另航呈外，并请鉴察。李惟果。

    （《革命文献——对日议和（一）》，《蒋中正"总统"文物》，
  入藏登录号 002000000457A，典藏号：002-020400-00053-025）

10. 顾维钧电蒋中正廿日与杜勒斯商谈对日和约格式程序内容

1951 年 3 月 20 日

二十日与杜勒斯商谈对日和约要点如下：

［甲］关于条约格式及程序：

（一）并未决定用双边方式，拟先用各方同意约稿，会同与日订定。（苏在内）

（二）约稿盼于本月底分送我国及各国，续征意见，盼夏间可以成立。

［乙］和约内容与美七项原则，无甚出入，惟：

（一）前提之解决领土特别程序已修改，日本只须于约内放弃对台、韩等地之一切权利，日本不必过问其处置，并放弃太平洋中托管各岛，至琉球及小笠原群岛，由日本接受美国代管。

（二）再武装问题，和约内无规定，另以美日换文方式规定之，大致由日本成立若干陆军，海军由美担任，空军另由一国担任。

（三）限制日本商船吨数，英虽坚持，美颇反对，因此为二十年以后之问题，无须规定。

（四）海上渔区问题，于约内声明日愿与有关国家合作，订立双边协约。

［丙］我"国"参加订约问题，英反对我参加，澳纽亦以由我签约，如何能对大陆生效为顾虑，美经劝以不必坚持反对。

附原件

批示：阅　三、二十四

（《革命文献——对日议和（一）》，《蒋中正"总统"文物》，入藏登录号 002000000457A，典藏号：002-020400-00053-026）

11. 顾维钧电蒋中正今晨杜勒斯邀往续谈对日和约问题并面交节略及约稿之附件一

1951年4月3日

副本送

"总统府"王秘书长

　　检呈美方所送节略及对日和约稿原文及中文译本，请鉴察由。

　　关于对日和约一案，本部本年三月廿七日外（40）东一字第一九五四号呈计邀钧察。本部嗣据驻美顾"大使"三月二十八日第八八三号电，以准杜勒斯大使面交节略及对日和约稿一件，原件托俞总裁鸿钧带呈等语，经将原电先行抄送"总统府"王秘书长及钧院黄秘书长转呈在案。

　　本部兹准美"驻华大使馆"派员于四月二日下午将该节略及约稿原文非正式送部参考，当经本部予以抄录。查该约稿原以美方前所提"七项纲要"为基础，经与各有关国商谈后拟成，其中仍以领土军备及赔偿等三项条款，与我最有密切关系。关于各该问题，本部前经拟就因应方案，呈奉核定，并经参照嗣后发展情形，于三月二十七日前呈中补陈意见各在案。兹查该约稿中有关领土之条款，在实质上已与原纲要之规定不同，现正由本部就该约稿详研对案中。除先将原节略及约稿译成中文，并俟详细对案于研究就后续呈外，理合抄同原节略及约稿及本部所备中译文各一件，呈请鉴察。又此呈副本已检送"总统府"王秘书长，并附陈明。

　　谨呈

"行政院"院长陈

　　　附件

"外交部"部长　叶公超

（《革命文献——对日议和（一）》，《蒋中正"总统"文物》，入藏登录号002000000457A，典藏号：002-020400-00053-027）

12. 顾维钧电蒋中正今晨杜勒斯邀往续谈对日和约问题并面交节略及约稿之附件二

1951年4月3日

极密

"中华民国"四十年四月三日

美国政府之节略译文

本文附件为对日和约之临时约稿(仅属建议性质),系经美国政府代表与澳大利亚、缅甸、加拿大、锡兰、中国、法国、印度、印度尼西亚、韩国、荷兰、纽西兰、巴基斯坦、菲律宾、英国联合王国及苏联等国代表交换意见后所拟定。美国代表与上述各该国代表主要系于一九五〇年九月至一九五一年一月间交换意见,至少每国一次,多者数次。

交换意见之主题,为美国政府所准备用作讨论基础之七点原则性纲要。

在与各盟国交换意见之后,美国总统乃于一九五一年一月十日设置一对日和约代表团,以杜勒斯为团长。该团于一九一一年一月二十二日前往日本,就该七项原则,与日本政府、日本政治及社会领袖,以及与盟国驻东京外交代表之请求晤谈者,举行讨论。该团并访问菲律宾、澳大利亚及纽西兰,而其团员于返抵华盛顿后,复在华盛顿与若干盟国外交代表晤谈。

各国对于与日本早日议订和约一节,似并无异议,且对于和约条款内容,同意之点亦甚多。因此,现宜自原则之考虑,进而为实际条文之考虑,以赴事功。为此目的,特草就约稿如附件。

美国政府与各国政府交换意见时,各国政府大抵皆表示友善及建设性之合作。兹所建议之约稿大部分即反映美国政府因此项合作而获得之意见。故本文附件乃一综合性之约稿,其来源不一。该约稿仅属初步建议性质,美国政府保留将来经再度考虑后认为需要时,就该约稿详细内容及文字,另提修改变更之权。美国政府兹请各有关国政府对所附约稿加以考虑,并早日表示意见。然后美国政府将再与本节略第一段中所列各国政府接洽,以协商将来之程序。

(《革命文献——对日议和(一)》,《蒋中正"总统"文物》,入藏登录号002000000457A,典藏号:002-020400-00053-027)

13. 顾维钧电蒋中正今晨杜勒斯邀往续谈对日和约问题并面交节略及约稿之附件三

1951年4月3日

对日和约临时稿（本稿仅属建议性质）

各盟国与日本决心兹后将其相互间之关系建立为独立平等国家之关系，彼此友好合作，以增进共同福利，及维持国际和平及安全。日本兹宣告其意愿申请加入联合国，并绝对遵守联合国宪章之原则；意愿努力以求实现联合国人权宣言之目标；意愿设法在其国内造成安定及福利条件，一如联合国宪章第五十五条及第五十六条所期望并已于战后日本法案中所肇端者然；对意愿在公私贸易与商业行为上，遵守国际间所接受之公平习惯。各盟国欢迎日本在此等方面所表示之意愿，并将设法促其实现。为将相互间之未来关系建立于安定与和平之基础上，各盟国爰与日本缔结本和约。

第一章　和平

一、各盟国与日本间之战争状态兹告终止。

第二章　主权

二、各盟国兹承认日本人民对日本及其领水具有完全之主权。

第三章　领土

三、日本兹放弃其对于高丽、台湾，及澎湖群岛之一切权利、名义与要求；并放弃其由于委任统治制度或日本人民在南冰洋区域之活动而具有之一切权利、名义与要求。日本接受联合国安全理事会于一九四七年四月二日为将前由日本委任统治之太平洋岛屿置于托管制度下而采取之行动。

四、美国得向联合国建议，将北纬二十九度以南之琉球群岛、小笠原群岛（包括西之岛、硫磺列岛、冲之鸟岛及南鸟岛各地），置于托管制度之下，并以美国为其管理当局。日本对于任何此项建议将予同意。在提出此项建议并就此项建议采取确定性之行动以前，美国有权对此等岛屿之领土暨其居民，包括此等岛屿之领水，行使一切行政、立法，及管辖之权力。

五、日本将以库页岛南部及其附近之岛屿，归还与苏维埃社会主义共和国联邦，并将以千岛列岛交与苏联。

第四章 安全

六、日本兹接受联合国宪章第二条所载之义务,尤其下列各项义务：

(甲)以和平方法解决其国际争端,俾免危及国际和平、安全及正义；

(乙)在其国际关系上不得使用武力威胁,或以与联合国宗旨不符之任何其它方法,侵害任何国家之领土完整或政治独立；

(丙)于联合国依宪章规定而采取之任何行动,尽力予以协助；并于联合国对于任何国家采取防止或执行行动时,对该国不给予任何协助。

各盟国于其与日本之关系中,相互承担以联合国宪章第二条之原则为准绳。

七、各盟国承认日本以一主权国之资格,拥有联合国宪章所称单独或集体自卫之自然权利,并承认日本得自动加入一种或数种为一个或一个以上之盟国所参加之集体安全办法。该项办法之设立应仅以抵抗武装侵略,保障安全为目标。

(注：前项建议,关于安全保障部分,本身并不完备,将来应视现时交换意见之结果予以补充,此项交换意见之着眼点,乃在维持太平洋安全,并使日本今后能对太平洋安全有所贡献,而不致发展为一种攻击威胁或作除依照联合国宪章之宗旨及原则促成和平与安全以外用途之军备。)

第五章 政治及经济条款

八、日本将继续为以促成公平贸易,防止滥用麻醉药品及保存鱼类暨野生动物为宗旨之现行多边条约及协议之一造,如现时并非一造,则将设法加入。

九、日本同意迅即与愿意谈判之各造进行关于议订为规范,保存及开发公海渔业之新双边或多边协议之谈判。

十、每一盟国在本约在其本国与日本间生效后一年以内,将就其战前与日本之双边条约中何者愿予继续有效或恢复生效一节,通知日本；该项条约除其中有与本约不相符合之任何条款应予剔去外,应继续有效或恢复生效,未经通知之该项条约,应认为业已废止。

十一、日本放弃在中国之一切特权及利益。

十二、关于盟国军事法庭对现正监察于日本之人民所判战罪罪刑之大赦、减刑、假释及赦免权,除由日本及对每一案件处刑之一个或数个政府共同行使外,不得行使。如该等人民系由远东国际军事法庭判处者,该项权力除由日本与参加该法庭之过半数政府共同行使外,不得行使。

十三、日本宣布迅即准备与每一盟国缔结条约或协议，以将其彼此间之商务暨贸易关系置于稳定与友好之基础上。同时，日本政府将于本约首次生效起三年内，关于关税、规费及其它施行于货物之进口及出口或与其有关之一切其它规章，将给予最惠国待遇；又关于盟国之船舶，国民暨公司及其它在日本境内之财产、利益与业务活动，将从优给予国民待遇或最惠国待遇。上述国民待遇，应视为不包括沿海及内河航行在内。关于上述事项，除一般商务协议内通常列载之特殊规定外，日本政府对任一盟国，得不允给较诸该国在同一事项上所准备给予日本之待遇为优之任何待遇。

虽有本条第一项之规定，日本仍得为保障其对外财政地位，收支平衡，或稳定金融主要利益起见而采取任何措施；亦得就一般商务协议内通常列载之特殊规定，提出保留。

在民用航空运输协议尚未缔结以前之三年期间内，日本对于每一盟国应给予不低于本约生效时所给予之民用航空运输之权利及特殊利益。

日本之海底电线，其联接日本与依照本约而脱离日本统治之领土者，应平均分配之。日本保留该电线与其相联之终点及邻接之一半，该脱离之领土保留该电线其余之一半及与终点相联之便利。

第六章 要求及财产

十四、盟国承认：日本缺乏能力，以金条银条、货币、财产或人工作为支付，盖以如为此项支付，则日本健全经济，即难保持；盟国复承认：盟国自一九四五年九月二日起为推行其占领日本之目标而给予日本之救济及经济援助，日本亦缺乏能力履行其对于该项救济及援助之义务；盟国又承认：日本对于盟国战争损失，亦缺乏能力，给予充分赔偿。但日本对每一盟国概行给予权利，使其对于日本及日本人民在一九四一年十二月七日至一九四五年九月二日间，在各盟国本国内或在脱离日本之领土内或由任一盟国依照联合国托管制度管治之领土内之一切财产权利及利益，得予取得，持有及处分；但（一）日本人民之获准居住于任一盟国领土内，而其财产复未于一九四五年九月二日以前受有特种措施之限制者，其财产应予除外；（二）具有外交或领事性质之有形财产及为保全该项财产而支出之任何款项净数，应予除外；（三）无政治性质之宗教、慈善、文化或教育机构之财产，应予除外；（四）凡在日本之财产，纵使在他处存有证书或其它类似证件，足以证明对于该项财产存有权利、所有权、利益及债权，亦仍应予以除外；（五）证明日本产品之商标，亦应予除外。

任一盟国如自另一盟国领土内取得具有工业性质之日本或日本人民之财产，应向该另一盟国报盟国之赔偿要求及直接军事占领费用要求，应视为已由依照上述规定在各该国管辖区内所获日本资产及在占领期内由日本本土所获资产获得满足。

（注：上述有关赔偿之建议，仍待目前交换意见后再定。）

十五、自本约首次生效之日起六个月内，日本对于每一盟国及其人民在日本境内之有形及无形财产及一切任何种类之权利或利益，除所有人未经胁迫或诈欺而业已予以自由处分者外，经其请求，将予以归还。各盟国人民在日本境内之财产，如有战时损失及损害，均将依照日本国内法，按日本有关外汇法规以日圆予以补偿。

十六、日本放弃日本及其人民对在本约所终止之战争状态期间盟国所采取行动而生之一切要求，并放弃其由于在本约生效以前，任何盟国军队或当局在日本领土内之留驻，军事行动或其它行动而生之一切要求。

第七章　争议之解决

十七、盟国与日本间，对于任何有关本约之解释或执行，而经由外交途径不能解决之争议，于该项争议之一方提出请求时，均提向国际法院予以决定。日本及各目前尚未加入国际法庭规约之各盟国，于分别批准本约时，均依照联合国安全理事会一九四六年十月十五日之决议，向国际法院书记官长递送一概括宣言，声明对于本条所称任何性质之争议，接受国际法院之管辖，而毋须另订特别协定。

第八章　最后条款

十八、本约所称盟国，应视为系指对日作战或与日本间存有战争状态，并参与本约之国家而言。

十九、除本约第十一条另有规定外，本约对任何国家，直至其签字批准或加入本约前，不给予任何权利、权利名义或利益。除本约第十一条另有规定外，日本之任何权利、权利名义及利益，亦不因本约之任何规定而有所减削或损害，使某一对本约经签字、批准或加入之国家蒙受其利。

二十、日本不与任何国家订立可予该国以较本约所予各缔约国者更大之利益之和平协议或战债协议。

二十一、本约应由各盟国及日本批准之，并于日本及包括以美国为主要占领国之过半数远东委员会会员国之批准文件送达美国政府后，即对日本及各该批准国间发生效力。本约如经日本批准九个月内尚未生效,任一盟国得以文件通知日本及美国政府,使本约对其本国及日本间发生效力。美国政府将所有依本条规定所送达之批准文件及通知,均通知所有签字国及加入国。

二十二、自本约于日本与任何批准本约之国家间生效之日起三年以内,任何对日本作战或与日本间存有战争状态而未签字于本约之国家,得随时加入本约。该项加入,应于加入文件送达美国政府后发生效力。美国政府将以每一加入文件通知所有签字国家及加入国家。

(《革命文献——对日议和(一)》,《蒋中正"总统"文物》,入藏登录号002000000457A,典藏号:002-020400-00053-027)

14. 王世杰呈蒋中正对日和约因应办法及美方所提对日和约稿之说帖之附件一

1951年4月11日

抄件

关于对日和约一案，本部前以法新社及美联社传美政府已将对日和约稿分送法国及其它有关盟国政府各等语，而我方并未收到，为慎重计，经分电驻美顾"大使"维钧及驻法段代办茂澜洽探实情，旋据段代办本月二十日电略称，据法外部主管人称，法新社所传与事实不符，美国确已征询法国对和约意见，法政府尚在研究中，至于订约方式，苏联必要求中共参加共同条约，美国自难同意，将来究采多边或双边方式，应依美国态度为定等语。

嗣据顾"大使"本月二十日第八五三号及第八五四号来电，详陈其与美国务院顾问杜勒斯谈对日和约情形，原电业经本部先行抄送"总统府"王秘书长，及钧院黄秘书长查照转陈在案，查杜勒斯谈话内容，大要为下列数项。在程序方面有（一）和约方式及（二）我国参加和约之签订两问题，在实质方面，则有（1）领土问题；（2）军备问题；（3）限制商船吨数问题及；（4）渔业问题。

在台北方面，美"驻华大使馆"代办蓝钦公使，自美返台后，曾来部面告，其在美京时所获有关对日和约消息，业经本部附具意见，于三月廿日以外(40)美一字第一七八七号呈详陈，嗣后准蓝钦公使来部面称，美方所草约稿，即将完成，并决于完成后检送顾"大使"转陈我政府，等语。

以上各项来源不一之官方报告，内容均相符合，显示关于对日议和一案，美方在现阶段中，尚无撇开我方之任何迹象，美方所拟约稿，现未送达本部，我方详细对策，一时自无从核议，兹谨就上开已获资料、试予研讨，并将本部初步意见，胪陈于左：

一、和约方式问题，查美国于去年对于签订和约之再度推进，及其所提和约七项纲要，最少在表面上均以召开全面和会为目标，美国明知此举将遭苏联之阻挠破坏，顾为使各国明了责任所在，且为争取日本人民之好感起见，不得不如此办理，杜勒斯近于访问日本、菲律宾、澳洲及纽西兰等四国返美后，曾于二月二十八日在记者招待会上表示，愿即与苏联驻联合国代表马立克，续谈对日和约问题,而马立克乃于三月三日发表声明,表示不拟与杜勒斯续谈,美国务院随即于三月五日发表声明,斥马立克遵照苏联政府训令,破坏和约讨论,是则苏联之不愿参加美国所发动之对日和约,已益趋明显,此次杜勒斯与顾"大使"晤谈时,虽仍称现美仍拟先商得各方同意之约稿会同与日订立,包括苏联在内等语,其实在目前国际情形下,全面和约之召开,已鲜可能,美方如不欲长期拖延则已,否则,惟有改采双边和约之形式,对于此一发展,我方早已逆料其为可能,故于顾大使本年一月廿二日致杜勒斯节略中,即已声明我对双边和约之形式亦不反对之立场,此时自无另作其它表示之必要。

二、我国参加和约之签订问题,在目前情形下,对日和约如采全面多边方式,于我显多不利,盖参加会之远东委员会十三国中,已有英、苏、印度、缅甸、荷兰及巴基斯坦等六国,承认"匪伪"政权,势将反对我在和会中之代表权,而在除我国以外之其余六国中,澳纽两国,即已向杜勒斯作于我不利之表示(见顾"大使"第八五四号电),而法加两国之对我态度,亦未尽可靠,故我在全面和会中之地位,殊难乐观,好在现因苏联之蓄意阻挠和约,已有改采双边方式之明显趋势,如此,则此项问题,似较简单,而其主要关键当在美国及日本之态度,照前述所报各节而论,现美似仍将与我合作,而尚无将我撇开之意,我自宜尽力把握美方予我之助力,然如日本对我态度冷淡,美方所愿影响日本及所能影响日本之程度,是否足以使之与我签订和约,似亦不无疑问,杜勒斯于上年十二月十九日与顾"大使"晤谈时,亦曾询及我与日本之关系,不啻表示我之参加对日和约,不能专赖美方之支持,日本对我态度如何,实亦极关重要,故我对日活动亟应及时积极展开,本部前曾就此事详研意见于本年一月十八日以外(40)东一字第三三一号呈详陈,并请钧院核派适当人员赴日专负此项任务在案,惟我方此时派员赴日,联络日本朝野人士,最好均以个人身份前往,并宜彼此取得联系,以免步骤分歧,现和约签订之期日见接近,此事尤为当务之急。

三、领土问题,领土问题中,对我有切身利害关系者,自属台湾及澎湖之地位问题,美国于前提和约七项纲要中,原有由中美英苏四国予以解决,倘于和约生效后一年内,不能解决,则由联合国大会予以决定之议,我方当时为使美国就协防台湾之举,保有法律上之根据,并为示与美合作,以参加和约之签订起见,已勉予接受,惟美方此项主张,系以签订多边和约为前提,如对日和约改采双边形式,则此项主张在技术上即难贯彻,盖以日本为一战败国,仅有放弃某特定领土之义务,至已放弃后之各该领土,应如何另予处分,则为各战胜国共同权利,日本初无置喙之权,自亦不得对任一战胜国作何单独承诺也,美国现主张于和约内,仅规定日本应就台湾、澎湖以及其它若干领土,予以放弃,而不另就各该领土之处置,再作明文规定,似系顾及上述技术上之困难,并为其协防台湾一举,留一法律上之依据,我方基本主张为台湾、澎湖之主权,早已重归我有,惟此项主张,势已非美方所能接受,而关于台湾之防守,以及将来对于大陆之反攻,我在在均有赖于美方支助,在我惟有在不放弃上项基本主张之范围内,接受美国之主张,美国现提方式,似尚能助我达到此一目的,较诸交由四国解决之原议,自我方立场观之,自觉略胜一筹,至和约内应否提及日本投降条款朴茨坦①及开罗宣言,并应以如何方式予以提及原属技术问题,拟俟美方约稿送达本部后,再行详究研拟。

四、军备及其它问题,此次杜勒斯与顾"大使"所谈其它问题中,关于再武装问题,美不拟在和约内予以规定,仅在和约成立后,与日成立保障安全之协约,美方此举,自本部观之,其涵义至少有三,和约内对日军备既无规定,即是毫无限制,此于日本颜面,自属维护备至,自足买得日方好感一也,澳纽等国,对于日本整军仍怀戒心,和约中如就此点有所规定,自将异议纷起,今于和约内完全不提,或足减少此等国家之发言机会,而有利于共同约稿之及早观成二也,日本安全问题,由美日两国另约规定,是协防日本、协助日本整军,以及对于日本军备另予事实上之限制等问题,均将成为美日两国之事,他国殊难过问,在运用上自较灵活三也,要之我鉴于赤焰之嚣张,对于日本军备,原无另提限制之意,为亚洲大局计,为示惠于日本计,对于美方主张,自乐予以赞同,关于渔业问题,美方拟在和约内作将由日与各国签订双边协议之原则性规定,我似亦可接受,至关于限制商船吨数问题,美亦不拟在和约内作何规定,将来日本航业或不免与他国航业作有力之竞争,惟英国既曾提议并坚持列入规定,如获各国同意,自属最好,否则我在与美合作并示惠日本以参加签约之大前提下,似亦不宜表示意见。

以上所拟是否有当,除俟据顾"大使"转送美方约稿到部后再细研补充对案续呈外,理合呈请鉴核示遵,又此呈副本已检送"总统府"王秘书长并附陈明。

(《革命文献——对日议和(一)》,《蒋中正"总统"文物》,入藏登录号 002000000457A,典藏号:002-020400-00053-028)

---

① 编者按:朴茨坦,现通常译为波茨坦。

15. 蒋中正条谕对日和约之方针

1951年4月17日

对日和约之方针

一、签订日本和约之盟国对我为盟国之一员,不丧失我盟国之地位。

二、不损害我在台湾之"统治权",不干涉我台湾"内政"。

三、台湾澎湖不受任何军事干涉或侵犯,俾及巩固我反攻大陆之基地。

四、依照以上三项原则进行签订对日之和约。至于台澎地位问题,事实上今已由我国收回实行统治,则名义之争执似无必要也。

五、因预防英印等国之反对我加入签约,美国亦临时动摇不能主持正义时,故我政府应同时准备宣言不承认其各国与日所订之和约,申明各国出卖"中华民国",违反联合国之基本精神,无异丧失其联合国本身之立场,美国更应负其领导无能之责也。此项宣言稿应即着手草拟,呈阅。

中正
四月十七日

(《革命文献——对日议和(一)》,《蒋中正"总统"文物》,入藏登录号002000000457A,典藏号:002-020400-00053-029)

16. "行政院"呈蒋中正对日和约研究小组认为最主要问题为取得参加签约机会

1951年4月

"行政院"外交小组会研讨之结论　谨呈核阅

四十年四月

"行政院"对日和约研究小组会研讨之结论

（一）

关于对日和约案，我国当前最主要问题，厥为如何取得参加签约之机会，如失此机会，势将发生如下极不利影响：

（甲）目前美方所提约稿，并未规定将台湾澎湖归还于我，致使台湾地位问题，悬而不决，如将来我方就此问题所提对案，不获美方接受，其于台湾民心士气，自有影响，顾我如竟因此而不参加和约之签订，则其影响于我民心士气者，或更过之。

（乙）自我政府退守台湾，若干外国政府承认"匪伪"政权以还，我国际地位，原已低落，倘再不获参加签订对日和约，而事态演变结果，竟使"匪伪"政权有参加签约之可能，（此种可能，自不甚大，然亦不得不予顾及）则我国际地位，将更蒙其害。

（丙）倘我不参加签订和约，则在和约成立后之中日关系，势难恢复正常，甚或暂告中断，我在大陆上时，日本在经济方面所赖于我者多，我尚有所恃，目前我退守台湾一隅，我方在经济方面所赖于日本者多。故如中日关系中断，其影响台湾经济之发展及我国计民生者，实匪浅鲜。抑台湾系属岛地，对外维持经济往还以及其它关系，实属首要。

（丁）美国目前扶植日本，主要目的在使日本成为太平洋反共阵线中重要之一员。故从政治立场言，将来我与日本终有密切合作之一日，倘我因不获参加签约而将来不能与日本恢复邦交，其于中日间之反共合作，亦将为极大之障碍。届时我如不得已，而竟采片面宣言方式，终止对日战争状态，则不仅和约规定给与盟国之利益，我均不能享受，（日本放弃在华特权及利益一节，美方所提约稿虽已有所规定;然亦尚有其它利益)且日本是否因此而同意与我复交换使,亦难断言,至我国驻日代表团,原属占领时期之机构,届时恐亦难继续存在。

(二)

依照上项分析,我国之不参加签订和约,弊害滋多,故我必须尽力取得参加签约之机会,而与日签订和约,照目前国际情形而言,不仅业已承认"匪伪"政权之国家,如英印等一意迁就"匪共",不愿见我代表中国签约,英国近且向美正式作此表示,以压迫美方迁就"匪伪";即如澳纽等国虽仍与我维持外交关系,亦已渐受英方影响。故目前我国此一主要问题之解决,关键在于美日两国之态度。我似宜循下列途径,尽力争取美日两国对我之同情:

(甲)迄今美国对我之态度,大体上殊属友善,其所发动对日和约之商谈,亦以我为对象。我在过去所示与美合作之态度,似已略收成果。至我在目前对日和约之商谈中,似应尽量避免采取与美不同之立场,遇必要时,并宜就我原持若干立场,酌予变通适用,俾与美方之主张益形接近,使美国不仅对我同情,且能进而积极助我。(加拿大外长近曾表示我政府与"共匪"均不参加对日和约,亦系折中办法之一。对此类建议,我应切请美方助我坚决反对,盖以我政府仍为联合国多数会员国所承认之中国唯一合法政府,且在远东委员会中,亦系代表中国之唯一合法政府也。)

(乙)对于日本,我似宜作下列两种努力:

(1)与日本朝野尽量联络;

(2)力谋与日密切合作,而尤侧重于经济方面之合作,使日本深感有维持并发展与我经济关系之必要。例如最近首相吉田茂,曾向我驻日何团长表示希望自台少输香蕉赴日,多输食盐,而何团长则除允予协助外,并表示我方愿自日方多运肥料,此类合作,如能办到,自极切实,与空言合作不同,总之,我宜即与之交换彼我所需之货物,俾使台日贸易发生互相补益之实效。

(三)

关于若干领土问题,美方此次所提约稿,已与其原提"七项原则纲领"所规定者,颇有出入。该纲领中所载办法,系将千岛南库页岛与台湾澎湖并列,由中、美、英、苏四国予以解决,倘于对日和约生效后一年内不能解决,则由联合国大会予以解决;而约稿则仅规定日本应将台湾澎湖放弃,至放弃后如何处置,未予规定;惟关于千岛群岛及南库页岛,则规定应由日本分别交与苏联及

归还苏联。就我国利害而言,下述两点,殊为明显:

（甲）约稿仅将台湾澎湖,以默视方式作为悬案,较诸中、美、英、苏四国协商解决,对我自较有利,盖以在此四国中,其能助我者,仅美国一国,且以蔚为我反攻基地之台澎提供苏英等国研讨,在精神上亦系对我莫大打击也。

（乙）约稿明定将千岛南库页岛交与苏联而不明定将台湾澎湖交还我国,相形之下,对我自属不利。

基此分析并参酌上文所述我方处境,我似宜循下列途径,对美进行商洽:

（甲）美放弃将台湾澎湖问题交由四国协商解决原议一节,我深表赞同,并望美方不再重提此议。

（乙）请求美方将千岛南库页岛问题仍依原来主张与台湾澎湖问题同样看待。此点如美方未能接受或虽经美方接受而仍未能取得其它盟国之同意,则我方可就约稿中所载规定勉予接受;惟我方届时将发表一声明,略谓"台湾澎湖原系我国领土,嗣为日本所据,抗战胜利后,日本已依照投降条款将台湾澎湖归还于我。现日本复于和约内予以放弃,故各该领土归还于我之最后手续,业已完成"等语。此项发表宣言之拟议,应于事前告知美国,望能予以谅解,并予支助或至少不作相反之声明。

（四）

查美方在检送和约稿之说帖中,虽仅请各盟国对约稿早日表示意见,而未定期限,惟据我驻日何团长自澳洲驻日代表霍特生(Hodgson)处获悉,美方希望各盟国于一个月内即本年四月底以前将意见答复美方,据各报所载新闻,美官方亦有此项表示,故本案如能由政府从速予以核定,俾得早日答复美方,则既可使美方于获悉我意见之后,减少受英国动摇之可能性,且我亦可获较充裕之时间,与美进行磋商。

（《革命文献——对日议和（一）》,《蒋中正"总统"文物》,入藏登录号002000000457A,典藏号:002-020400-00053-030）

17. "中央通讯社"电蒋中正
中国代表权是和约中一大困难问题之附件

1951年4月17日

《关于讲和问题之质问战》摘要(何团长五月十七日寄来)

日本参众两院在本月十日在野党代表质询吉田首相

(一)加藤静枝(社会党)(参院)问(1)与讲和未缔约国间,关于商船渔船拿捕等有何保障;(2)美对苏备忘录不予考虑;(3)单独讲和,在中苏被扣日侨如何归国;(4)驻兵问题如何商谈。

(二)樱内辰郎(民主党)(参院)问(1)琉球等领土恢复之交涉如何;(2)缔约后驻兵过渡期之安全如何商谈;(3)草约应交国会检讨。

(三)堀木镰三(第一俱乐部)(参院)问(1)对旧南洋诸岛信托统治之意见如何;(2)日美防卫协议关于中苏援助条约之关系之见解如何。

(四)铃木茂三郎(社会党)(众院)问(1)商谈单独媾和,与美国避全面战争矛盾否;(2)苏媾和条件仍宽,排斥苏中,彼将采报复手段,已否向杜勒斯要求保障;(3)日美防卫协议,照何种方式;(4)媾和后,有改正宪法之意否。

(五)千叶三郎(民主党)(众院)问(1)早期讲和未经报告;(2)本年何月讲和成立,过速讲和,不致仅与美国一国讲和否;(3)条约草案何不发表。

吉田首相仅对千叶及铃木二氏答辩,要点如下:

(一)对千叶三郎(1)讲和时期,由对手方决定,但彼此均望早日缔约;(2)草案确收到,但附件不可发表,在缔约前,当必须取得国会协赞;(3)领土等问题已提出坦白要求,当尊重波茨坦协议,联合国不致有反国民期待之要求,关于琉球等如何处置,为联合国间之问题;(4)安全保障,系属将来问题,关于再武装问题,希望民主党慎重言论,以免引起怀疑;(5)国内治安,并无日本政府不能处理之行动;(6)在外资产,由波茨坦宣言等规定作为赔偿担保,由所在国没收,日本不能不尊国际间义务;(7)解除追放,并无利用党利党略之意;(8)对战争牺牲者当予优待。

(二)铃木茂三郎(1)三次大战不应发生,若不能全面讲和,亦属事非得已;(2)苏联中共不参加讲和,美方宣称,不与日本进入友好关系,何能与之讲和;(3) 正努力自力经济,不与中共讲和,并不严重,正加强东南亚贸易,并准备在缅甸等处设立在外事务所;(4) 李奇威改正政会之声明,是其好意,系指检讨过去政会,决非改恶,而是改善。

(《革命文献——对日议和(一)》,《蒋中正"总统"文物》,入藏登录号002000000457A,典藏号:002-020400-00053-036)

18. "外交部"呈蒋中正对日和约案我方致美国政府复文草稿

1951年4月19日

关于对日和约案我方复文草稿

中国政府已接获美国政府所拟对日和约临时草案,及伴送该草案之节略。对日和约应从速订定,中国政府与美国政府抱有同样愿望,故于接到该草案后,立即予以研讨,兹就该草案所涉若干最要问题,提出如下意见。

一、关于终止对日战争状态,恢复日本完全主权,及协助日本加入联合国各节,中国政府重申其愿予赞助之意。

二、关于领土条款,中国认为:

(甲)中国政府向主张台湾澎湖在历史上种族上法律上均为中国领土之一部分,今草案仅规定各该岛应由日本放弃,此外不作任何规定,较诸美国原提"七项原则纲领"中所载,交由中美英苏四国协商解决之方式,与中国政府上项主张,自较接近。

中国政府同意将"七项原则纲领"中原提之方式,予以放弃,并主张不再予该方式以考虑。

(乙)草案规定南库页岛及千岛群岛应由日本分别归还,及交与苏联,而于台湾澎湖则仅规定应由日本放弃,自足予人以歧视中国之印象,而与"七项原则纲领"对于此事所采之原则相违反,为袪除此一印象计,中国政府深盼美国政府能重行考虑,不作差别规定之原则,倘美国政府能赞同将台湾与澎湖明定归还中国,则中国政府对于草案中关于南库页岛千岛之规定,亦可不持异议,否则南库页岛及千岛之归属,亦将不予以明文规定。

(丙)中国政府对于将北纬廿九度以南之琉球群岛,及包括西之岛、硫磺列岛、冲之鸟岛、南鸟岛在内之小笠原群岛,置于联合国托管制度之下,而以美国为管理当局一节,重申其原则上之同意。

(丁)中国政府认为韩国独立,仍以于和约内予以承认为宜,惟亦愿尊重及考虑其它盟国之意见。

三、中国政府对于草案第四章所载有关日本安全之规定,在原则上愿表同意,中国政府并了解日本依照该规定所得加入之安全办法应以抵抗武装侵略为限。

四、关于赔偿问题中国政府前曾经由中国驻美大使以如下意见告知美国政府:

"兹应说明,由于日本之长期侵华,中国人所受痛苦之久,牺牲之大,实较任何其它被侵略国家之人民为甚兹。因中国境内之日产不足以抵偿合法之要求,而三年前所收之一部分临时拆迁亦仅属象征性之偿付,故要求日本充分赔偿因其侵略而引起之损害,亦与公允之原则相符。但为便于对日和约早日缔结起见,中国政府愿放弃另提赔偿之要求,惟以其它国家同样办理为条件。如任何其它国家坚持付给赔偿,中国纵不要求受优先之考虑,亦将要求同样之考虑。鉴于中国对于赔偿问题所采之合作立场,希望美国政府就收回被劫财产,归还对中国民族有历史及文化价值之若干艺术品,及将原属于满洲国伪组织及台湾银行而现在日本之资产移让中国各节予中国以友谊之支助。"

上项意见现仍为中国政府之意见,鉴于此事牵涉技术问题甚多,而盟国中亦仍有未允放弃日赔偿要求者,中国政府目前尚难提出其它补充意见。

五、关于上述问题以外之问题,以及草案条文之措辞,中国政府当尽速补提意见。

……于将上项复文送交美方之时我并口头提出如下表示(此项口头表示仍制为谈话纪录交给美方)

(一)鉴于中国现正全力抵抗共产侵略,复鉴于中国政府就对日和约一案所采合作立场,深望美国政府能予中国政府以各种支助,现传某数盟国仍企图拉扯中共参加和约,或反对"国民政府"代表中国参加和约,此种企图殊足危及亚洲大局乃至世界大局,望美国政府能协力防范,于防范该项企图时,下述事实我政府认为须充分顾及:

(甲)本政府为代表中国出席远东委员会之唯一合法政府。

(乙)本政府为联合国所承认之中国唯一合法政府。

(丙)对日宣战及宣告战争状态存在之国家,除远东委员会会员国印度尼西亚及锡兰外,尚有三十七国,此等国家之大多数仍承认本政府为中国唯一合法政府。

(二)台湾澎湖为中国领土之一部分,此系中国政府之一贯主张,和约中如未将此点明予规定,中国政府将于签署该和约之时,发表一声明阐明台湾之属于中国无须再经任何程序,此项声明发表时望美政府能予谅解或至少不作相反之声明。

(《革命文献——对日议和(一)》,《蒋中正"总统"文物》,入藏登录号002000000457A,典藏号:002-020400-00053-031)

19. "外交部"呈蒋中正对日和约稿之我方复文顾维钧已面交杜勒斯之附件

1951年4月27日

极密

"外交部"(呈)

关于对日和约案,前奉钧院本年四月二十五日(外)检字第三零四号训令,令知第一八二次院会决议因应办法,等因。查本部前曾拟就我方答复美方文稿一件,呈请钧座核阅后,于四月十九日下午在台北士林官邸面呈"总统"核可在卷,本部当即将核定稿译成英文,即于四月二十三日电知驻美顾"大使",于二十四日递交美方,并于同日下午五时半由本部部长将该项复文副本面交美国"驻华大使馆"代办蓝钦公使,当据美代办表示,彼对我方处境,甚为了解云。

顷据顾"大使"四月二十四日第九四一号电称:"适杜勒斯于本日自日本飞回华府,顷于五时晤谈,并面交我方复文,另将声明朗诵后,留致两份备案"等语,并接同月二十五日第九四二号电陈与杜勒斯谈话要旨如左:

"(一)钧谓:我对领土问题尤为重视,而美方约稿处理台湾、澎湖与其它两岛(指南库页岛与千岛群岛)措词不同,未免歧视,故我方复文提议修正。杜答:论理固当一律,但曾加考虑,实有困难。

"(二)杜又谓:关于千岛群岛及南库页岛,美方约稿所用措词,系采雅尔塔协议内之文字,虽未精当,然美告苏联决不参加对日和约,故美不欲变更协议原文,而使苏联之拒绝参加对日和约,有所借口。

"(三)钧谓:我意韩国独立,对日和约当有明文承认,美方约稿未列专条,谅有特别理由。杜谓:开罗宣言对此曾有规定,且已成为事实,原可于对日和约内补叙。惟加专款,恐使关于台湾澎湖之措词,益见显然特殊,而滋揣测。

"(四)杜问:我对美方约稿第十四条同意曾加注意否?钧答:美对苏联在我东北之掳掠,向抱不平态度,我对该条颇感慰。彼谓:虽我未能获得实惠,然留悬案亦是正办。

"(五)钧谓:英澳纽等主张邀中共参加对日和约,谅此行已告知日当局,其反应如何?杜答:并未告日。

"(六)又询以报载英致美节略主张:(甲)邀中共参加协议对日和约;(乙)规定台湾应交中国两点,美如何作答?杜谓:亦曾用书面答复。(略)谓:美只承认"国民政府",故无意邀中共商谈,至台湾则按开罗宣言纪录应交还"中华民国"云。但同时曾面告英国大使,以"国民政府"坚持台湾为中国领土之一部分,与中共主张相同,均已认为中国内部问题,今若明文交还,则美派第七舰队保障台湾,将失却根据,而徒使中共与苏联对美便加干涉之谴责,故在此阶段,美不得不将台湾问题留为悬案,俾易应付云。杜又谓:此点极机密,盼我严为保守不泄云,再我方复文虽交杜氏,所用公文方式仍系致国务卿,以昭慎重。"

查(甲)上述电文内,关于事实部分,仅第六点系补充报导,其余我均已预闻或预予顾及。

(乙)美方约稿之用意,除上述电文内第三点所称关于韩国部分外,与本部迭次呈送钧院之说帖中所为分析,似完全吻合。

(丙)就美方对韩国独立不在和约内作明文规定,又英、澳、纽反对我参加和约,杜勒斯不告知日本两点以观,美方对我支持,似尚具诚意。

(丁)就电文第六点所述美方答复英方词句揣测,美对台湾、澎湖地位之立场,似与我方立场更见接近。

(戊)美方原提台湾、澎湖应由中、美、英、苏四国协商解决一节,嗣经美方予以放弃,我深盼美方勿复重申前议。此点殊为重要:但顾使与杜氏谈话中,未予强调。

除已电请顾使就戊点特予注意外,所有上述各节,理合呈报鉴察。又本文副本已分送"总统府"王秘书长及张资政岳军,谨附陈明。

谨呈"行政院"院长陈

"外交部"部长　叶公超　谨呈

附件:副本送"总统府"王秘书长

(《革命文献——对日议和(一)》,《蒋中正"总统"文物》,入藏登录号002000000457A,典藏号:002-020400-00053-033)

20. 顾维钧致"外交部"转呈蒋中正6月21日电A
1951年6月21日

原电呈"总统"阅

职　王世杰　六月二十四日

第93号　21日

极密台北"外交部",叶部长并请转呈,91号电计达,钧告杜,日昨因鲁次长认我政府所提两项可以接受之方案均有困难,钧曾提补充修正办法两点,问杜意见,即(甲)规定一签多边条约时期,一星期至一旬均可,在此期中由各国及我国各自酌定时日签约,我亦无意争签于各国;(乙)由我签订双边和约,但在各国签订多边和约之先,只须美与日本接洽,即由我中日双方开始谈判,按此二项办法,均可顾全一般不承认我"国府"者之体面,一方面亦后差强消除对我歧视之嫌,杜谓,采取甲项办法,仍须依照国际惯例,各代表彼此交全权签字证书,此层为反对我国者所不允迁就承认,至乙项办法,须由盟总命令日本政府,亦非所宜,彼意为免使中国人民心理上得一不良影响计,中日两方即可于多边和约签订后,开始谈判签订,俾中日双方和约能与多边和约同时发表,而袪除歧视之疑,钧问多边和约是否须由日本批准,各签字协约国须时若干方能批准,彼答,约内仅言均须批准,但未限期,彼料获得远东委员会过半数之批准,须在一年以后,钧谓按美英所拟宣言文稿第三段称,按照国际公法日本将来对华态度,须由其行使和约所规定之主权及独立地位由日本自行决定,以钧看法,多边和约生效后,日本对该和约签字各协约国,固已恢更主权与独立地位,而我既未签和约,日本对我国府尚不能说到主权与地位,我仍是战胜国,焉能听战败国决定与我签订和约与否,杜谓,"国民政府"对日本当然享有签订和约之权,所谓日本主权云云,系指凡签字于多边和约,各国不能干涉日本之主权与独立,钧又谓,如我"国府"不能与各协约国同时参加签订多边或双边和约。(待续)顾维钧。

(《革命文献——对日议和(一)》,《蒋中正"总统"文物》,
入藏登录号002000000457A,典藏号:002-020400-00053-049)

21. 顾维钧致"外交部"转呈蒋中正 6 月 21 日电 B

第 93 号　21 日

台北"外交部"(续),于我固不利,而于日本及各协约国亦多窒碍不便,例如:(一)我不同时签约,则中日间战争状态未终,中共受苏联指使,或彼此勾结,可援引联合国宪章第一零七条(注一)对日本行使武力,加以压迫,其时日本将遭危险,杜谓,即使我已同时签订,中共焉能承认我签字有效,钧答,协约国乃可声明中日间已恢复和平,中共无权援引该条,如是协约国于法律上占一优胜地位,杜谓,美于此点亦曾加考虑,以为联合国可根据宪章第二条第六项(注二)採取办法制止并于和约稿内规定日本担任予联合国以种种支助,但详细办法,尚须与日商订;(二)钧问对日和约究拟于韩战解决之前签订,抑拟在其解决之后,如在先签订,则将来日本既已因和约生效,而恢复主权与独立,则美即不能继续以日本为对韩作战基地,且将予中共苏联借口,而执行中共与苏联之互助条约以对日,杜谓,现拟于韩战解决前签订,而希望于一年后批准生效,察其语意,以为其时韩战当已解决,彼又谓中苏互助条约已在施行,钧答,目前似专对美,将来并以对日本,而于千岛等派驻重兵对日压迫,杜谓可能,又检示英国周刊政治家社论,在英政府对美方案失效之前,略称,英政府对中国签约问题,当坚持其立场(即日本与华何方面订约,须经签字协约国同意)万不可接受杜氏所提折中方案,否则一年后,将见美日与"国民政府"打成一片,扩大韩战,共同对付中共,杜谓,此是一年后将发现之事,故盼能了解,彼以去就力争,得英方同意之方案,实属有利我国,我应远看,并谓此次美以我请劝英同意展期发表宣言时,曾告英展期发表,俾可与我商洽,如何能避免予中华人民以心理上之打击,不使协约国对日军事上之胜利遭受道德上之失败,并非对英会议原已商定之方案欲有所更变云,以慰其心,因英政府正受舆论之抨击,美不欲再予以刺激,并谓彼对钧所补充办法,愿加研究,彼须赴纽约,拟俟星期一回来后再约晤续谈,又谓鲁次长原拟参加会谈,因临时有他事作罢,但定与彼同往纽约,可于途中将与钧谈话告彼接洽云,顾维钧。

注一:联合国宪章第一零七条:"本宪章并不取消或禁止负行动责任之政府对于在第二次世界大战中本宪章任何签字国之敌国因该次战争而采取或授权执行之行动。"

注二:联合国宪章第二条第六项:"本組织在维持国际和平及安全之必要范围内,应保证非联合国会员国遵行上述原则。"

批示:

拟办:

(《革命文献——对日议和(一)》,《蒋中正"总统"文物》,入藏登录号002000000457A,典藏号:002-020400-00053-049)

22. 顾维钧电蒋中正与杜勒斯续商签订对日和约问题

1951 年 6 月 28 日

原电呈"总统"阅

职　王世杰　七月二日

顾"大使"维钧六月二十八日来电

台北"外交部"叶部长，并请转呈，下午钧往访杜大使，续商签订对日和约问题，（一）先告以韩战停火之讯频传，结果当足影响对日和约进行，并问其看来能否成功，彼答，自有影响于我有利有害，尚难揣测，主管帮次长将来参加谈话，可由渠详答；（二）钧乃询以前周我所提两项办法，彼考虑后有何意见，并告以甲项定期分签多边和约办法，如我签在英等之后，英等不应提出对我代表全权签字证书能否承认问题，只须主持和约之美国，以续承认我政府，故不加反对，当无问题，及对日和约为规定之盟国对日之关系，并非为规定各盟国间之关系，且既往国际公法已成立者不少，其签字国彼此之间，并非均有正式外交关系，杜谓此层未曾想到，颇值注意，钧又谓如此方案实难通过，则我可勉允签订双边和约，但须先签，则对外说明方案之成理，消除歧视之疑，杜谓彼此项双边条约，应签于各盟国多边和约之后，而发生效力，则可在（此处似有脱漏）钧问其约须若干时期，答约在一年之后，因多边和约签字，须在九月，其时美议院当将休会，须候明年一月开始讨论批准问题，征集各界领袖出陈述意见需时，且同时尚有与日澳纽各盟国双边互助协约，须同时讨论，批准须至明春方能通过；（三）钧谓任何办法，务须避免对我歧视，否则不但有损我"国府"体面，且对大陆上切望早日"解放"之民众，予以心理上之打击，亦有碍盟国前途，如前美方所拟发表之宣言，谓由日本决定选择与中国何方签订和约，实使我难堪，杜问是否我愿于多边和约内规定由盟国决定，并谓此即为英所坚持，经彼竭力反对而作罢者，钧言我意该项宣言，并无发表必要，可待至签约时作适当之声明，杜答彼原望一经宣言，则与英所订谅解，可免认为定案，现加细思，亦以放弃该项宣言为宜，且自今至签约之日，其间局势之变化如何，亦难断定；（四）钧询谓如须由我与日另订双边和约，则应及早与日本开始谈判，俾能签字于多边之先,前承其密告,美与日本已有谅解,由日本与"国府"签订,杜谓是,但须守秘密,英虽未明白同意,亦不至反对,钧谓闻驻东京英代表一月来,时与日本接洽,颇堪注意,杜答系探询关于日本航业纱布工业等问题,未闻有关我国签约问题,钧谓我又得东京消息,日本对盟国拟予以对华选择何方订立和约之权,受宠若惊,似愿见此点,联合国决定,诚非办法,杜谓美不能赞成;(五)钧再问杜对我所提两方案中,何者为彼可同意,彼答由我签订双边条约为其所望,设我先签,彼尚须考虑,今日彼不能作答,但以为此项办法,以与伦敦谅解并不抵触,彼料将来印度、法、纽及南美诸国,或亦愿与日另订双边和约,不过彼辈拟签者,未必与多边和约大致相同,而杜则以为我国之双边和约,除中日间若干特别问题外,其余内容,应与多边和约完全相同,此亦为保持我"国府"体面,彼盼我对此问题,勿过事催迫,彼素对我深怀好感,自必竭其智能,于不使对日和约失败之条件下,设法商得一有利我国之方案,上星期日彼于纽约广播曾声明与我"国民政府"讨论美提对日和约草稿,颇为详尽,我国所提各种修正,富有见地,均经采列纳内,又谓纽约州长杜威,今夏原拟赴欧考察,经其商劝,改赴台湾与远东,杜州长向对我国友好,此结果亦必有利我国前途,我对双边条约先签后签,一年之后,人皆忘却,最要者,我国对日亦当有和约,使中日间发展共同利益,钧答,钧亦深感其友谊,愿与之共同努力,觅得一种方案,可使中美两方均不至陷于困难者,且亦勿必过事急切,彼答甚是,且美政府原定于本周将所商约稿通和英阁,现闻须待至下周,钧问该项约稿,何时可以分送,彼答下周,届时深愿交我一份云;(六)钧问帮次长以韩战停战最近发展,彼答,苏外次告美大使,可由联合国及南韩军队将领,与北韩军队及中共志愿军将领在前线洽商,不必涉及政府及领土问题,现美正与参战各国接洽,但对苏联提议用意,仍多怀疑,不得不出诸十分审慎,对于各种军事上保障,须详细商讨规定,钧对杜询谓如韩战解决,是否苏方将要求参加对日和约,杜答未必,因其反对最深者,系琉球归美保持,视为目中钉,不能同意,其它问题,如美在日本驻扎军队,设空军基地,均尚能勉强承受,英对后者二点,亦不愿见之于多边约内,故现均改列于美日间双边协约之内,故与日签订双边条约者,将来必不只我一国云,顾维钧。

(《革命文献——对日议和(一)》,《蒋中正"总统"文物》,入藏登录号 002000000457A,典藏号:002-020400-00053-050)

23. 黄少谷呈蒋中正蓝钦与叶公超谈话纪录建议暂缓公布对日和约稿之附件

1951年7月9日

顷据"外交部"送来蓝钦面交叶部长之对日本和平条约稿译文,谨将原件呈"总统"阅

附注(一)约稿中第廿三条、廿六条,请钧座特予注意。

（二）现正由陈院长等会商研究中。

职　王世杰　呈　七月十日

对日本和平条约稿
序　文

各盟国与日本决心将其后此相互间之关系建立为独立平等国家间之关系,彼此友好合作,以增进共同福利,及维持国际和平及安全,因此愿缔结和约,借以解决一切由于彼此间存在之战争状态所引起之一切未决问题,并促成日本表示对于申请加入联合国并绝对遵守联合国宪章之原则,努力以求实现联合国人权宣言之目标,设法在其国内造成安定及福利条件,一如联合国宪章第五十五条及第五十六条所规定并已由战后日本立法所肇端者然;并在公私贸易与商业行为上遵守国际间所接受之公平习惯等愿望。

各盟国对于上项所述日本之各愿望,表示欢迎。

各盟国与日本爰同意缔结本和平条约,为此各派签名于后之全权代表,经将其所奉全权证书,提出互相校阅,均属妥善,议定条款如左:

第一章　和平
第一条

每一盟国与日本间之战争状态,应依照本约第二十三条之规定,自本约于各盟国与日本间发生效力之日起即告终结。

第二章　领土
第二条

（甲）日本兹承认高丽之独立,且放弃其对于高丽,包括济州岛(Islands of

Quelpart)，Port Homilton 及 Dagelet 之一切权利，权利名义与要求。

（乙）日本兹放弃其对于台湾及澎湖群岛之一切权利，权利名义与要求。

（丙）日本兹放弃其对于千岛列岛，及由于一九〇五年九月五日朴次茅斯条约所获得主权之库页岛一部分及其附近之岛屿之一切权利，权利名义与要求。

（丁）日本兹放弃其由于国际联合会委任统治制度而具有之一切权利，权利名义与要求；并接受联合国安全理事会于一九四七年四月二日为将前由日本委任统治之太平洋岛屿置于托管制度下而采取之行动。

（戊）日本兹放弃其在南冰洋任何区域由于日本人民之活动或由于其它方式而取得之一切权利，权利名义及利益。

（己）日本兹放弃其对于南威岛（Spratly Island）及西沙群岛（Paracel Island）之一切权利，权利名义与要求。

第三条

日本对于美国向联合国所作任何将北纬二十九度以南之琉球群岛，多妇岛以南之南方诸岛（包括小笠原群岛、西之岛、琉璜列岛）及冲之鸟岛[①]与南鸟岛，置于托管制度之下，而以美国为其唯一管理当局之建议，将予同意，在提出此项建议并就此项建议采取确定性之行动以前，美国有权对此等岛屿之领土暨其居民，包括此等岛屿之领水，行使一切行政、立法，及管辖之权力。

第四条

（甲）关于日本及其人民对于第二条及第三条所称区域之现在行政当局及其居民（包括法人）所存资产，所作要求，包括债务在内，及各该行政当局及其居民对于日本及其人民同样情形之处置，将由日本及各该行政当局商订特别处理办法。任一盟国或其人民在第二条及第三条所称区域内之财产，若尚未归还，应即依其现状予以归还。（本约任何条款所用"人民"一词，包括法人在内）。

（乙）日本所有之海底电线，其联接日本与依照本约而脱离日本统治之领土间者，应平均分配之，日本保留该电线与其相联之终点及邻接之一半，该脱离之领土保留该电线其余之一半及与终点相联之便利。

---

① 编者按：我国称之为"冲之鸟礁"。

第三章　安全

第五条

（甲）日本兹接受联合国宪章第二条所载之义务，尤其下列各项义务：

〔一〕以和平方法解决国际争端，俾免危及国际和平、安全及正义；

〔二〕在其国际关系上不得使用威胁或武力或以与联合国宗旨不符之任何其它方法，侵害任何国家之领土完整或政治独立；

〔三〕于联合国依宪章规定而采取之任何行动尽力予以协助；并于联合国对于任何国家采取防止或执行行动时，对该国家不给予任何协助。

（乙）各盟国证实其对日关系将以联合国宪章第二条之原则为准绳。

（丙）各盟国在其本身方面承认日本以一主权国之资格拥有联合国宪章第五十一条所规定单独或集体自卫之自然权利，并承认日本得自动加入集体安全之措施。

第六条

（甲）各盟国之占领军应于本约生效后尽早撤离日本，且在任何情形之下，其撤离不得迟于本约生效后九十日之期，但本条规定，并不妨碍外国军队依照或由于日本与一个或一个以上之盟国间业已成立或将来成立之任何双边或多边协议而在日本境内之驻扎或留守。

（乙）所有曾供占领军使用或至本约生效之时仍为占领军所占有而未予补偿之日本财产，除双边协议另定办法外，均应于本约生效后九十日内归还日本政府。

第四章　政治及经济条款

第七条

（甲）每一盟国于本约在其本国与日本间生效后一年以内，将就其战前与日本所订之双边条约中何者愿予继续有效或恢复生效一节，通知日本；经此通知后之任何条约，除仅应予以必要之修正，俾与本约相符外，应继续有效，或恢复生效，经此通知后之条约，应自通知之日起，三个月后，重行生效，并应向联合国秘书处登记，未经此通知日本之所有该项条约，应认为业已废止。

（乙）依照本条（甲）项所为之任何通知，得将由通知国负责国际关系之任何领土，作为某一条约之执行或恢复效力之例外地区，直至另行通知日本该项例外应停止适用之日起三个月后为止。

第八条

（甲）日本将承认盟国现在或将来为结束自一九三九年九月一日开始之战争状态而缔结之一切条约，以及盟国为恢复和平或关于恢复和平而订之任何其它办法之完全效力，日本并接受为结束前国际联合会及国际裁判常设法庭所订之各项办法。

（乙）日本放弃其以签字国资格得自一九一九年九月十日之圣日耳曼恩雷各公约，一九三六年七月二十日之蒙特娄海峡协议及一九二三年七月二十四日之洛桑条约第十六条所获致之一切权利及利益。

（丙）日本放弃依照下开各条约所取得之一切权利，权利名义及利益，并免予担负由各该条约所引起之一切义务：一九三〇年一月二十日德国与各债权国间之协议，及其附件，包括一九三〇年五月十七日之信托协定；一九三〇年一月二十日关于国际清理银行之公约及国际清理银行之规约，日本将于本约生效后六个月内将其对于本项所称之权利，权利名义及利益之放弃，通知法兰西共和国外交部。

第九条

日本将迅速与愿意谈判之盟国进行关于议订为规范或限制捕鱼及保存暨开发公海渔业之双边及多边协议之谈判。

第十条

日本放弃在中国之一切特权及利益，包括由一九〇一年九月七日在北京签订之最后议定书，与一切附件，及补充之各换文暨文件，所生产之一切利益与特权，并同意该议定书、附件、换文与文件就有关日本部分，予以撤废。

第十一条

日本接受远东国际军事法庭，及其它在日本境内及境外之盟国战罪法庭之裁判，并将执行各该法庭所科予现被监禁于日本境内之日本国民之刑罚。对该项人犯之大赦，减刑及假释权，除由对每一案件处刑之一个或数个政府决定并由日本建议外，不得行使，如该等人民系由远东国际军事法庭科刑者，该项权力除由参加该法庭之过半数政府决定并由日本建议外，不得行使。

第十二条

（甲）日本宣布准备迅即与每一盟国进行缔结条约或协议之谈判借以将其贸易、航业及其它商务关系，置于稳定与友好之基础上。

（乙）在有关条约或协议尚未缔结之前，日本将于本约生效起四年期间内：

〔一〕给予每一盟国其国民，产品及船舶，以下列各项待遇：

（子）关于关税、规费、限制及其它施行于货物之进口及出口或与其有关之其它规章，给予最惠国待遇；

（丑）关于船舶、航行及进口货物，及关于自然人与法人及其利益，给予国民待遇，该项待遇并包括关于征收税捐，起诉及应诉订立及执行契约，财产权，参加依照日本法律所设立之法人，及通常关于各种商业及职业活动行为之一切事项；

〔二〕保证日本国营贸易企业之对外购买及出售，应仅以商务考虑为基础。

（丙）但关于任何事项，日本所应给予某一盟国之国民待遇或最惠国待遇，应仅至该有关盟国关于同一事项，所给予日本以国民待遇或最惠国待遇之程度，上文所包含之互惠原则，其涉及某一盟国任何本土以外领土之产品，船舶及法人暨在该领土内有住所之人民暨涉及某一盟国之采取联邦制度之任一州或某一省之法人及在该州或省有住所之人民者，应参照在该领土、州或省内所给予日本之待遇决定之。

（丁）在适用本条时，如某项差别待遇办法系基于适用该项办法一造之商约中所通常规定之一项例外，或基于保障该造之对外财政地位，或收支平衡之需要（除涉及船舶及航运者外），或基于保持其主要安全利益，又如该项办法系随情势推移，且不以独断或不合理之方式适用者，则该项差别待遇办理不得视为对于视情形应行给予之国民待遇或最惠国待遇，有所减损。

（戊）本条（乙）项所规定之日本义务，不得因本约第十四条所规定任何盟国权利之行使而有所影响；该项之各规定亦不得不了解为限制日本因本约第十五条所采取之各项承诺。

第十三条

（甲）日本经任一盟国或数盟国之请求，缔结关于国际民用航空运输之双边或多边协议时，应即迅与该盟国举行谈判。

（乙）在未与某一盟国缔结该项协议前，日本在四年之期间内，对于该盟国应给予不低于在本约生效时该盟国等所行使之航空运输权利及特权，并应在经营及扩展空运业务方面，给予完全平等之机会。

（丙）日本在未依照国际民用航空公约第九十三条之规定加入为该约之

前，对于该公约内适用于航空器国际飞航之条款，应予实施，对于依照该公约条款所列载之附件内采用之标准、办法及手续，并应予以实施。

第五章　要求及财产

第十四条

兹承认在原则上，日本虽应对其在战争中所引起之损害及痛苦，给予赔偿，但如欲维持健全之经济，则日本缺乏对盟国给予充足赔偿之能力，同时亦缺乏履行其它义务之能力。

但

一、日本对于愿意谈判而其现有领土曾被日军占领并曾遭受日本损害之盟国愿即进行谈判，以求利用日本人民在制造上救助上及对各该盟国所作之其它服务上之技能与努力，作为协助赔偿各该国修复其所受损害之费用。此项办法应避免使其它盟国增加负担，且当需要制造原料时，应由各该盟国供给，俾免以任何外汇上之负担，加诸日本。

二、（一）每一盟国应有权扣押、保留、清算或以其它方式处分左列一切财产、权利及利益：

［甲］属于日本及其国民者；

［乙］为日本或其国民所理者；及

［丙］属于为日本或其国民所有或控制之团体者。

而该项财产，在本约生效时，即受该盟国之管辖者，但左列情形，不在此限：

（子）在战争期内，经有关政府之准许，居住于一未经日本占领之盟国领土内日本国民之财产。但在该时期内，受财产所在地政府对居住于该领土内之其它日本国民之财产不普遍适用之办法所限制之财产，不在此限。

（丑）日本政府所有并为外交或领事目的使用之一切不动产、家具及装备，及日本外交领事人员所有之一切私人家具设备及其它非属投资性质且为执行外交及领事职务所经常必需之私人财产。

（寅）属于宗教团体或私人慈善机构并纯为宗教或慈善目的使用之财产。

（卯）有关国家在本约生效前因与日本恢复商业及金融关系后而生之财产权利；但由违反有关盟国法律之交易而生之任何权利，应予除外。

（辰）日本或其国民之义务，存在于在日本之有形财产上之任何权利，权利名义或利益；存在于依照日本法律所组设之企业上之利益，或其有关任何证书；但此项除外规定应仅适用于日本及其国民以日本适用货币计算之义务。

（二）上述(子)款至(辰)款所称财产，应予归还，但为保存及管理此项财产而支出之合理费用得予扣除，如任何此项财产业经清算，则应归还其价金。

（三）上述对日本财产扣押、保有、清算或以其它方式处分之权利，应依照有关盟国之法律行使之；该日本籍所有人应仅具有该项法律所给予之权利。

（四）盟国兹同意各在其本国情形许可范围内对于日本优惠商标，文学及艺术上之财产权利，尽量予以优遇。

三、除本约另有规定外，盟国兹放弃其一切赔偿要求，放弃盟国及其国民对由日本及其国民在战争过程中所采行动而生之其它要求，并放弃对于盟国占领之直接军事费用之要求。

第十五条

（甲）自本约生效之日起九个月内，日本对于每一盟国及其国民在日本之有形及无形财产，一切权利或任何种类之利益，凡在一九四一年十二月七日至一九四五年九月二日间之任何时期曾在日本境内者，经其请求，将在此项请求日期六个月内，予以归还；但所有人未经胁迫或诈欺而业已予以自由处分者，不在此限，此项财产，纵使因战事而在其上设定义务，或其它费用，应不受此项义务或费用之限制而予以归还；归还时，亦不需任何费用。所有人未经在规定期间内请求归还之财产，得由日本政府自行决定处分之，如此项财产于一九五一年十二月七日系在日本境内而不能归还，或已遭受损害，则将依照日本议会于一九五一年制定：第　　号法律给付赔偿。

（乙）关于在战争中遭受损害之工业财产权利，日本对盟国及其国民将继续给与不低于一九四九年九月一日生效之第三〇九号阁令，一九五〇年一月二十八日生效之第十二号阁令及一九五〇年二月一日生效之第九号阁令及各该阁令之历次修正所给与之利益，但以该项国民依照规定之期限申请此项利益者为限。

（丙）[子] 日本承认：在一九四一年十二月六日存在于日本境内有关盟国及其国民已出版或未出版之著作物之文学或艺术品之财产权利，业自该日期起，继续有效；并对于因执行当时日本参加之公约或协议，自该日期起已在日本产生之该项权利，或如非战事发生，当已产生之该项权利，予以承认，至各该公约或协议是否在战争爆发之当时或其后，由日本或有关盟国以其国内法予以废止或暂停实施，则在所不论。

〔丑〕著作权人无须申请及缴纳任何费用，或履行任何其它手续，其著作权利之正常有效期间，应不包括自一九四一年十二月七日至本约生效之日之期间在内。此项期间及另加六个月之期间，应不包括在一文艺作品为获得在日本之翻译权利而必须译成日文之期限之内。

〔注：本条（甲）项之规定，将视日本在将来所通过之法案是否被接受而定。至（乙）项则假定依照有关之内阁命令而提出需求之期限可获展延至一九五一年九月三十日。〕

第十六条

为对盟国军队人员在作日本战俘期间所受不当之痛苦表示补偿之愿望起见，日本允将在战时中立之国家或与任何盟国作战之国家内日本及其国民所有之资产或与此项资产相等之物，让与万国红十字会，由其清理，此项资产，并将所得款项依其所认定为公允之基础，分配与各该战俘及其家属。

（注：日本在泰国资产之法律地位，应另予考虑。）

本约第十四条（甲）〔二〕〔一〕（丑）至（辰）各类所称资产项目，不在让与之列，兹并了解：本条约所规定之让与，不适用于日本金融企业，在国际清理银行现所拥有之一九、七七〇股股份。

第十七条

（甲）日本政府经任一盟国之请求，对于涉及该盟国国民所有权案件之日本捕获法庭所作判决或命令，应依国际法之原则，予以复判并予修正，并提供有关此项案件纪录之全部文件，包括所作判决及命令在内，此项复判或修正如显示应将财产恢复原状，则本约第十五条之规定，应适用于该项财产。

（乙）日本政府应采取必要措施，使任一盟国国民可于本约生效后一年以内之任何时期向日本有关当局申请复判在一九四一年十二月七日至本约生效之日期间日本法庭所作任何判决，如该盟国国民未能在该案件中，以原告或被告之身分，为充分之陈述，日本政府应规定，该国民因该项判决而受损害者，将恢复其在未经审判前之地位，或应给予在此种情形下公平允当之救济。

第十八条

（甲）兹承认战争状态之介入并未影响给付金钱债务之义务，该项债务由于战争状态存在以前所有之义务契约（包括有关公债者在内）及彼时所收得之权利而产生，现为日本政府或其国民所欠任一盟国政府或其国民，或系任一盟国政府或其国民所欠日本政府或其国民者，又战争状态之介入，亦不得视为影响对于战争状态发生以前因财产所遭丧失或损害,或个人之伤害或死亡而提出之要求,就其案情予以考虑之义务,此项要求或由任一盟国政府向日本政府,或由日本政府向任一盟国政府提出或重复提出,本项之规定并不妨碍本约第十四条所授与之权利。

(乙)日本政府承认其对于日本国家战前所负外债,及其后宣称由日本国家负责之组合团体所负债务,担负责任,并表示其尽早与其债务人就各该债务偿付之恢复问题进行谈判之意向;将便利对战前私人债权债务问题之谈判,并便利由此产生之款项之交付。

第十九条

(甲)日本放弃日本及其国民对盟国及其国民因战争或因战争状态之存在所采取之行动而生之一切要求,并放弃其由于本约生效以前任何盟国军队或当局在日本领土内之留驻,军事行动或其它行动而生之一切要求。

(乙)上述之放弃,包括对因任何盟国,自一九三九年九月一日至本约生效之日对日本船舶所采取行动而生之要求,及因盟国拘留日本战俘及平民所生之债权与债务关系在内。

(丙)依照相互放弃之原则,日本政府亦将代表日本政府及日本国民放弃其对德国及德国国民之一切要求(包括债务在内),包括政府间之要求,及为战时所受损失或损害而提出之要求在内,但(甲)由于在一九三九年九月一日以前所订契约及所取得之权利而生之要求,及(乙)由于在一九四五年九月二日以前德日间贸易及金融关系而生之要求,应予除外。

第二十条

日本将采取一切必要措施,俾依照一九四五年柏林会议记录议定书有权处分德国在日资产之各国所已或所可能决定之对该等资产之处分,得以实施;又日本在该等资产最后处分前,将负保存及管理之责。

第二十一条

虽有本约第二十五条之规定,中国仍得享有第十条及第十四条甲款二项所规定之利益;韩国亦得享有本约第二条,第九条及第十二条所规定之利益。

第六章 争议之解决

第二十二条

倘本约之任何一方以为业已发生有关本约之解释或执行而不能以其它协议方法予以解决之争议时,该项争议,虽以争议任何一方之请求,提交国际法院予以决定,日本及目前尚未加入国际法院规约之各盟国,于分别批准本约时,均将依照联合国安全理事会一九四六年十月十五日之决议,向国际法院书记官长递送一概括宣言,声明对于本条所称任何性质之争议,接受国际法院之管辖,而毋须另订特别协定。

第七章　最后条款

第二十三条

（甲）本约应由包括日本在内之签字国批准之,并于日本及下列国家中包括主要占领国美国在内之过半数国家业已存放其批准文件后,即对各该批准国发生效力,(此处将载明下列国家中业已签署本约之国家名称)即澳大利亚、缅甸、加拿大、锡兰、法兰西、印度、印度尼西亚、纽西兰、巴基斯坦、菲律宾、大不列颠及北爱尔兰联合王国、苏维埃社会主义共和国联邦,及美利坚合众国,对于此后批准之国家,本约于各该国存放其批准文件之日即发生效力。

（乙）本约如经日本批准九个月内尚未生效,任一批准国,得于日本存放批准文件之日起三年以内,以文件通知日本及美国政府,使本约于其本国及日本间发生效力。

第二十四条

所有批准文件应送存美利坚合众国政府,美利坚合众国将以依照本约第二十三条(乙)款规定所送达之批准文件及任何通知,通知所有签字国。

第二十五条

本约所称盟国,应为对日作战并已签署及批准本约之国家,除第二十一条另有规定外,本约对于非本条所指盟国之任何国家,不给予任何权利、权利名义或利益;又日本之任何权利、权利名义及利益,亦不因本约之任何规定而对于某一非本条所指盟国之国家有所减削或损害。

第二十六条

日本准备与签署或加入一九四二年一月一日联合国宣言且对日作战而非本约签字国之国家,订立一与本约相同或大致相同之双边和约;但日方之此项义务将于本约生效后届满三年时终止,倘日本与任何国家成立媾和协议或有关战争要求之协议,而于各该协议中给予该国以较本约规定为大之利益时,则此等利益应由本约之缔约国同等享受。

第二十七条

本约应送交美利坚合众国政府档库存放,美利坚合众国政府应以本约之校正无讹副本一份送致各签字国,并以本约依照第二十三条(甲)款规定生效之日期通知各该国。

为此,左列全权代表特签署本约,以昭信守。

一九五一年___月___日订于_____,约本分英文、法文、俄文、西班牙文,及日文五种文字,英文、法文、俄文,及西班牙文本同样作准。

(《革命文献——对日议和(二)》,《蒋中正"总统"文物》,入藏登录号002000000458A,典藏号:002-020400-00054-002)

24. "外交部"发表声明严重抗议美发表对日和约稿未将中国列为签字国

1951年7月13日

"外交部"为美政府发表对日和约稿未将
中国列为该约签字国一事发表严正声明

"民国"四十年七月十三日

自日本投降以来,"中国政府"迭次主张各盟国应以不报复之原则,早日与日本缔结和约,为达成此目的,"中国政府"在与美国政府共同商拟对日和约稿之过程中,一贯采取最协调最合作之态度,"中国政府"对于迭次美国所拟约稿提出之修正建议,亦皆本此精神,其所提之若干建议,业已纳入现在之修正约稿内。

"中国政府"固认为该约稿大体上与其对日政策趋于一致,但对于该约稿第二十三条竟未将中国列入该约签字国一节,不能不深表反对,"中国政府"一贯维护其与其它盟国处于平等地位参加缔结对日和约之权,"中国政府"之此项权利,有下述事实为依据:

一、对日共同战争,系以日本于一九三一年九月十八日武装侵略中国为起点。

二、中华民国为最先抵抗日本侵略之国家。

三、中华民国军队伤亡最重,中国人民所蒙受之牺牲与痛苦亦最大。

四、中华民国对于击败日本曾作重要之贡献。

五、中华民国政府为对日宣战及实际作战之政府。

六、"中华民国"政府向为在有关日本之各国际机构(如盟国对日委员会)中代表中国之政府,现仍为在各该机构中代表中国之政府。

七、"中华民国"政府为联合国及其各专门机关所承认之合法中国政府。

八、"中华民国"政府为对日作战或存有战争状态国家之大多数所承认之合法中国政府,因此,"中国政府"对于该和约稿第二十三条之现有方式,已向美国政府表示严重抗议之意。

"中华民国"政府兹严正声明,关于其对日媾和所应有之权利与地位,决不因该约稿第二十三条之规定而受任何影响,而对于任何不合国际道义与法理之主张,亦自不能予以接受。

(《革命文献——对日议和(二)》,《蒋中正"总统"文物》,入藏登录号 002000000458A,典藏号:002-020400-00054-006)

25. 蒋中正在革命实践研究院讲词
美国对日有关和约草案发表后之感想
1951年7月16日

蒋总裁在美国对日和约草案发表之后的感想

("中央社"讯)自从七月十二日美国政府公布了对日和约修正草案后,由于该草案第二十三条摒除中国参加共同签字,整个"自由中国",群情愤激,惶惑不安,蒋总裁爰于七月十六日在出席革命实践研究院的总理纪念周时,对此一全国上下密切关注的问题和其它国际情势,发表了一篇极具重要性的训话。

蒋总裁首先昭示参加纪念周的中枢与地方高级官员和该院员生说,当前我们的革命环境,自美国对日和约草案发表以后,在国际上似乎又遇到了一个危险时期,但是今天我们在台湾已有了自立之道,已建立了屹立不摇的革命基础,一个革命党员应该先要着重在自己本身的努力,至于周围环境的安危和好坏,不值得我们革命党员怎样重视,我们只要这个基础能够天天加强,日新又新,那总有一天可以"收复"大陆的失地,湔雪今天的耻辱。实现我们总理的主义,完成国民革命的使命。

蒋总裁至此,乃开始以一小时又半的时间,详细分析美国政府公布的对日和约修正草案,并且对最近宣布的美澳纽安全公约,也有所论述。

蒋总裁首先指出,此次我国之被拒共同签订于对日多边和约,乃是美国在精神上受了英国的胁制,所以才有了今日的结果。

至于美国为什么要在这个时候,甘心迁就英国主张,急于订立对日和约呢?蒋总裁认为其目的不外有三点:

(一)使日本重整军备,可以抵抗俄共的侵略。

(二)免除其对日占领义务,以减轻其对日军政费用的负担。

(三)美国今后在日本的政策,可以进退自如。

惟蒋总裁郑重指示,上述美国的三个目的,他认为恐难达到,而且由于美国这种屈从英国排拒中国的措施,其后果更将发生重大的错误,乃至不可想象的悲剧。

美国政治家以为只要把日本武装了起来,既可以压制中国就范,又可令日本抵抗苏俄,但日本人民是否会蒙着两只眼睛,来为别人利用呢?这是绝不可能的。因为日本对于自身利害的看法,比我们清楚多了。

蒋总裁首先指出:日本对于没有中国参加的和约,它始终不会安心的。因为:第二次大战在远东真正最大最久的战争,就是中日两国的战争,如果今天中国不能参加对日和约,则中日战时状态仍旧没有结束,不论美国如何扶助日本,而在日本人民心目中,与他最切近最重要国家的中日两国的关系,如果未能恢复正常和稳定,那其它国家和约虽然订立了,也都是虚伪的,不真实的,这种和约,可以有效到几时呢?即使有一部分日本人民,以为中日和约暂不签订,是于他有利的,或许还抱着其它的希望,亦未可知,但这种人今日在日本人中毕竟还是不多,我想今日日本有识之士,决不会对中国作此幸灾乐祸的想法,因为中日两国战争以来,日本人民应该能够深切了解,根据过去的苦痛和教训,当不致再使东方民族,有自相残杀的悲剧,重蹈过去的覆辙。

如果美国要达成其对日和约第一个目的,必须知道中日两国如不能订立和约,不能恢复正常状态,那日本必不能建立对苏俄的国防,这并不是说日本今天还认我中国革命基地的台湾为其后患,而是日本看到"中华民国"为对抗轴心的同盟国家之一,在盟国中间有各国"不得单独媾和"的信约,"中华民国"又为联合国会员国之一,且为最先批准联合国宪章的国家,联合国乃以公理正义为基础,而现在美国竟强迫中国不得参与签约,这种毁弃其神圣的各种公约和蔑视公理与正义的行为,今后如何能使世界上与美国订有国际条约的国家,相信其不会随时被其撕毁?日本人民在这种现实情势之下,谁愿恃其不可凭借的条约,而肯毅然决然与俄国为敌?这是一种必然的心理作用。何况近在其二十海里以内的千岛,就是俄国的军事基地,如其不能归还日本,则其对俄的国防与自卫,完全没有着落。这样,如果对日和约签订之后,日本只是消极被动的再与美国成立对俄军事协议,并不是其主动的抵抗俄国,没有积极抗俄的精神和决心,则其结果不但无抗俄的把握,而且其力量不久将为俄国所利用,这无异为共产国际制造势力,加速东方的赤化。我相信这个对日和约,如果成立,其性质对日本不是战争的结束,而是战争的开始,更不是和平的开始,而是和平的结束。美国本想武装日本以抗俄,而其结果反为苏俄所乘,事实上岂不适得其反?

蒋总裁至此公开说明中美两国间关于对日和约的两点交涉经过称:第一、自去年以来,美国与对日作战各国商量对日和约时,与我国是一样商量,对我国意见，也能接受，直到最近，自杜勒斯在伦敦与英国协商之后，才把我国从签约国中摒除，这是我们信赖友人的报应。第二、后来美国要我们政府商量中日两国另订双边和约，我国且已答复如能不使美国为难，只要于我应有的权利和地位无碍，那也可以相商，不料最后他们又忽然提出了中日双边和约效力范围问题，要叫我们承认一项限制，说明"'中国政府'的权力未能普及全国以前，日本不受此和约的束缚"，此无异要我们对日本政府无条件投降。

蒋总裁继乃指出：美国要我们在对日双边和约中受到上述的限制，其所说明的理由，是在于实质问题，但是今天这个对日和约草案的内容，实在完全抹煞了实质权力，而只是一个单纯的法律行为，亦可说仅仅是一个手续问题，同盟国在波茨坦宣言中本来规定日本无条件投降，现在美国反而要使其同盟国的中国向其敌人无条件投降，不是对他的盟国要求太苛刻了吗？这岂是实质问题吗？这个和约的性质既非实质问题，那么为何要求我国对中日和约必要规定效力范围呢？何况我们此时并未对日本要求其立即实行在大陆上的和约义务？

蒋总裁于作上述分析之后提出警语称：美国这次摈斥中国不得签订对日和约的行动，不但不能达到其急于订约的目的，而且先损害了美国的立国精神与领导国际的信誉，但是美国自立国以来，一向都是主张平等自由与民主主义的，从来没有像其它帝国主义的态度来压迫弱小民族，对于国际条约的义务，尤其信守不渝，亦决没有为他一时利害关系而遗弃了其并肩作战的盟国的历史。就其对华传统的关系来说，自海约翰所提倡对中国门户开放的原则以及史汀生的不承认主义，在美国过去的政治家与外交家，都视为神圣不可侵犯的原则，但是这一次的对日和约草案，在古今中外历史上，实在找不出那样虚伪与非法及不道德的先例，不知今后美国的历史怎样写下去？美国的政治家们，怎样向他们后世的人民交代？

蒋总裁继并特别声明，这次我们不参加对日和约，并非因为我国不愿参加而自动不去参加，乃是美国压迫我们，强制我们不得参加这个对日和约，剥夺中国对日和约应有的权利，抹煞中国对日和约应有的地位。惟蒋总裁认为我国这次被拒签字于多边和约，在名义上和形式上是受了不可磨灭的侮辱，但在实际上是并没有什么了不得的关系，我们政府现在台湾，乃是处于一个非常的时期，而且还是一个革命的时期，就是现在不参加对日和约，只要我们能够"收回"整个大陆，东北当然是我们的领土，而且事实上台湾已由我们政府收回，

"反共抗俄复国建国"的工作,照常在这里实行,所以此次对日和约,实际上于我们并无所损失,而所损失的乃是美国的历史荣誉。而且这种违背公理,丧失信义,完全由强权主义把持,毫无真实性的假和约,我们如亦参加其中,那并不是我们的光荣,而乃是玷污我们民族的人格,反增加我们的耻辱。

至于蒋总裁乃转而论及最近宣布的美纽澳安全公约称:这一个条约的性质,在形式上可以解释为日本与盟国订立和约,恢复军备以后,如果他再起侵略,美、澳、纽就可共同抵抗,但其实质上的意义和内容,不是如此简单,须知英国人过去已经喊出"白种人的澳洲"的口号了,今后更要以美纽澳安全公约为基础,进一步来实现其"白种人的太平洋"的目的,这句话就是说:在太平洋区域的各国,都要由白种人的势力来统治,换句话来说,就是黄种民族必须要由白种人来统治,虽然据杜勒斯的解释,希望这一个公约能够发展成为"太平洋区的一个更广泛的区域安全制度",但是事实上就是以美纽澳为轴心,即使其它黄种国家参加其间,亦只等于附庸国的地位。因为澳、纽两国都是英国的属地,英国一定要使美国与这两国联防,这就是英国人对于美国政府的一种要挟和玩弄,不但他们实施北大西洋公约,要由美国出钱出力来代为保障英国在欧洲的权力,而且现在更进一步,要由美澳纽安全公约的名义,利用美国来压迫黄种人,恢复英国在亚洲殖民地的势力了。使黄种人往日恨英仇英的积怨,转嫁于美国,真是可惜极了。

在此一历史性讲话之最后,蒋总裁曾慨然忆述其一九四三年与其伟大友人已故美国罗斯福总统在开罗会议中之一段谈话,此乃八年来留有纪录而迄未公开发展的史料,足以充分反映这两位代表中美两大民族精神传统的巨人,对于世界永久和平之高瞻远瞩的默契,是如何心心相印。蒋总裁所宣布有关此一段谈话的内容,以下是他的原词:

> 说到这里,想起了在开罗会议中我与罗斯福总统商讨问题时候的情形,当时我与他谈话的重心有三点:
>
> 一是琉球问题,当时罗斯福总统问我:"在台湾的东方还有一个什么群岛? 你的意思如何?"我就答道:"你所说这个群岛是不是指琉球而言呢?"他说:"就是琉球。"我说:"这个群岛从前是属于中国的小王国,可是在甲午以前,早已被日本占领了。所以球琉是与台湾的性质不尽相同,我们此时对于琉球不想要求单独的归还中国,留待将来再说吧。"所以开罗会议宣言没有提及琉球问题。

二是废除日本天皇制度问题，罗斯福总统征求我的意见。我对他说："这次日本战争的祸首，实在是他们几个军阀，我们先把他们军阀打倒再说，至于日本国体问题，我以为应该等到战后让日本人民自己去解决，我们在此次大战之中，总不要造成民族间永久的错误。"罗斯福总统就同意我的说法，所以在开罗会议再没有提及这个问题了。以上谈话两方都有纪录的。

三是东方民族问题，罗斯福总统很直率地不以殖民地政策为然。他郑重地说道："如果东方民族战后世界不能获得平等地位，必欲以白种人来统治黄种人的政策不予彻底改变，那将来一定会引起世界进入人种战争的悲惨境地，贻害我们的世代子孙，我们这一代应该要共同负起这一个责任，来消除人类将来无穷的后患。"

我想起罗斯福总统这一段话，希望今日美国人民和政府，还要考虑他们今后领导国际的责任，万不可为一时的便宜，而遗忘了国家百年大计。亦不能以个人的成见，而毁灭了我们中美两大民族百年来传统的友谊，而置自身与其后代的必然后果于不顾，这是负国际政治责任的人们，更应该知所警惕的。

（《革命文献——对日议和（二）》，《蒋中正"总统"文物》，入藏登录号002000000458A，典藏号：002-020400-00054-007）

26. 叶公超与蓝钦谈话纪录对日和约问题 国务院已复电之附件

1951 年 7 月 30 日

密件

美国务院四十年七月三十一日致美"驻华大使馆"电译文

关于日本与"中国政府"谈判双边条约事，如日本获悉美国对于此事之意愿，其态度因此所受影响究竟至何程度，目前尚难确定。无论如何，美国政府在与日方讨论此事之前，必须自"中国政府"预先获得保证：即该项条约仅拘束现在"中国政府"实际控制之领土，抑得及于"中国政府"此后所控制之领土。

"中国政府"或愿针对上述一点拟定一项方案，而不致碍及其在联合国内或其它方面之地位。

27. 叶公超呈蒋中正与日本签订双边和约拟具一项声明为解决方案之附件

1951年8月23日

观叶部长与蓝钦公使此项谈话纪录是我政府关于对日和约问题已临决策阶段,除报请陈院长召开对日和约研究小组,拟具意见呈请核夺外,谨先将原谈话纪录检呈"总统"核阅。

职　黄少谷　八、二十六

关于所谓和约对我适用范围问题,"外交部"曾于七月十四日拟陈一解决方案,即作如次之简单声明:"关于'中华民国'部分,本约应适用于现在在其控制下以及将来此收复之全部领土。""外交部"认为如此声明不损我国际威望与地位,而于美方所提和约适用范围问题,可予以明确之解答。

职少谷注　八、二十六

叶部长与蓝钦公使谈话纪录

蓝:余适收到国务院一项文件,该文件谅必对部长与余均有兴趣。余现奉命将下列各节口头转达部长:

(一)美国政府尽其最大努力,以使日本于多边和约在旧金山签字后不久即与"中国政府"签订双边和约一节,得以观成;但须以下列为条件,第一、"中国政府"不寻求对多边和约作重大之修改;第二、关于适用范围一节,将尽速与美国政府商定一项适当之条款。

(二)鉴于中美两国政府对于中日两国政府间应早日开始商谈一节均甚表关切,兹建议今后商谈之中心应移至台北。"外交部长"自将以商谈情形随时转告其"驻美大使"。美国政府希望"外交部长"能就适用范围一节设法拟提某种方案,美国政府充分明悉:任何该项方案,无论如何不应影响"中国政府"在联合国之现有地位。

(三)美国政府复愿使"外交部长"明悉其在使"中国政府"参加对日媾和之努力中所遭遇之困难。美国政府连同英国政府自始即感到:为预先击破苏联方面要求继承占领权利之任何举动起见,则获致远东委员会过半数之会员国以签订和约一事，乃属绝对需要。此一问题现时自未完全解决，但如获远东委员会过半数会员国签订和约，美国政府将能进一步设法打击苏联该项要求。在最初之阶段上，美国即曾就"中国政府"参加对日和约一事，自行设法确切探明远东委员会各会员国之意见。除美国外，并无一个政府支持"中国政府"参加，即菲律宾亦非例外。尤有甚者，远东委员会半数以上之会员国均曾表示：如"中国政府"被邀参加，则彼等将不准备签订和约。大势既已无可挽回，美国政府乃立即采取步骤，在和约稿中尽量保障中国之权利。美国政府于此尚乐于忆及："中国政府"对第二次约稿曾建议若干在技术上及政治上均属妥善之修正，是已提供有价值之合作；而在当时情况下，美国政府已尽力设法使中国之建议尽量纳入。最后约稿第廿一条及第廿六条即为美国特别致力维护中国权利之例证。

（四）上述各节虽已由杜勒斯大使转告顾"大使"，国务院仍愿以明晰之词句重向"外交部长"提明，"外交部长"所称无须由其政府与日本谈判双边和约一节甚为正确。但国务院以为此仅适用于业经列入多边和约之条款。因之，谈判将限于未列入多边和约稿之各项问题。在该项谈判中，日本政府或将坚持"中国政府"承认其在此时实施和约条款将无力拘束整个中国，甚或将此点作为谈判之先决条件。美国政府所认为其能影响日本政府进行与贵方谈判双边和约之程度，将取决于"中国政府"研拟或接受某一承认该项限制之方案之意愿。在上述情形之下，美国当在各种适宜方式下促成中日两国政府间缔结双边和约。

（五）国务院充分了解"外交部长"于声述"中国政府"有权要求代表对日媾和一点上所感受之责任之重大。美国政府对于摈弃中国参加对日和约一节对于"中国政府"之声望所可能引起之打击，自始即甚明了。

美国政府曾一再经由杜勒斯大使，就"中国政府"无确切希望参加多边和约一节，提醒"中国政府"。中国迄迟迟无意接收一项现实之政治问题。当"外交部长"声请由艾其逊先生发表一项声明，说明"中国政府"与日本政府将与多边和约同时签订一项双边和约时，艾其逊先生固不便接受此项声请，但曾拟议另由"外交部长"发表一项声明，略谓：鉴于中日关系之特殊，"中国政府"已决定在将来与日本缔结一项双边和约。至于中国之声望，国务院认为中国已由于发动一项对美表示不满之宣传，致其声望所遭受之损失，已超过必要之程度；其理由甚简单：贵方愈强调贵方参加和约之法律权利，则贵方之政治地位不能维持贵方之法律权利一节，愈见鲜明。国务院充分了解"外交部长"对约稿第廿三条未将中国列入而提出抗议之节略之需要。然国务院认为该项宣传不仅暴露中国现有地位之弱点，且已使美国运用全力以影响日本一节更感困难。美国所负之任务，受各方之重大压力，日本亦在其内。美国已坚强主持与日缔结一项由尽量众多之国家参加之和约，以便与苏联方面之任何政治策划相抗衡。美国之政策迄为使"中国政府"加入对日媾和；爰望"外交部长"充分了解目前问题之复杂性，并望其政府继续予美国合作，以达成和约之更广泛之各项目的。

〔蓝钦公使在转达上述各项后，认为其适所提及者（第五点）原系仅供其本人参考之用，但彼以为叶部长必愿获知国务院对此事之态度。〕

叶：余无意徒事争辩，但虽有贵方之善意保证，余仍以为美国前此能就发表声明一节同意我方之声请，并因而减轻我方声望之损失。贵国政府似忘却其乃担负主持和约任务之政府，并忘却其以此一身份，至少应自行负起责任发表一项声明，说明我国政府与日本将在适当时间内签订一项双边和约。

蓝：但部长坚持"同时签署"字样，已使国务院无法发表任何声明。

叶：余不欲重述余之论点，但约稿之公布而并无某种解译以说明我方何以不获参加，乃系对我方之一大震惊。

蓝：余在此点对贵方甚表同情。但此已全成过去。吾人现应竭力使双边和约尽速观成。余希望在吾人目前之谈判上将无不必要之宣传。如贵党（按指中国国民党）发动另一宣传，例如指摘贵方未能与多边和约同日签订双边和约，则此事或将对贵方害多利少。余望贵方将能拟具某项关于适用范围问题之方案。余觉贵方无须在措词上使该项方案剥夺贵方对大陆之法律权利。余以为只须向日本政府承认贵方在现时不能在大陆执行和约条款。美国政府自无意使贵方以任何方案放弃为中国合法政府之各项合法要求。

28. 陈诚呈蒋中正叶公超拟中日双边
和约适用范围问题解决方案

1951年9月3日

关于中日双边和约一案,选据"外交部"叶部长报告,略以综观美国务院鲁斯克次长及美"驻华大使馆"代办蓝钦公使前后对我方所谈各节,可见美政府当已就本案与英国及日本两方完成必要之商洽,而获得英日两方同意之具体结果,其要点如下:(一)中日双边和约应与多边和约内容大致相同;(二)中日双边和约内之条款为多边和约所无者,由双方在台北举行谈判;(三)双边和约之签字在多边和约签字后不久举行;(四)双边和约与多边和约在同时或在相仿时间生效。以上各点将由美政府尽其全力促成,惟因日方将来与我谈判时,势将提出和约对我适施范围问题,故以我方尽速与美方商妥该问题之解决方案为条件,查我方与美方关于本案之商谈,至此已告一段落,将来我既在日本恢复主权以前与日签订与多边和约内容大致相同之双边和约,而该约复与多边和约在同时或相仿时间生效,是日本并未行使主权选择代表中国签约之对造,虽我签约日期较其它盟国稍后,实无损于我之盟国地位,凡此与我原持签订中日双边和约之条件尚相符合,惟依美方之表示,双边和约对我适施范围问题,实为目前全案症结之所在,质言之此一问题之能否获得适当解决,实为全案成败之所系,美方现既已再三表示,此一问题之讨论及解决,实属不可避免,而此项方案将由我与美方商定,似此情形,我似宜对此问题审慎考虑,自美方提出此问题以来,本部曾反复详加研究,所得解决方案,为拟发表下列一项声明:"关于'中华民国'部分,本约适用于现在在其控制下或将来在其控制下之全部领土。"此项声明不致损及我国际威望及我在联合国内或其它方面之地位,而于美方,所提和约适用范围问题,亦能予以明确之解答,似可提请美方接受,俾能推进中日双边和约,等情。查所谓中日双边和约对我实施范围问题,既经美方多次提出,最近蓝钦公使复再三促请我方就解决此一问题之方案表示意见,如我方拒绝讨论,势将使中美间关于对日和约之商谈陷于停顿,衡诸国内外现势,似非所宜,经于八月二十七日召开对日和约研究小组交换意见,于三十一日面奉钧座之严正指示后,是晚复召开对日和约研究小组,就此

问题反复详加研讨,获致如下之结论:

  关于中日双边和约之商订,我方严守下述原则:中日双边和约之内容及文字,除关于中日战争开始日期之订正及其它形式上必要之调整(如绪言之措词,条约生效条件之厘定)外,均以多边和约为准。

  本此原则,对于所谓对日双边和约实施范围问题,我方必须坚持下列各点:

  一、绝对不接受以解决和约实施范围问题,为商订中日双边和约之先决条件。

  二、绝对不同意将有关合约实施范围之任何规定加在中日双边和约条文之内。

  三、关于此问题可先议定一谅解,俟中日双方交换批准双边和约,而我国尚未"收复"大陆时,将其加载双方同意之纪录。

  四、中日双边和约之内容及有关此问题之谅解,应先行议定,始由中日双方作形式上之简短商谈,借以完成签约程序。

  以上为对日和约研究小组所获致之结论,如蒙核可,拟可饬叶部长本上述各点,继续与美方商谈有关中日双边和约各项问题,是否有当,敬请核示,俾有遵循谨呈"总统"蒋

  批示:

    (《革命文献——对日议和(二)》,《蒋中正"总统"文物》,入藏登录号002000000458A,典藏号:002-020400-00054-016)

29. 杜鲁门在对日和会开幕式中发表演说词剪报资料

1951年9月4日

和会开幕式中杜鲁门演说词

世界正面临侵略新威胁 缔和使日确可抵制侵略

（"中央社"旧金山四日专电）杜鲁门总统今在旧金山对日和会开幕式中发表演说，兹节录如次：

今天世界正面临侵略的新威胁，这是不幸的事。许多派有代表来此的国家，刻正从事艰苦奋斗。以支持联合国抵制国际性的违法行为。不过，我们并未忘记我们的目标是和平。我们决不让目前的战斗阻止我们为迈向和平而竭力的一切步骤。我们现在之决不让这种情势发生，正如我们不让一九四五年的战争阻止我们为联合国所作的努力一样。我们各国人民最渴望一件东西，而且他们已决心来获得它。他们所要的是和平的世界———一切人类，一切国家都有正义与自由的世界，我们各民族都要求我们采取每一可能措施，以达到这个目标……自一九四五年战争结束以来，日本即是个被占领的国家，战时盟国策划的占领旨在防止未来的日本侵略并建立日本成为一个准备重返国际社会的和平民主国家。美国以其主要占领国资格，负有特别责任以实现这些目标。我们的判断认为这些目标业已达成……我以为，可以公正地说，这是个美满的和约。它已顾及到，所有参加缔约国家的主要愿望与最后利益，它对于战胜战败两方都是公正的。不过除此之外，它还是个可以实行的和约，它未含有另一次战争的种子。这是个展望未来而非回溯过去的言归于好的条约。它重新建立日本为一个独立主权国。它规定恢复日本和其它国家的贸易，而对于日本的获得原料并没有加以限制。它承认日本应对因其侵略而蒙受损失的国家予以赔偿的原则，但它并没有以将未来若干年中攫取日本经济的令其绝望的赔偿负担，加诸日本人民。在所有这些方面，这个和约顾及到日本人民在最近数年所作的和平进步。而且要建立继续进步的环境，然而有一件事我们大家必须予以体察；除非日本及其太平洋邻国能居于安全地位足以抵制侵略威胁，便无进步可能。目前，太平洋区正受悍然侵略及进一步武装攻击威胁的严重影响，因之，我们在与日本缔订和约时的主要关切之一，即为使日本确可抵制侵略，并使日本自己也将谨慎行动而不致危及其它国家的安全。为了达到这个目的,使日本遵守联合国的原则,且在联合国会员国相互义务的保护之内,乃是重要的。和约表示日本意欲申请加入联合国,其它签约的国家均可靠合作促使准许日本为联合国会员国。但虽然如此,日本在未被准许加入为会员国前,此事可能仍将有所延阻。根据和约,日本人民已拘束自己立即接受联合国会员国的各项基本义务,此即禁戒侵略以和平方法解决纷争,及支持联合国维护和平的努力,同时其它签约国家,明白体认日本有维护联合国宪章的资格。就一种意识说,这些条款皆系条约的精髓,根据这些条款,日本成为保证取缔侵略,并支持基于正义的世界秩序的国际社会的一份子……和约因而承认日本为一主权独立国家,必须有自卫与其它国家根据联合国宪章签订防御措施的权利,在太平洋展开区域防务部署乃表示日本所将成立的国防武力,将与该区其它国家的防卫武力联合起来。日本的安全并非单独依赖其自身武力,而系依赖于与其它国家间所成立的相互安全部署。日本人民的自身力量不致称成攻击威胁,但是日本武力与其它国家武力联合起来,则将提供相互安全以抵抗对包括日本在内的太平洋国家的威胁。目前日本自然已经完全解除武装,鉴于公然侵略发生于日本邻近,日本政府已要求美国为日本的实时安全签订双边条约。在这种条约下,美国在目前将在日本驻留武装部队,为对国际和平及日本抵制攻击的防御所作的贡献……我们在美国的人尊重并支持太平洋区和亚洲的许多新兴自由而独立的国家。我们愿看到他们以平等合作者的身份成长繁兴,为东西两方独立国家社会中的一员。我们愿和他们合作,协助他们在农工业上有所发展,我们看着这些国家尊严地并在自由中为他们的人民获得较佳的生活,因为那乃是至世界和平之路……在此和约下,我们相信日本可以并将参加此一寻求和平与合作行列。我们展望新日本以其丰盛的文化,及对谋求和平的诚意,可为国际社会提供的贡献。还需要采取其它步骤,其中最重要的乃是恢复韩国的和平与安全。日本回到国际社会后,韩国人民安全自由而联合后,即当可觅及途径以解决现今威胁和平的太平洋其它问题。美国已多次明白表示;美国愿意于适当时机及适当场所与其它政府探讨怎样可以达成此一目的。已有很多良好确立的途径,假如各方对于和平有真诚的意愿,即可以循此途径探讨其次各项步骤。但这些事情不是可以在我们目前此一会议中加以处理的。

（《革命文献——对日议和（二）》,《蒋中正"总统"文物》,入藏登录号 002000000458A,典藏号:002-020400-00054-017）

30. 叶公超发表声明旧金山对日和会摒除 "中华民国"此举不当剪报资料

1951年9月7日

叶外长声明：和会摒除"中华民国"实予侵略者以鼓励，此举之不当非言词所能虚饰美国所实行动矛盾殊难索解

（"中央社"讯）关于杜勒斯之演说，（按系指其在旧金山和会二次大会中之演说，要点另志）"外交部"叶部长发表声明如下：

"'中华民国'之被摒除于旧金山会议之外，无意中实予侵略者以鼓励，此举之不当，实非任何言词所能虚饰。美国政府现正领导自由世界与共产侵略斗争，然在此一重要问题上，竟与少数国家之承认共产侵略之果实者，采取一致行动，其矛盾殊难索解。时至今日，自由国家对世界共产主义之挑衅，其缺乏适当之准备，在此一历史性之错误中，实已表露无遗"。

美英代表在和会中演说，曲意解释未邀我之理由，杜勒斯、杨格均"深引为憾"

（"中央社"旧金山五日专电）对日和约起草人杜勒斯，今日下午在和会第二次全体大会中，发表一小时演说，解释对日和约草拟经过，及此时予以缔结的目的，他对中国之未能参加，"深引为憾"，不过，他说：未让中国参加的决定，是因为"中国内战"的关系。杜氏的演辞如下："中国之未能参加这一个和会，实是一件深引为憾的事。中日之战开始于一九四一年，但公开的战斗，则始于一九三七年，中国受日本侵略之苦最久，也最深，尤感痛惜者，是中日战争未在此时正式终结，很不幸的，中国内部的战争和盟国政府的态度，造成一种情势，即对于一个既有权也有力足以约束中国人民遵守和约条款的一个中国政府发言权，不能获致一般国际的协议，有些人认为某一个政府适合这些条件，有些人又认为另一个政府适合这些条件，还有些人怀疑谁会适合。有关中国的任何目前行动，都不能获致大多数的同意，因此盟国就很难抉择，在他们对能够同意在中国有一个既合法又有权力的中国政府之前，他们可能把对日和约搁下去，可是如果因为中国的内战以及国际上对于中国问题之不能获致协议，而以延搁缔约办法去处罚日本。那将是错误残忍而愚蠢的"。

另外一个办法,就是每一个盟国都可以拒绝签订对日和约,除非它所赞成的那一个中国参加签约。我们会说:这样将使日本与许多盟国仍保持战争状态,以致日本只能获得它所争取的和平的一小部分。当然没有理由来相信日本这一个和会中的重要的一员,会愿意合作促成此种结果之措施,对这一件事,如使用强迫的手段,将会造成日本的反对。而目前的世界严重危机,正需要高度的团结,如果强迫,势必使盟国在面临此种危机之时,加速并扩大它们之间的分裂,所剩下来的一个办法,就是由盟国径行缔结没有目前任何中国参加签订的和约,而让日本和中国,依照足以彻底保证中国权利与利益的条款,去缔结他们自己的和约。这就是目前和约所采取的办法,根据和约第二十六条,中国有权按照目前和约的同样条款,订立对日和约,签约的胜利盟国,凡不能确信中国亦可平等取得者,本身也概不愿据为己有。根据和约第二十一条,中国不需要参加签字,可以享受日本(第十条)依照"中华民国"所建议的方式,放弃日本在中国所享有的一切特权和利益,同时中国也可自动的无需参加签字而享受和约第十四条甲项和第二款中所规定的利益,就是确认中国可取得其管辖下的日方财产。此一和约全都保有中国为此次战争中胜利盟国之一而拥有的一切权利。

(美新处旧金山五日电)美、英两国代表,今日向出席和会的五十二国代表,详细解释对日和约草案。这是在今日下午的会议上由美总统特别顾问杜勒斯及英国务大臣杨格提出。(杜勒斯的演词已见前讯)杨格也就约草的一般性质加以解释,并叙述应及早订约的理由。他谈到中国问题,同意杜勒斯的看法,认为对不同中国政权的承认,是邀请一个中国代表团出席和会的阻碍。杨格说:"因此,我们很遗憾地决定签订此次多边和约时,不邀请中国除此再无其它办法。"

杜勒斯赞扬麦帅,赢得掌声

(美联社旧金山五日电)美国主持对日和约专使杜勒斯与英国国务大臣杨格,今日午后在各国代表开始就和约草案发表意见的会议中,率先以主人身份发言,说明和约发展经过与内容。杜勒斯说:"和平的基础乃是那许多牺牲了他们的生命的人们所奠定的,我们在此不过是悉尽微末以赎所负咎愆。但这工作亦非简单。"他说:美国的占领日本是平靖而有所成就的。杜勒斯对麦克阿瑟元帅占领日本的工作,备加赞扬,说:"他以德威执行占领",当赢得热烈掌声。杜勒斯说:由于美国曾被盟国授权任命一位最高统帅,所以美国乃能判断何时应行结束占领准备缔和,在杜勒斯演说时,苏俄代表葛罗米柯一直坐在那里很安静的听,但当杜勒斯讲毕后,葛罗米柯与其它苏俄集团的六个代表曾一度离席,使新闻记者和摄影记者们紧张忙碌了一阵,稍后他们又回到会场里听杨格致词。

麦帅不评论杜鲁门演词

(合众社纽约六日电)今天麦克阿瑟将军由此动身赴克里夫兰时,因为他的专机引擎发生故障,乃临时换乘另一架飞机。起飞时间也因而迟延了五十六分钟,麦帅拒绝评论杜鲁门在旧金山和会开幕典礼中的演辞。按杜鲁门在该演说中曾盛赞麦帅占领日本的功绩。

李奇威答复"匪共",建议易地谈判,严斥"匪共"抗议尽属谎言,图使开城会议彻底破裂

("中央社"东京六日专电)李奇威将军今日在对共方一再抗议联军违反开城中立区的规定而提出的答复中,要求改换会议地点,以保证停战谈判不致受到阻挠。李氏称:如果共方希望恢复和谈,双方的联络官应即在板门店会馆,"以讨论新会议地点的选择,使谈判能够继续而不致中断"。李氏致金日成和彭德怀的此项答复,经由盟建新闻处处长亚伦准将于今日十二时三十分由军用电台播出,指责共方企图使开城会议彻底破裂,并把一切责备加在联军司令部方面。

(《革命文献——对日议和(二)》,《蒋中正"总统"文物》,入藏登录号 002000000458A,典藏号:002－020400－00054－018)

31. "外交部"译吉田致杜勒斯函呈蒋中正中日缔结正常关系条约之附件

1951年12月24日

日本重要政党之人物及其对和主张

自由党（执政党）主要干部有：总裁吉田茂、干事长佐藤荣作、政调会长根本龙太郎、总务会长益谷秀次；幕后人物有：古岛一雄、鸠山一郎；重要人物有：币原喜重郎、植原悦二郎、田中万逸、大野伴睦、中鸟守利、广川弘禅、增田甲子七、林让治

国民民主党（保守党）主要干部有：最高委员长苫米地义三、干事长三木武夫、政调会长千叶三郎、总务会长木下荣；幕后人物有：芦田均；重要人物有：楢桥渡、北村德太郎、冈田势一、樱内辰郎、一松定吉

社会党（左倾势力）主要干部有：委员长铃木茂三郎、书记长浅沼稻次郎、会计下条恭兵、最高顾问片山哲；幕后人物有：加藤勘十、西尾末广；重要人物有：田中织之进、胜间田清一、高津正道、曾弥益、大矢章三

绿风会（参议院政团倾向政府）主要干部有：佐藤尚武、田中耕太郎；幕后人物有：河井弥八、德川宗敬；重要人物有：高濑庄太郎、下条康磨、中川以良、结城安次、竹下丰次、赤木正雄

关于对日和约之主张

安全保障问题

自由党（执政党）的主张：一、依赖联合国获得安全保障。二、对联合国作积极的协力。三、先获自主独立，后谈再武装，目前不轻率讨论。

国民民主党（保守党）的主张：一、加入联合国，以求集团的安全保障。二、主张恢复主权，自己保卫（该党前总裁芦田均力主再武装）。

社会党（左倾势力）的主张：一、参加联合国以获得世界的集团保障。二、如联合国发动制裁规定时，则请求免除关于军事行动的一切义务。三、反对由某国单独保障。

绿风会（参议院政团倾向政府）的主张：依赖联合国集团保障，在未得联合国集团保障前，基于日美协定，由美驻兵保障。

领土问题

自由党(执政党)的主张:一、齿舞岛、色丹岛、小笠原、琉球,及周边之诸小岛,最后归属日本。二、联合国有权决定周边诸岛屿,尽可能归还日本。

国民民主党(保守党)的主张:一、基于大西洋宪章,从民族及历史之立场,保有应属日本版图之领土。二、千岛、琉球、奄美大岛、小笠原及琉黄岛之保有。三、台湾、澎湖岛、南库页岛由当地人民表决。

社会党(左倾势力)的主张:一、开罗宣言及波茨坦宣言之受诺,同时尊重一九四二年联合国共同宣言中所规定之领土不扩张原则。二、南桦太、千岛列岛、齿舞岛、色丹岛包括冲绳之西南诸岛、小笠原诸岛、琉黄列岛、大东岛,及乌岛等之最后归属日本。

绿风会(参议院政团倾向政府)的主张:一、要求琉球与小笠原诸岛及千岛之领土权。二、台湾由四大国协议决定。

政治条款

自由党(执政党)的主张:一、与列国从速恢复外交权。二、参加一切国际会议。三、于可能范围内加入国际条约。

国民民主党(保守党)的主张:一、除抑制反民主主义势力之复活外,承认其它一切政治的自由。二、基于波茨坦宣言之诸法令,应承认日本有基于自由的见解之措置权。三、恢复主权完全独立。

社会党(左倾势力)的主张:摒除一切国际管理,恢复完全的内政外交之自由权。

绿风会(参议院政团倾向政府)的主张:不详。

经济条款

自由党(执政党)的主张:一、赔偿偿付之中止。二、造船事业之扩大。三、渔区之扩张。四、加入国际通货基金。五、南洋贸易之全面开放。

国民民主党(保守党)的主张:一、撤废对于产业之特别生产量等之限制。二、海运活动之自由,撤废船舶保有量、速力,及吨位之限制。三、渔区之机会均等。四、赔偿偿付之中止。五、国际市场之公正,竞争之机会均等。六、在外商馆营业之自由。七、返还在外私有财产。

社会党(左倾势力)的主张:一、和平商业之自由,撤废造船业及公海渔业之限制,国内民间航空事业之许可。二、确立自由贸易,撤废关税及汇兑等之限制。三、确保与中国及东南亚之互惠贸易。四、参加国际通货基金,及国际开发银行。五、赔偿偿付之中止。

绿风会(参议院政团倾向政府)的主张:一、废除经济限制,经济独立,要求公海渔业自由。二、与各国依照平等原则缔结渔业协议。三、通商航海,关税自主。

军事基地

自由党(执政党)的主张:如属可能,不愿出借。

国民民主党(保守党)的主张:基本态度不明。

社会党(左倾势力)的主张:反对提供任何特定国家。

绿风会(参议院政团倾向政府)的主张:基于联合国要求,经济力充足时,不反对军事武装。

警察力增强及再军备问题

自由党(执政党)的主张:一、应守宪法中放弃战争中之规定。二、确保治安,增强警察力。

国民民主党(保守党)的主张:为防止内外秩序之破坏,充实自卫性之警察力。

社会党(左倾势力)的主张:反对再军备。

绿风会(参议院政团倾向政府)的主张:充实警察力。

(《革命文献——对日议和(二)》,《蒋中正"总统"文物》,入藏登录号002000000458A,典藏号:002-020400-00054-020)

32. 叶公超呈蒋中正蓝钦将我方所提条约实施范围文字谓我政府不拟让步

1952年3月27日

昨晨（二十六日）蓝钦公使致电东京盟总外交组代理组长彭得 Bond（西鲍德大使已调回华府）并以副本电其国务院。其出示公超之部分，文曰："……据外交部长告知，中国方面已提出关于和约最后意见，并甚盼日本政府能予接受，早日训令其全权代表。按交涉经过及中国意见内容（另电详），本人感觉日政府似应无困难予以接受。望探洽，并电复。"

又昨日蓝钦将我方最后所提条约实施范围文字，电华府与东京。并云："中国政府"对此不拟作让步。其字样为："双方兹了解本条约各条款，关于'中华民国'之一方，应适用于现在在'中华民国'政府控制下及将来在其控制下之全部领土。此项了解，对于'中华民国'在其全部领土所享之主权，自不发生任何影响。"

叶公超呈

33. 叶公超呈蒋中正中日和约谈判迄今发展
1952年4月28日

中日和约谈判,三月二十五日我第二次约稿提出后,因日方未能接受,乃继续磋商,四月十六日午后又一度接近结束,惟因日方计较利益,再提意见,为我所不能接受,十九日断然拒绝后,重陷僵局,几经折冲,二十七日晚始全部获得协议,我方在交涉中,始终立场稳定,决不牺牲重大原则或实质利益,兹就我第二约稿内所持态度与发展迄今我方态度作一比较检讨。

一、商约缔订前两国商务关系:第二次约稿仍系仿照金山和约,惟规定有效期间一年,最近复加列一项日方所提原则,即遇一方所给之最惠国待遇达到国民待遇时,该方无须依最惠国待遇条款给予较国民待遇为高之待遇,此原则对我无损,故同意列入。

二、赔偿问题:第二次约稿在议定书内,规定日本承认赔偿之义务,我则承认日本无力完全赔偿,但为表示宽大,我决定接受金山第十四条之权利义务,并放弃服务补偿利益,最近复删去重述日本承认赔偿义务一段,仅规定我自动放弃金山和约所规定之服务补偿利益,与金山和约文字上虽繁简不同,但另有条款规定,我可适用金山和约各条款规定以解决中日间因战争而起之任何问题,故不虑其简略。

三、实施范围问题:我第二次草案中,已纳入我前与美方商定之方案,即以换文规定中日和约适用,现在及将来我控制下之全部领土,并附加但书,说明此项了解,不得解释为对我主权有所影响,最近则同意删去不得解释为我对主权有所影响一语,文中既用"全部领土"字样,自无虞主权受损。

四、盟国平等待遇之最惠国条款问题:第二次约稿修改文字,确定我国应享有日本依金山和约给予盟国之一切优惠,但金山和约第十一、十八两条不适用此项规定,最近徇日方情商作文字修改,规定凡中日两国间因战争状态所引起之任何问题,应依金山和约诸条文规定解决。但书依旧,我最近虽同意避免优惠字样,但与我自始坚持之原则毫无影响,盖我能适用金山和约之规定,实质上与我签订金山和约殊无轩轾。

五、关于我特殊利益各问题:(一)台澎人民法人船舶产品之地位——第二约稿以迄最近并无更改;(二)"伪政权"在日财产——第二约稿未有变更,最近徇日方之意,将文字改为日本应依中日和约或金山和约规定移交我国;(三)日本驻"伪政权"使领馆财产——第二约稿加列规定该等财产不得视为依金山和约第十四条予以收没之例外,最近我态度无变更;(四)日本在金山和约内承担义务之时期——在第二约稿中及最近之措辞,均为规定日本在金山和约内承担义务之时期,对我全部领土任何地区自中日和约适用于该地区之日起算。

总之中日和约在法理上,已做到全面和约之地步。

(《革命文献——对日议和(三)》,《蒋中正"总统"文物》,入藏登录号002000000459A,典藏号:002-020400-00055-001)

（三）日本政情电报有关钓鱼岛档案

1. 日本政情电报（一）

（1）周书楷从美国来电（558号）

"民国"60年2月19日

台北"外交部"：关于留美学生学人为钓鱼台游行示威事，第五一八号电计邀钧察。日来本馆迭接各方函电，继续诘问并声言如政府不予满意答复及采取适当措施，渠等将于四月初再度举行示威运动，以本馆及国务院为对象。其中以圣路易市华盛顿大学副教授杨日旭及约翰斯·霍普金斯大学教授钱致榕二人代表学生学人所提问题可具代表性。除与五一八号电所列举重复者外，尚有下列各点：（一）政府对钓鱼台之声明常含混不清，予人印象为只为探油权，不争主权，政府对钓鱼台列屿主权之态度到底如何。（二）政府如认该列屿主权属我不属琉球，则不应在美军代管之下。但沈次长曾声称钓鱼台列屿现属美军代管，政府曾否将主权属我之证据等照会美方，美方反应如何。（三）如美国认为此事应由中日双方直接交涉，则对日交涉结果如何。（四）渔民屡次被逐非偶发事件，何不派舰保护，"中央日报"五十九年八月廿四日所刊地图，岛上曾有国人所建工寮台，车道及泉水等，显然并非不能登陆，何不派兵进驻。琉球当局擅立界碑，并拟建气象台，何以未见政府抗议。（五）九月十七日日本报纸曾刊出撕毁我"国旗"照片，又中华杂志八卷十期亦刊有被毁"国旗"照片，此事迄今已五个月，政府必已查明此事之虚实，何以我国未向美日琉球三方抗议。如已抗议结果如何。（六）主权未解决何能与日韩合作探勘开采。（七）政府今后交涉对象为谁，政策（漏三码正待询中）学生维护钓鱼台主权游行运动事，据接获在台家属函件。闻只"中央日报"航空版刊载。而国内报纸全不报道，如确有其事，是否有意蒙蔽国民，请政府答复查清各等语。以上所举虽有与五一八号电重复者，但彼等气焰甚盛，仅凭钧部原始资料实难作答，拟乞速赐洽有关方面示复答案，俾便通函转答，以免彼等为"匪"所利用，演变扩大成反政府行动。职　周书楷。

(2) 周书楷从华盛顿来电(564号)

"民国"60年2月23日

台北"外交部"伯公部长钧鉴:纽约一、二侨报刊载钧座廿二日在"立法院"答复关于留美学生为维护钓鱼台主权举行游行示威运动之质询时,曾说明"外交部"及有关机关曾就此事会商采取疏导措施,"教育部"已选派负责人赴美与我"大使馆"积极协商处理,以期纯洁爱国青年,不为阴谋分子所煽动云云。此间侨界及学生方面对于"疏导措施"及"免为阴谋分子所煽动"等语气,颇有误会,纷纷来询,职一面请其它侨报将"疏导"改为"积极解释政府立场",将"教育部"派员来美与"大使馆"协商办理一节以后其它两语略去,同时以电话与中四组陈裕清主任联系,可否使国内各报亦作同样之调整,未知时间上是否赶上排版,无论如何关于此一新闻,台北及纽约各报可能将有不同之记载,鉴于此间学人学生等态度敏锐尖刻,倘有人指出各报所载不一致时,职等拟答以系当时记者报道有误,为求说法一致,国内如有人询及此问题,拟请发言人作同样答复。是否有当,电请鉴核。周书楷　姚舜　曾广顺。

(3) "驻日大使馆"来电(083号)

"民国"60年2月25日

台北"外交部":第七九八号电奉悉。查路透社一日电讯所报道,系来自总理府山中总务长官发言,此间日文各报均未刊载,据外务省中国课主管告称:(一)日本气象台应于钓鱼台附近,系每年春季袭击日本列岛之低气压(日人俗称台湾坊主)发生处,早经计划设立气象台观测站。因环境关系该观测站系无人管理自动操纵设备。为设备安全措施与经费等关系,迟未设立。(二)本年度气象厅预算,已将该无人气象观测站设备经费列入预算。并已获得各方谅解,预定于今年内设立完竣。(三)山中总务长官发言,系否认Newsweek所刊。亦即否认设立该气象观测站旨在设立日本对该岛主权之象征。至对我渔船在该岛海域非法作业云云一节。山中总务长官并未提及,路透社电讯并不确实。(四)日方对钓鱼台主权立场曾一再向我方说明,并无意以此事与我交涉云云。以上探查情形仅报请鉴察。"驻日大使馆"。

(4)"驻日大使馆"来电(087号)

"民国"60年2月27日

台北"外交部":第八一二号电悉。查此间读卖新闻,日本经济新闻,东京新闻及英文日本时报等,于廿四日及廿五日对部长在"立法院"有关钓鱼台声明,及钧部向板垣大使表示略有报道,其中英文日本时报刊外电消息无评语。读卖与日本经济二报,除引述部长在"立法院"声明外,并谓过去我政府对钓鱼台问题以"保卫该列屿之权益",或"不同意日本之主张"等词慎重发言,此次部长声明,明确主张该列屿之领有权。似可表示我政府已决定对此问题采取强硬态度。值得注意,至钧部对板垣大使致表示,可谓上年十二月沈次长板垣大使第一次会谈之正式答复等语。日官方及其它各报均保持缄默,尚无任何评论,一般而言,此次日方舆论,反应尚属冷静。"驻日大使馆"。

(5)周书楷从华盛顿来电(585号)

"民国"60年3月3日

台北"外交部"并请转"中央委员会"张秘书长,马主任树礼,"教育部"钟部长:第五六一号电计邀钧察。第七次全美总领事会议,三月二日晨如期召开,出席人员除各总领事外,书楷等与"中央"驻美各机构主管,及本馆高级人员均参加。首对钓鱼台问题详加研讨,咸认此事甚为紧急,外间误解亦多,并继续于四月三日十二时各地学生集合华府大游行。其目标在我"使馆"、日使馆及白宫等,再建议政府即采取下列两项步骤:(一)详为说明中日韩三国联合开发海底资源商议之经过,并宣布立即停止进行。(二)旅美教授学人对钓鱼台问题将联名上书"总统",表示关切,请与收到该函后,以"总统府"秘书长岳公名义代"总统"——函复,对彼等爱国热忱表示嘉许,同时重申政府坚定立场。并盼其转达旅美学人学生等。此函请寄本馆分转,并在国内报章发表。以上各点敬乞迅赐核示为祷。周书楷 曾广顺 姚瞬同叩。

(6) "驻日大使馆"来电(107号)

"民国"60年3月10日

台北"外交部":据报载佐藤首相与爱知外相在八日参议院预算委员会,答询有关钓鱼台问题如次:(一)关于日"匪"备忘录贸易协议联合公报,指责中日韩共同开发海底资源事,佐藤答称:钓鱼台海域之开发不应因对该海域之要求而作罢。爱知即称任何国家均无权对公海上之资源作片面之领有要求。(二)关于中日韩三国共同开发海底资源事,爱知答称:日本持有钓鱼台列屿之主权系一明白事实。至于海底资源之开发应当与有关国家充分商谈。日"匪"备忘录贸易协议联合公报,似指中日韩共同从事该海域之开发计划,但此非事实,日本政府只因传闻中韩片面设立利权之争,曾经提出建议而已。(三)关于日本是否考虑就钓鱼台列屿与中共磋商之质询,爱知答称:原则上开发海底资源应与有关各国商量进行,因此将来或由所询情况(指日"匪"磋商事)之可能,但目前并不成为问题云云。仅报。"驻日大使馆"。

(7) 周书楷从华盛顿来电(625号)

"民国"60年3月17日

台北"外交部":第四八五号及四九八号电奉悉。三月十七日晨访晤葛林。面递钧部最后核定节略。职首先强调当年美军事管制琉球时,将钓鱼台亦包括在内,我方以美之行动系代表盟国维持整个地区安全,且以美方此项控制必为时甚久,不发生转移问题,故未提出异议。现我根本对琉球归日均表反对,自更反对将钓鱼台一并归还,鉴于此事目前已成为我海内外同胞,尤其在美之知识分子,包括年长有地位之学人,以及从事科学工程研究人士等之高度敏感问题,而"共匪"复趁火打劫,拟利用此事件造成一反美运动,故亟盼美方能了解"我国"立场助我平息此事,毋为"共匪"所乘。葛林称:当将此事报告国务卿,并交付法律顾问研究。彼认为美当时系根据金山和约第三条规定占领琉球。今美既决定将琉球交日,钓鱼台自当一并归还。惟彼个人初步看法,此所谓归还未必即谓其主权属日,主权问题自仍可由中日双方谈判解决。如谈判不成,再研究由第三国调解或寻求国际仲裁等其它途径解决。此为美之立场,继询职访彼后是否将对记者透漏此事。又如有人向美发言人询及职此次访彼所谈何事,美方应如何作答。职谓此事并未奉令发布消息,好在本人今日亦为美政府取消赴"匪区"旅行限制事来访,可否双方约定于答询时,说明职为放宽旅行限制事而来。葛林称善。职　周书楷。

(8)"菲律宾大使馆"来电(656号)
"民国"60年3月26日

台北"外交部":华侨商报近以保卫中国领土钓鱼台为名,谩骂我政府,煽动反对日本军国主义并与美帝勾结谋侵我国天然资源,菲左倾学生受菲爱国青年党指使,已组成所谓保卫中国领土钓鱼台行动委员会菲分会,散发宣言。传说中有人企图发动向日本大使馆示威,本馆已密洽校总暨有关人士疏导劝阻,多数侨生均已了解内情,可望平息,侨生并于廿六日发表拥护政府之声明。敬祈电示因应方针俾资遵循。"驻菲大使馆"。

(9)孙必奇从菲律宾来电(657号)
"民国"60年3月27日

台北"外交部":第六五六号电计邀钧察。华侨商报今日复以大标题谩骂我政府,首称以台湾驻菲律宾"大使馆"为首的此间卖国贼当局实难指斥华侨学生保卫中国领土,钓鱼台列屿的爱国卫士义举的无耻镇压,已激起广大爱国华侨的公愤也。今将一些过去还受蒙骗的华侨看穿他们的假爱国真卖国的真面目云云。并引载爱国华侨投书三篇,内容荒谬,要点如下:(一)引证五四学生爱国运动北洋军阀压迫镇压失败,学生终获胜利。(二)全国人民学生爱国运动,卖国求荣的国民党南京政府也试图镇压,结果卖国的南京政府倒台。(三)海外华侨不但受不到政府"使馆"保护,反而惹事生非,乱丢"红帽子",遍布华侨社会,公理正义泯灭。查其所云一如"共匪"口舌,惟连日借题谩骂,煽动华侨青年作乱。祸及侨社后果可虞。职拟于廿九日青年节主讲予以驳斥,以正视听。讲词要点如下:(1)赞扬侨生爱国热忱。(2)钓鱼台沿革及我方对本案之一贯主张。(3) 政府维护领土主权立场坚定,关于本馆自张秘书长代表"总统"答复旅美学人作严正表示后全球侨胞咸表拥戴。(4)"匪共"因恐中日韩合作计划实现,加强自由国家团结反共,特加以扬言攻讦,华侨商报追尾附和。狼狈为奸,昭然若揭。(5)"匪共"惯技在制造问题挑拨离间中渔利,盼侨胞万勿中其奸计为其利用。(6) 我侨应拥护政府,维护领土主权之坚定立场,并信任政府必能维护我领土之寸土片石,亦终必能光复大陆。(7) 我侨胞学者对钓鱼台历史法律上如有特殊见解,随时欢迎提供,并当转报政府,以上各点拟于二十九日上午九时青年节发表演讲,钧部如有指示尚祈迅赐电示。职　孙必奇。

(10) 周书楷从华盛顿来电(657号)

"民国"60年3月29日

台北"外交部":第六五二号电计邀钧察。兹续请有关人士洽据杨联升、邓昌黎、劳翰、郑家骏、鲍亦与诸教授表示对政府重视海外学人意见,对维护钓鱼台主权立场坚定大致满意。惟希望以后对此事处理情形多所报道。俾有更明确之了解,彼等均务请勿将此项个人反应公开发表,请勿在报端登载。职　周书楷。

(11) "驻日大使馆"来电(151号)

"民国"60年3月30日

台北"外交部":据悉日美两国政府现积极磋商琉球收回协议之条文,期于五月底付诸文字。至于该协议之适用范围,因钓鱼台列屿之领有权问题,正为中日间所争执,为避免刺激我方,不拟列记地名或岛名,而仅以经纬代替云。"驻日大使馆"。

(12) 朱晋康从霍斯敦来电(669号)

"民国"60年3月30日

台北"外交部"：并请转中三组马主任：三六四、三六五、三六六电均奉悉。本馆辖区旅美教授对张秘书长反应良好，了解政府立场坚定，同学则似欠完全满意，廿七日晚霍斯敦及附近各大学生集会到百余人，邀职出席报告政府处理经过及回答各项问题，职依据张秘书长函及魏部长向"立法院"报告内容解释，并提示政府在未到适当时间尚不便公布经过，而允转陈考虑。会后同学初步决定四月十日不举行游行，而组织西南区委员会，研讨校内外活动方针，此间同学目前尚称平稳，但对政府之曾否采取积极行动仍有怀疑，是以可否将有关之情形采用适当方式酌予透漏若干之处，敬祈鉴核。职朱晋康。

(13) "驻日大使馆"来电(156号)

"民国"60年4月1日

台北"外交部"：第八五二号钧电奉悉。本馆对钓鱼台问题一向保持缄默，去年魏部长过日时，曾奉面谕以本案交涉在台办理，日馆除协助搜集资料外，对外不宜作任何表示。因此彭大使更加慎重，不但从未就此问题对外发言，并严饬本馆同人不得作任何评论，即新闻参事处偶有记者询及，亦均避免作答。留美学生所称一节并非事实，谨电报请鉴核。"驻日大使馆"。

(14) 李剑民从泰国来电(221号)

"民国"60年4月3日

台北"外交部"请译转马主任树礼，高委员长信钧鉴：(一)马主任三月三十日电奉悉，书籍五十册刻正办理有关手续领取运用，(二)旅泰侨胞对政府维护钓鱼台主权措施表示绝对支持拥护，重要侨团首长及亚洲理工学院我留学生即将于日内向新闻界发表有关声明。查此间侨社并无任何受恶意挑拨煽动迹象。敬请释念。职　李剑民。

(15) 俞国斌从纽约来电(682号)

"民国"60年4月5日

台北"外交部"并请转马主任树礼:(一)职代表周"大使"于本月三日飞往纽约北部布法罗城。参加当地我国教授学生三百人所组成之钓鱼台讨论会,会中情绪激剧,纷起指责政府交涉态度软弱,尤对日本将在钓鱼台建立气象台表示愤慨,要求:(甲)立即采取坚强保卫行动。(乙)应准"中央日报"国内版刊载此间学生爱国行动有关消息。(丙)公布历次交涉文件等。经一再说明我寸土片石必争之坚定立场,但未能使其信服。(二)此事仍在扩大中,如不采取有效行动,钓鱼台运动难望平息,并恳参考职第六七七号电。职 俞国斌。

(16) "驻日大使馆"来电(166号)

"民国"60年4月6日

台北"外交部":第一五一号电计邀钧察。据报载,日外务省方面于四日表示,日美两国顷已达致协议,于琉球返还日本时,将钓鱼台列屿包括返还区域内,其方式因范围广、岛屿多,不易一一列记,且为避免列举钓鱼台列屿之名刺激我方,拟援照奄美返还之例,采取以经纬度划出返还区域。旋因该区域将承续美民政府第廿七号令"琉球列岛之地理界限"第一条之规定,以"北纬廿四度东经一三三度","北纬廿七度东经一三一度五〇分","北纬廿七度东经一二八度十八分","北纬廿八度东经一二八度十八分"之各点境界内之诸岛、小岛礁屿及领海,并将该区域列举在返还协议内或记明在附属文件中,日方认为美方同意将钓鱼台列屿,包括在该返还区域内,表示美国正式支持日本对该列屿之领有权主张。关于中日两国之领有权争执可告一段落,但仍可能引起我国及"匪伪"之反驳云云。谨报。"驻日大使馆"。

(17)"华府大使馆"来电(692号)

"民国"60年4月10日

台北"外交部":关于政府通知海湾公司终止探勘工作事,致部长第五五七号电奉悉。十日华府邮报及纽约时报均报道美国务院发言人 Bray 称:美国为保护人民及其财产,经数个月之研讨,决定通知各有关美国油公司在争执地区探勘之危险性,并声明美政府期望避免可使美国人民及其财产处于险境或造成紧张局面之情势,并称本措施与十日在华府举行之钓鱼台案游行无关等语。本馆王公使现约定十三日下午会见助理国务卿葛林。请美方澄清此事,钧部另有无指示,请核示。"驻美大使馆"。

(18)刘邦彦、罗安琪从华盛顿来电(469号)

"民国"60年4月10日

台北"外交部"并转侨委会、"教育部"、陆海光:第四六五号电计邀钧察。本月十日下午一时许,学生青年约三百人,手持牌语,由华府集合出发前往美联邦大厦,日本总领事馆前示威,二时半游行队伍抵达本馆,该会代表数人来馆坚请前往附近之潘兴广场出面答复,职偕同职员于三时许步行至现场,旋即登台发言,强调政府保卫钓鱼台之坚定立场,并愿与我全美爱国学生共同为维护国家主权奋斗,各同学热烈鼓掌,职并表示全美行动委员会所提十项要求业已转呈政府,一般反应认为政府徒托空言,缺乏实际行动有所不满,现场除极少数偏激分子叫嚣外,秩序良好。职于四时离场,集会即解散。谨将以上各节报请鉴察,并转政府对该委员会所提十项要求酌予答复,以慰群情。职 刘邦彦。

(19)"驻日大使馆"来电(198号)

"民国"60年4月12日

台北"外交部":十二日下午贺屋与宣先生来访彭"大使"谈称:顷晤爱知外相,爱知告彼谓关于钓鱼台列屿问题"中华民国"政府处境困难,深为了解,故对最近"外交部"发言人之谈话及报载种种消息并不十分介意,日本政府现正与美方议商琉球归还之协议条款,日美双方均力求避免列举钓鱼台列屿名字,以免刺激"中华民国"国内及国外人士之感情,惟日本国内亦有部分人士不顾大局,主张对华采取强硬态度者,故不希望"中华民国"方面亦以为然,对舆论作适当调节以免互相刺激云云等语。彭大使再就美国及港澳之学生运动之背景,以及我政府因应情形详予解释,贺屋谓,彼等亦有同样了解。谨电报闻。"驻日大使馆"。

(20)"驻日大使馆"来电(196号)

"民国"60年4月13日

台北"外交部":十日此间各报晚刊均刊载,来自华盛顿方面之一项电讯称:美国务院发言人 Charles Bray 九日在记者招待会中谈称:美政府已劝告 Gulf 石油公司停止对东中国海及黄海海底油矿之探勘工作,并已据以通知我国及日韩三国政府,美政府此举目的在于借此推进对"匪"接近政策,避免造成远东紧张情势,该发言人并曾就钓鱼台列屿问题表示见解:(一)此一问题至为复杂,关于该列屿之归属问题,美政府认为应由双方当事国谈判解决,如双方所希望,则委由第三者调停亦是一种办法(暗示可委由国际法院调停)。(二)美国根据金山和约第三条即得对琉球及包括钓鱼台列屿在内之西南诸岛之管辖权,预定于一九七二年将对西南诸岛之管辖权归还日本云云。又据昨(十一)日英文日本时报载,日外务省当局就美国务院发言人之前述发言内容加以评论称:(一)美国对钓鱼台列屿问题,所持立场殊极自然。(二)美政府预作表示不愿被卷入日我或"匪"日间关于该列屿之主权问题之纠纷。(三)该项发言不啻确认该列屿将被当作琉球地区之一部分归还日本。(四)现在进行中之琉球返还协议草拟工作,对于如何处理该列屿之地位一点尚未达成协议。惟日美双方政府一贯认为,美国根据金山和约第三条所取得管辖权之地区当包括钓鱼台列屿在内,琉球返还协定不致与该项见解抵触云云。又本(十二)日各报载钧部发言人对美国务院发言人谈话反驳之谈话谓,首次表明要求收回该列屿,另载十日"匪"新华社指责日美帝国主义欲侵占该列屿之评论,对"匪"我反应甚表注视。谨报闻。"驻日大使馆"。

(21)"驻美大使馆"来电(701号)

"民国"60年4月14日

台北"外交部":第五七二号电奉悉。王公使、陈参事十三日约见助理国务卿葛林:(甲)王公使询称:(1)我方至希明了国务院发言人在此时发表此项声明之理由,值此钓鱼台事件正紧张之时,美方作此声明在时机上似颇不幸。(2)何等地区为美政府认为有"敏感性",且经通知美国油公司警告其在该地区作业有危险可能者。此项地区是否亦包括日韩两国与美国油公司订有探勘合约之地区在内,如包括在内,该两国政府是否亦经美方通知在案。(3)我政府期能以和平方式与友好国家之厂商合作开发天然资源,对此权益加以阻碍似极不公平。(乙)葛林答称:(1)国务院之声明纯系对各油公司发表谈话而发,此项声明之时间上与关于钓鱼台事实属巧合。葛林亦明了该院之声明有被误解之可能。(2)美政府对"敏感地带"并无明确之界限,正常时期两国海岸间之中线,应为探勘之界限,但因"共匪"关系致使此项办法不合实际,美政府最关切者为若"共匪"攫取美油公司之采勘船,及该项船只所配备之精确电子设备时,美国舆论可能认系普布鲁轮案之重演,美政府至难应付,其结果可能对美政府及其它与探勘工作有关各方面均极不利,是项电子设备类似太空领航设备,受美出口管制法之限制,维系由美国厂商使用,其用途及使用地点均为美政府发给出口证之考虑条件。(3)美政府对我政府希望开发获得海底藏油资源事至为明了,并愿见期成功,但彼希望中美两国及日本韩国政府间能共同协商,期能谋求妥善开发海底藏油之办法。彼将与美政府内各有关机关协调,期能研求为各有关方面均能接受之一项可能性,为准许美国油公司在"比较安全地区"进行探勘工作,是项地区应尽可能为距"匪区"较远而距探勘国家较近者,俾能尽量减少"共匪"攫取探勘船至可能,彼将于美方研求出可能性时尽速告我。彼复称即使各有关国家可对"比较安全地区"予以同意时,若干油公司之握有"非比较安全地区"之探油合约者或将认为彼等被处于不利地位,因此对此类情形或有作"缓议"决定之必要。(4)若使用非美国探勘船及人员,并使用无法需美国出口证之设备进行探勘工作自可办理。(丙)葛林交我地图两件,一件表明中韩两国已订约之探勘地区及其重复情形,一件表明此地区内各国中线界限及有纠纷地区。对于后者,王公使表示大陆与台湾间并无中线可言,自亦不能予以考虑。葛林承认此项界线并非政治性界限。(丁)

关于本案我方似可亦对日韩两国协商，如何之处请核夺。地图航呈。"驻美大使馆"。

(22)"波士顿总领馆"来电(020号)
"民国"60年4月21日

台北"外交部"：我国学生为钓鱼台事，于四月十日在华盛顿示威后，当晚各地区行动委员会联络人集会，来自堪萨斯州留学生提议起草公开信，要求政府为钓鱼台主权立场立刻采取有效行动，否则将于联大讨论我国代表权时发动反对政府示威，声明"中华民国"政府并不能代表人民，另有一教授提议要求"匪"对钓鱼台采取有效行动，该二人皆来自台湾，其建议未获通过，据查悉波士顿行动分会中之急进委员，现正草拟公开信，拟于四月廿九日提交分会讨论，其要点系要求政府于一定期间内采取有效行动，否则公开宣布我政府不能代表人民云。本馆预测该函原则上可能通过，但言辞或不致太激烈。本馆正加强与其请愿团联络，以免其走向极端。"驻波士顿总领馆"。

(23)沈剑虹从华盛顿来电(789号)
"民国"60年5月13日

台北"外交部"：第六四五号电奉悉。经洽据国务院告称：美方确有此构想，现仍在研讨中，惟不涉及主权问题。又该靶场仅包含钓鱼台列屿一部分，并非全部。经询此事日本是否已同意。该院谓现仍不能透漏等语。职　沈剑虹。

(24)"驻日大使馆"来电(334号)
"民国"60年5月31日

台北"外交部"：第九四五及九五五号电均奉悉。（一）查关于琉球返还日本后，由于现在美国空军行使之飞行情报管区（FIR）及防空识别圈（ADIZ），未包括石垣岛西边接近我国台湾省直西表与那国两岛屿区域，及日本主张领土主权之尖阁群岛之一部分区域。故日本航空自卫队将来自美空军接管上述飞行情报管区及防空识别圈时可能发生问题事，三月廿六日读卖新闻首页曾有详细刊载，业经本馆于三月卅一日以第九〇五号点暨附件呈报在案。（二）日防卫厅官及防卫局长廿日在众院冲绳北方领土对策特别委员会答询所称各节，乃系计划上述防空识别圈问题而发。即谓琉球返还日本后，日本政府有意将现行琉球防空识别圈加以若干修正，以包括整个尖阁群岛区域。惟此事关系邻国，因此是否照原来美空军所行使之防空识别圈，或接管后略加修正，尚需慎重研讨云云。（三）据本馆向防卫厅方面获悉，中曾根长官及久保局长均确曾在众院委员会作上述答辩，至该项议事记录，现尚未印妥容续洽索呈部。（四）密闻日方曾向美方交涉盼美空军先行修改防空识别圈，以包括整个尖阁群岛以便日方接管，但美方并未同意，除继续查明谨报。"驻日大使馆"。

注：（北美）九四五及九五五电——查报中曾根在众院发言事。

（25）"驻日大使馆"来电（341号）

"民国"60年6月2日

台北"外交部"：（一）中曾根防卫总长官于五月卅一日在经济团体联合会席上，就日本新防卫力整备计划，（自一九七二年度至七六年度，简称四次防）向日财经界首脑约二百人提出说明事。据一日每日新闻刊载，日防卫厅长官强调日本该计划系考虑五强后之中共核子攻击力而作为日本之具体防卫范围，系连接南鸟岛、冲鸟岛至尖阁列岛之以东京为中心之半径约一千海浬之范围，日本所谓自主防卫，系由自主技术正途，而以技术开发为重点，现今国际环境为实行技术之最佳机会，为维持安保体制，日美间不应容许经济问题之隙缝存在等各点。本馆经向主持此一恳谈会之经济团体联合会探询，据复称中曾根长官演讲要旨现正整理中，预定两周后可付印，至每日新闻刊载内容尚大致不差。惟似故意过分着重对付中共核子武力一点云云。（二）除继续注意并索取演讲词记录呈报外，谨先电闻。"驻日大使馆"。

(26)"驻日大使馆"来电(391号)

"民国"60年6月17日

台北"外交部":英文日本时报十六日载,爱知外相于十五日告记者称:关于钓鱼台列屿问题已与彭"大使"讨论,并告以希望不要因该列屿之争执而影响中日两国之邦交,彭大使似已了解此点。又称:在巴黎会议时美国务卿罗吉斯曾建议希望日政府与"中华民国"讨论此一问题,以免因此事在中、日、美三国之间发生误会云云。谨报请鉴核。"驻日大使馆"。

(27)"驻日大使馆"来电(398号)

"民国"60年6月18日

台北"外交部":第一七一六号代电计邀钧察。第九八七号电奉悉。(一)美日有关"归还琉球"协议于十七号晚九时,由美国务卿罗吉斯及日外相爱知揆一经通讯卫星转播,分别在华府及东京同日签订。在东京日方由佐藤总理以下全部阁员、琉球立法院院长、琉球高等法院院长(琉球政府主席屋良因不满协议内容拒不列席)列席观礼。美方则有驻日大使梅雅集、公使施耐德等人。签订仪式均经此间各电视台转播。(二)经签订之协议包括"关于琉球诸岛及大东诸岛之日本国与美利坚合众国间质协议""同意记录""关于美国之音广播实施细节之换文""关于解决没地问题""琉球归还后仍将继续提供于美军或予以整顿缩小至北西北地表册""有关日美民航空运业务之备忘录"等,另有早经签订之"关于处理琉球归还后之外国人及外国企业专项由爱知外相致美驻日大使之函件"一项亦于是晚并案公布。有关条文另航呈。(三)上项协议条文对于适用范围仅说明"琉球诸岛"及"大东诸岛",在"同意记录"内则以经纬度表明其范围,并无"尖阁列岛"字样。但依"同意记录"所称经纬度,"钓鱼台列岛"显包括在内,又十七晚,各电视台及十八日各报图示说明日本收回之领土亦包括"钓鱼台列岛"在内。(四)签订毕密悉:佐藤总理在会场致辞略称:(1)此一协议盼能由日美国会早日批准,使在一九七二年尽早时期实现"归还协议"。(2)此一协议为日美更促进亚太地区及世界和平与繁荣之象征。(3)盼琉胞与本土合作建设"冲绳县"。(五)十七日台湾人民学生工会分子续在日本全国展开激烈示威游行，在东京一地即有三万人参加，秩序大乱。（六）十八日此间各报均以数页篇幅详报签署经过及条文等。（七）在野各党纷纷发表声明，指责上项协议并未明文记载"归还琉球应剔除核子武器"，认为此项签订，不仅美军基地仍未灭少，反加强军事色彩，预料今秋国会开幕，朝野各党间必有激烈争执。"驻日大使馆"。

（28）"驻美大使馆"来电（960号）

"民国"60年7月1日

台北"外交部"：廿八日 Johns Hopkins 大学物理教授钱致榕来馆面谈钓鱼台问题表示：(1) 留美学人学生对此事极为关切，曾一再上书"总统"及政府当局，但迄今仅张秘书长岳军曾作答复，其余信件多未置理，学人等对此殊表不满。(2) 甚多学人学生愿返国说明向政府陈述彼等对钓鱼台案之意见，同时借此增加彼等对国内情况之了解，但不知政府对彼等以往言论是否宽谅。(3) 根据中美共同防卫条约两国海军巡逻范围如何划分，有无书面规定或谅解。(4) 闻我政府曾发布命令禁止渔民前往钓鱼台附近作业，不知是否属实。(5) 对中、韩、日研究共同开发大陆礁层资料表示不满。查留美学人如钱致榕关心国事者不乏其人，均盼政府对钓鱼台能采具体行动，诸如派海军巡逻抵制日货。本馆除详予解释外，钱所提各点仍祈核示，俾作答复。"驻美大使馆"。

（29）"日本大使馆"来电（438号）

"民国"60年7月3日

台北"外交部"：四二六号电计邀钧察。（一）报载公明党访"匪"代表团与"匪"日友好协会代表团，二日在北京发表所谓打开日"匪"关系五项原则为骨干之联合国公布。该公报并指责美国对中南半岛及韩国之侵略，反对日本军国主义之复活及琉球返还协议，但未提钓鱼台问题……驻日代表团。

(30)"火奴鲁鲁领事馆"来电(588号)

"民国"60年7月7日

台北"外交部":(一)此间港澳学生五日晚,假东西中心集会成立保卫中国领土钓鱼台筹备委员,我留学生刘大江等十五人为探视会议情形应邀前往参加,据报道会约六十人,其中有来自西雅图之港澳学生阮君换、刘启泰二人会中建议成立西雅图叙事保卫钓鱼台分会,通过宣传权力保卫中国领土并决议本月十二日再行集会采取行动。会后并放映西雅图中国学生为保卫钓鱼台所作之各项示威活动记录像片。内有打倒"国民政府"口号,阮、刘二人亦在游行示威之列。除已嘱我留学生坚守拥护政府立场并留意该会活动设法疏导外,谨先电闻。请转中三组马主任树礼。"驻火奴鲁鲁总领事"。

(全宗名:"外交部",册名:日本政情电报(一),入藏登录号:020000029311A,典藏号:020-010101-0070)

2. 日本政情电报（二）

（1）"日本大使馆"来电（942号）
"民国"61年2月18日

台北"外交部"钧鉴：日外务省亚洲局长吉田十七日下午五时约见钮公使于外务省，就我政府核定钓鱼台列屿之隶属事表示日政府态度。吉田谈话如下：（一）本月十一日台北"中央日报"报道贵国"行政院"业已核定钓鱼台列屿隶属宜兰县，将于三月间派遣调查团前往该列屿调查云云。此事业经日本"驻华大使馆"向贵国"外交部"洽询获得证实。（二）上项消息似已传至琉球，现在该地群情激昂，不但纷纷向外务省洽询实难之意。（三）日华两国向极友善，日政府今后亦愿维持此种关系，惟"中华民国"政府上项举措似欠友好。事属领土问题，日政府难于缄默。（四）琉球交还日本以前，该列屿现仍在美国管辖之下，故美方对此亦极关怀。（五）琉球现定五月十五日归还日本，就日方而言正是举国腾欢之际，贵国政府上项举措似不但未顾及日本之国民感情，且在时机上亦欠考虑。（六）近来世界局势变幻，日华两国虽极友善，但仍有若干微妙情形存乎其间，目前日本国会正在暂时停开中，日内续开以后必将提出此一问题，届时在野党派主张强硬而舆论又复哗然，势将演成就对华关系重新全面检讨等类论调，而陷日本政府于进退两难之境地，殊值忧虑。（七）为此特正式提出请贵"大使馆"立即呈报贵国政府对此事善为处理，至少亦不宜派遣调查人员在该列屿登陆，以免导致更多纠纷。钮公使当答以：（一）连日因春节休假国内报纸邮寄略迟，故尚未阅悉此项消息，容俟电请本国政府核示。（二）有关钓鱼台列屿一案之交涉，向由本国"外交部"与日本"驻华大使馆"之间在台北办理，故本馆对于案情并不熟悉，惟本国政府一向主张钓鱼台列屿系属"中华民国"之领土，此点则无容置疑。（三）此事既经贵政府正式提出自当立即呈报本国政府，一俟奉到训令当即奉复各等语。最后吉田谓：彼亦知本案向在台北办理，现因日新任"大使"尚未赴任，故从权向本馆提出，同时并将电知"日驻华大使馆"云云。谨请核示。"驻日大使馆"。

(2) 日关切我在钓鱼台设行政机构

央秘参(61)第 0364 号

("中央社"东京十五日美联电)据报道日本外务省今天已训令它"驻台北大使馆",就新闻报道有关"中华民国"政府已决定在争执中的钓鱼台群岛设置一行政机构事,查证是否属实。

日本报纸说,外务省官员很关切"中华民国"此一决定,如若属实,它将使涉及该一群岛主权主张的日本和中共之间的问题更趋复杂。

台北"中央日报"的报道被引述说,中国政府已决定把钓鱼台群岛包括在领土之内,并准备在该一岛群设置行政机构。

日本将于五月十五日当美国将琉球群岛归还日本时,接管此位于冲绳台湾间的微小群岛的控制。

该一岛群位于被认为是石油蕴藏极丰富的地区。中共亦主张为其所有。

(全宗名:"外交部",册名:日本政情电报(一),
入藏登录号:020000029312A,典藏号:020-010101-0071)

（四）海外对"匪"斗争工作统一指导委员会第二八〇次会议记录

......

四、据驻琉球工作小组函报：日本佐藤首相访美日期，已决定为十一月十九日至廿一日，已经与爱知外相协议：1. 一九七二年琉球重归；2. 一俟琉球重归，日美安保条约及有关决定事项将全部适用于琉球；3. 此次对美交涉，并拟缔结特别协议。佐藤将以上三项，作为对美谈判原则。

五、据驻琉工作同志函报：（一）关于"琉球重归日本"问题，大部分琉球有识人士，内心均表反对，其中如工商界重镇宫城仁四郎、具志坚宗精、大城谦吉、国场幸太郎等；历史学权威山里永吉（曾于本年二月间，率领琉球文化人士访华亲善团来台访问）、大领熏及琉大教授龟川正东等，均系琉球反共中坚，公开主张"琉球是琉球人的琉球"，"日本并非祖国"，并进而主张琉球独立。（二）琉球政府前主席当间重刚、国场幸太郎、山里永吉、龟川正东等，原定八月十六日载日本每日新闻刊登大幅启事，反对实时重归。应延于一九八零年俟琉球经建完后再作考虑，该报以此项启事，刺激太大，商请更改。未获结果，经山里等改送读卖新闻，该报索广告费美金二万二千元。（每日索美金一万八千元）事为日本福田藏相机保利官房长官所悉，当对当间重刚、国场幸太郎施以重大压力，渠等已形软化，表示退出，因而原定刊登读卖新闻纸启事，亦告胎死腹中。（三）有关此事吾人应取态度及应采立场，前蒙指示应设法协助琉球人争取独立，吾人对琉球无领土野心，但不能让其归属日本。中琉文经协会方理事长亦不断以策动琉人进行独立运动相策勉，因于八月廿二日返琉球，即约宫城仁四郎密谈，建议1. 在佐藤访美前，掀起琉人在舆论上行动上"反对重归"之呼吁，使美国人了解所谓"重归日本"并非琉球人之一致要求，使其不致贸然交还之承诺；2. 由琉球工商界及文化界知名人士各十人，联名先在琉球三大报发表"反对重归"之严正声明，然后再在纽约时报发表，以扩大宣传，时间应在九十月间。并请宫城转约有关人士继续洽谈，加强力量。惟日本方面之压力，势将变本加厉，但宫城声明决定不屈服，绝不愿琉球重蹈日治时代所受之惨境。（四）此事关系重大，自当谨慎进行，幕后策动，尤须时时警惕，谨将上情先行报请钧察,今后如何因应,仍祈赐示祗遵等语,查策导琉人出面反对"重归日本运动",原报办法,似属可行,拟附着注意审慎进行。当否?谨报请鉴核。

决定:准予备查。

(全宗名:"外交部",册名:海外对"匪"斗争工作统一
指导委员会(陆海光)会议议程及会议记录,
入藏登录号:020000012260A,典藏号:020-130600-0060)

（五）薛光前与苏联驻联合国代表团二等秘书卡拉车夫会谈要点

苏联驻联合国代表团二等秘书卡拉车夫
Evgueni I. Kalatchey 求见会谈要点

薛光前自记

（一）求见经过

卡君于一九七一年二月十七日（星期三）来电话，适不在校，由女秘书Mrs. Canner代接。自称为联合国职员，名"卡契"（未说明真正职务及其真姓名）（女秘书询其是何国代表团，答谓"不是代表"而是联合国职员）为拟入学研究，希望来校见前面谈。当由女秘书告以现不在校方，可于翌日（十八日）上午十时来校，因女秘书知前届时当在校也。卡君自己驾车，于十八日上午十时准时到前办公室。见后即出名片，上刻官衔为"苏联驻联合国代表团二等秘书"，名片后自书中文姓名"卡拉车夫"。谓因最近见一刊物，内载"第一届中美会办中国大陆问题讨论会"在台北开会经过，知前在此会议中，颇多贡献，并知圣若望大学亚洲研究中心对中共问题，颇有研究，希望能随时请益，并来校借阅书刊，及数据，以便对中共有进一步的认识。

（二）卡君背景

卡君年约四十余岁，据其自称：曾在莫斯科东方研究院修习中文，于一九四七至五九年，任苏联驻华大使馆随员，同时研究中文。一九六三年派至美国在苏联驻联合国代表团供职，旋调回苏联。年前第二度派至代表团服务，出席联合国第二委员会，专事研究新兴国家技术开发与援助问题，故认识联合国技术援助总监胡世泽博士。渠本人对中共的经济发展及其科学技术与原子军事工业，特别有兴趣。渠操英文十分熟练，已结婚，住在纽约城内，有二女，长女十五岁，现在莫斯科。次女六岁，现在纽约同住。

（三）谈话重点

卡君以本校研究为名，取得与前会见机会。见面后，其谈话重点全为政治性质。旨在探听前对所询各项问题之反应。固渠知前自台北回美不久，前之

回答,多少可反映台北之趋向。综其关心之要点如下:

1. 中共很想进联合国,中共如进联合国,"中华民国"将采何种态度,是否立即退出?

2. 美国为采"二个中国"①方式,"中华民国"是否接受?

3. "重要案"恐难维持,如不能维持,"中华民国"将取何种对策?

4. 即使"重要案"仍能维持,而中共如得三分之二多数,则"中华民国"将取何种对策?

5. 一二年后,中共与"中华民国"内部均将有变化,是否会易敌对为合作,而合为一体? 苏联希望如此发展,但外表上不能明白说出。

6. 三四年后,中共是否会与美国完全合作,而出卖"中华民国"?

7. "台独"运动之实力如何? 背后是否受日本及美国指使?

8. 台北为何对"钓鱼台"事,不如中共之积极反对?

9. 美国如承认中共,中共可在华侨社会产生极大作用。

察其谈话语气,可看出三点:

1. 苏联不愿中共进联合国,希望"中华民国"不采取操切态度,首先退出联合国而为中共铺路。"中华民国"尽可利用宪章上种种根据,使之在技术上发生重要不易偏强之困难。

2. 苏联虽不愿中共进联合国,但外表上不能明言,故表面上仍将支持其入内。

3. 强调美国不可靠,多方挑拨,想离间"中华民国"与美国之关系。

4. 深怕"中华民国"与中共合作,顾其谈话希望双方合作,事实上并不愿如此。

(四) 谈话纪要

卡:先生对中共进联合国的问题,看法如何?

答:我看中共并不真心想进联合国,因进了联合国,中共不能同时反苏和反美方。

卡:不! 现在中共很想进联合国。因中共现由林周当权。周为温和派,所以很想进入。同时美国也很想拉拢中共,使之加入。

答:我看林周当权一点,并不十分可靠。现在江青派仍把持上海、安徽等

---

① 编者按:原文如此。

区。大陆上仍在高唱肃清"刘少奇余孽",足见尚未平靖,也许会有第二次"文化大革命"出现。中共笑脸外交,恐难持久,随时或有变化。

卡:毛失势后,大陆会趋安定,与美国会易接近。

答:我的看法相反。"毛酋"失势后,大陆会更混乱。周林为军人,无政治领袖才干与声望,周优柔寡断,永远坐第二把交椅。现在大陆盛传"刘少奇修正主义"谈话的说法,此种象迹,似与苏联有利。

卡:刘、林等皆为国家主义者,对苏联都不友好……倘中共进联合国,"中华民国"是否接受"两个中国"而仍尚在内,或即宣告退出?

答:此要看当时实际情况而定。因联合国有一百二十七个会员国,"中华民国"与其中六十六个国家有外交关系。故"中华民国"对联合国的态度,远较对单独一个国家的外交关系为复杂,同时"中华民国"为安全理事会五常任理事之一,责任重大。故其对策,事前难以推测。

卡:美国想转"两个中国"方式,来替代"重要案",我想这决不可行。因这样,太对不起"中华民国"了,据我看来,美国仍非继续维持"重要案"不可。

答:你看"重要案"能维持吗?

卡:我看很难,因一般新兴国家加上南美洲若干国家,均愿中共加入。

答:但这些新兴国家,也不愿排除"中华民国"。

卡:因此,美国主张"二个中国",一般新兴国家也作如此想。万一"重要案"不能维持,或"重要案"即能维持而中共可能取得三分之二支持时,"中华民国"有何对策?

答:假使美国(或他国)提一修正案,修正阿尔巴尼亚的"排华纳匪"案,分开二段表决。第一段"排华",第二段"纳匪"。俟表决时,否决第一段"排华",而通过第二段"纳匪",你看有此可能否?

卡:有此可能。倘如此表决,可造成"二个中国"的形势,而无"二个中国"的事实。因在此形势之下,"中华民国"可不必有所表示,而中共势必非反对不可。假使中共不反对而愿加入,那么中共太"聪明",而"中华民国"太"倒霉"了。可是,中国在安全理事会的席次,将如何处理,恐怕非谈不可。

答:我还有一个办法,似可考虑。假使美国(或他国)在未讨论该案之前,先提一案:"确认'中华民国'在联合国的既有权益"(在此提案中如能包括"在安全理事会的席次"一句,最为理想,否则亦无大碍,因"既有权益"已可包括一切)如此案通过在前,则该案之"排华纳匪",自然受到影响。表决时只能分段表决。第一段"排华"当不成立,第二段"纳匪"即使通过,但中共既无法攫夺安全理事会席次,当知难而退。

卡:先生看法极是。其实联合国宪章上有种种规定,可使中国问题在技术上发生种种不易处理之困难,想"中华民国"早已语意及此。

答:照先生语气,似不愿见中共进联合国,为何不公开表示反对之意见?

卡:政治上不许可。故在外面上仍表示支持。

答:万一中共进联合国后,只反苏而不反美,恐苏联悔之晚矣!

卡:现任美国正是如此想法。其实美国错了。美国想拉拢中共来对付苏联。这种玩意儿太幼稚了,苏联和中共实觉是兄弟之争,欲拉拢中共,要比美国容易太多了⋯⋯现在世界一切在变,一二年后,中共内部将由林周派当权,"中华民国"内部亦会有变动,倘蒋经国先生当权,是否可改善中共和"中华民国"的关系而合为一体。假如中共允许"中华民国"在中共改体下成为一独立自主之政治单位,等等。苏联很愿中国能如此早日统一。(并言蒋委员长为历史上之人物,在其当权时,当不可能。)

答:中国问题为世界问题的一环。除中国本身外,各国内部都有变化。美国有变化,苏联也有变化,一切都难臆测。同时世界上恐怕没有一个国家,包括苏联在内,愿见一强大、统一的新中国诞生。至于"中华民国"和大陆合为一体问题,关键在中共。因"中华民国"的立场很简单:(一)遵行国父遗教;(二)实行三民主义;(三)保持中国传统文化。假使大陆能实行以上三点,则中国自然易于趋向统一了。

卡:三五年以后,美国是否会与中共友好,而出卖"中华民国"?

答:美国的经济是资本主义,政治是民主自由。我想美国决不会修正自己的制度来迁就中共。反言之,只有中共修正自己的制度来迁就美国,你看有此可能吗?至于美国欲出卖"中华民国",不知美国有何好处?美国欲出卖盟友,有百弊而无一利,恐美国决不愚笨若此?

卡:"台独"运动的力量如何?彭明敏为人如何?

答:"台独"运动只是少数人在美国掀风作浪,在台湾一无作用。因在台湾的人民,特别是农民,丰衣足食,安居乐业。其生活和享受自由,远较日治时代为优,没有人想独立。同时一个运动,需要强有力的领袖。"台独"既没有专家,也没有领袖人物,所以很难有前途。至于彭明敏的才干有限,口才也不好。

最近在哈佛大学演讲,颇受冷淡而遭轻视。

卡:我想"台独"是日本人的把戏,也是美国CIA的手法,以防止台北万一对美国不忠实。先生看法为何?

答:这很难说。"台独"既为中共不赞成,也为"中华民国"所反对,同时本身又难号召,所以前途十分黯淡。

卡:最近去华埠,见"钓鱼台"游行,中共分子十分活跃。台北似取缄默。如此做法,台北将失去领导专家的地位。

答:台北处理"钓鱼台"事件,其保卫主权之决心,决不在中共之下。但其态度与中共不同。中共取煽动、横暴办法。台北取冷静理智外交。一如中印之关系。中共与"中华民国"皆反对"麦克马洪线",但"中华民国"一向取和平谈判,而中共诉诸武力。

又如中苏关系,"中华民国"系不使用武力,而中共难不拔刀相见。

卡:我看万一美国承认中共,中共势力当进入华埠,可在华侨社会中发生重大作用。

答:不但在华埠,且对苏联必有威吓。苏联在美的使领馆及机关,现受犹太人炸弹威吓。将来中共恐亦会用同样手段,何不为美国一提?

卡:政治上不便直说。

(以上关于政治性的广泛谈话,以下为谈话中夹杂的对话:)

薛:先生和"中华民国"驻联合国代表团中人有交接否?

卡:无。因无外交关系,不便作官方接触。

薛:先生在联合国秘书处认识什么中国人?

卡:认识胡世泽博士,他说俄文很好,为人也很好。

薛:先生为什么找我谈这些政治性问题?

卡:我喜欢研究,同时我和先生都是公民身份(他自己忘记是苏联的外交官),可以自由交换私人的看法。我喜欢中国菜,常到华埠吃中国饭。我想请先生一同去吃一次中国饭。

薛:我没有车,出门不便。今天原想请先生在校吃饭,因为下午一时要开会,无法奉陪。以后如有事相谈,请随时到办公室来,十分欢迎。但请事先电话,以免失迓。

(谈话后,曾领其参观图书馆内之中国书库及中共资料,但渠志不在此,再无兴趣。可见其来访目的,全为政治而非为学术研讨也。谈话时,言为台北,则称"中华民国"。对总统则称委员长,十分尊敬,其做作可知。)

以上谈话,共两小时。参观十分钟。上午十时到校,十二时十分离校。

(全宗名:蒋经国"总统"文物,卷名:《联合国》,入藏登录号:005000000046A 典藏号:005-010100-00045-004)

（六）台宣传外交综合研究组会议报告

1. 1971年6月19日报告
"民国"六十年六月十九日

宣传外交综合研究组于六月十八日举行第二五九次会议，谨将报告及研讨事项择要陈报如次：

……以钓鱼台问题为名利用海外华侨及学人之爱国热情转变为反政府运动，夺取我对华侨之领导权。

……钓鱼台问题之发展将导致潜伏的对日本之仇恨与反美情绪之爆发，我应切实倡导对美日交涉，并非反美反日，绝不可含糊笼统，打着反美反日的招牌致使亲痛仇快。

……至于钓鱼台问题我宜促美对日施用压力与我商谈，同时我应充分准备有关本问题之地理历史资料俾作商讨之基础。

……对于"共匪"可能发动"和平攻势"以及因钓鱼台问题引起之群众运动，本党中央应有全面的基本的决策。

（全宗名：蒋经国"总统"文物，卷名：《宣传外交综合研究组会议报告》，入藏登录号：005000000474A　典藏号：005－010205－00009－003）

2. 1971年11月20日报告

"民国"六十年十一月二十日

宣传外交综合研究组于十一月十九日举行第二十七零次会议,谨将报告及各委员发言要点陈报如次:

一、中央第四组陈主任报告:

(一)纽约留学生过去参加保卫钓鱼台委员会者表示今后不谈钓鱼台问题,而发动所谓"中国统一运动"……

(全宗名:蒋经国"总统"文物,卷名:《宣传外交综合研究组会议报告》,入藏登录号:005000000474A 典藏号:005-010205-00009-008)

3. 1972年4月22日报告

"民国"六十一年四月二十二日

宣传外交综合研究组于四月二十一日举行第二八一次会议，谨将报告及研讨事项择要陈报如次：

一、"中央"第四组陈主任报告：我钓鱼台列屿领土主权问题可能因美国定于五月十五日将琉球群岛"归还"日本并同时交出该列屿之行政权而再度形成焦点，应由"中央"第四组发布宣传通报，指出我政府维护钓鱼台领土主权及资源权益之措施与立场，自始即极为明确坚定。针对当前形势，希望在新闻报道上务求平实，在评论上尤应冷静，断不可渲染夸张，刺激挑拨。而应促使国人信任政府，支持政府，海内外精诚团结，使此一项领土主权之争议得循外交途径，谋致合理解决。

二、"外交部"周部长报告：

（一）关于钓鱼台问题最近日本方面有各种表示，美国认为应由有关各方会商解决之政策，自不致改变。我"外交部"已洽马康卫等美方人士，劝说日方保持冷静。在收回琉球时，勿谈钓鱼台问题，以免引起波澜，我为安定人心，在五月十五日美国将琉球"归还"日本之前，自应有所声明，此项声明发表之时间，如过早，恐对内产生渲染作用，对外刺激日本。如过迟，则又恐"共匪"抢先一步，究以何时发表为宜，请予研究。

当经研讨认为我发表此项声明，其主要作用在安定海内外国人心理。而声明之内容亦不宜超过以往所表示之范围，乃系重申立场，措辞简要，似不致使日本有新的刺激。倘"共匪"抢先发表，对我不利，因此我发表声明之时间不宜过迟，以五月初为宜。其确实日期，由"外交部"请示"行政院"决定……

（全宗名：蒋经国"总统"文物，卷名：《宣传外交综合研究组会议报告》，入藏登录号：005000000474A　典藏号：005-010205-00009-015）

4. 1972年5月6日报告

宣传外交综合研究组于五月五日举行第二八二次会议,谨将报告及研讨事项择要陈报如次:

……

二、"外交部"周部长报告:(一)我政府对钓鱼台问题之声明稿已奉核定其发表之时间,如过早恐对内产生渲染作用,对外刺激日本,如过迟则又恐"共匪"抢先一步,现已决定于本月十日至十二日之间发表,惟闻立法委员胡秋原、李文斋将为此事提紧急质询。务请"中央"劝止勿于政府声明发表以前提出,以免引起波澜……

(全宗名:蒋经国"总统"文物,卷名:《宣传外交综合研究组会议报告》,入藏登录号:005000000474A 典藏号:005-010205-00009-016)

5. 1972年5月21日报告

"民国"六十一年五月二十一日

宣传外交综合研究组于五月十九日举行第二八三次会议，谨将报告及研讨事项择要陈报如次：

……（三）关于钓鱼台问题，日防卫厅公布新的防空识别圈仍包括钓鱼台列屿在内，五月十二日日政府决定琉球归还后对钓鱼台列屿行使警察权对台湾渔船今后在钓鱼台作业视同侵犯领海，将引用日本刑法侵夺不动产罪及违反出入国管理法予以处理，可知今后我国渔民前往钓鱼台作业将遭遇困扰……

（全宗名：蒋经国"总统"文物，卷名：《宣传外交综合研究组会议报告》，入藏登录号：005000000474A　典藏号：005-010205-00009-017）

（七）台"外交部"与驻外单位来往电文

1. "驻日大使馆"来电（650 号）

兹检奉 "驻日本大使馆"650 号来电乙件，请查照转陈为荷。
此致 魏道明敬请
"驻日本大使馆"来电 650 号 "民国"59 年 9 月 2 日

  台北"外交部"：据二日读卖新闻新闻报道略称："日政府对'中华民国'政府以尖阁列岛周围附近之大陆礁层油矿区区权给予美海湾石油公司事，甚为重视，经决定于日内透过板垣'驻华大使'申述：(1) 尖阁列岛系琉球诸岛之一部。(2) '中华民国'政府对该列岛周围附近之大陆礁层片面主张海底资源开发权，系违反国际法之通念，并同时提议以外交途径解决此一问题。据外务省透露，日政府决定上述方针，系基于下列两项情事之考虑：（一）'中华民国'政府经批准大陆礁层公约，并于批准之际对尖阁列岛之领有权保留含蓄态度。（二）日本国内舆论高昂，如琉球立法院为主张尖阁列岛之领有权，意见不一，延搁决议等事发生。'中华民国'政府虽不承认尖阁列岛为琉球之一部，且主张该列岛周围附近系台湾之大陆礁层，但日本政府之立场为(1) 尖阁列岛系属石垣市，其为冲绳之一部，乃历史上无可置疑之事实。(2) 大陆礁层之海底资源开发权，应由邻接国双方磋商解决，此为大陆礁层公约之原则，日本政府并根据以上立场，认为'中华民国'政府之主张是片面。"该报道复称："日本政府有意尽早协调外务、通产、水产、冲绳北方领土对策等有关单位之见解后，向'中华民国'政府提出外交交涉。惟鉴于尖阁列岛系一无人岛，而该岛位于琉球诸岛与台湾间之海沟之靠近台湾边之情形下，领有权问题虽应当别论，但就其周围附近之大陆礁层海底资源开发权而言，交涉可能遇到困难，因此日本政府似亦在考虑与交涉不成功时，向国际法院提诉之事。"云云。

  谨报请参考。"驻日本大使馆"。

（全宗名：蒋经国"总统"文物，卷名：《外交——驻外单位之"外交部"收电（十一）》，
入藏登录号：005000000778A 典藏号：005 - 010205 - 00156 - 001）

2. "驻日大使馆"来电（826号）

兹检奉"驻日本大使馆"826号来电乙件，请查照转陈为荷。

此致　魏道明敬请

"驻日本大使馆"来电　826号　"民国"59年10月27日

　　台北"外交部"：钮公使昨（二十六日）与须之部谈话毕后，须之部非正式询及最近我政府发表大陆礁层矿区其第五区扩大几及日本九州岛近边，适值板垣"大使"在台与我谈判开始之时，日国内对此反应颇为强烈。外务省向主和平解决，因此更受责难，不识我政府真意何在。中国课长桥本复从旁补充谓，我政府十月十五日正式发表大陆礁层矿区，已见十六日台北各报，其第五区似较七月间各报所载为大。因此日国内各方颇受刺激，认为外务省之外交越办越软，此项交涉在台北办理，该省并无与本馆商讨之意，仅便中谈谈而已。钮公使当时答称：我对大陆礁层矿区为何设定，本馆尚无所志，因此项交涉系在台北办理，故亦未接奉任何有关矿区之参考资料，歉难有何奉告，但以本人常识判断，一切矿区之大小，应以我政府正式发表者为准则。七月间报纸所载想系臆测而为，以致不无出入，但我政府对矿区之设定，必系早经决定者，断无因与日本开始谈判而故意加以扩大之理。此点殆可断言各等语。

　　谨电呈报。"驻日大使馆"。

　　（全宗名：蒋经国"总统"文物，卷名：《外交——驻外单位之"外交部"收电（十一）》，入藏登录号：005000000778A　典藏号：005-010205-00156-022）

3. "驻美大使馆"来电（625号）①

兹检奉 "驻美国大使馆"625号来电乙件，请查照转陈为荷。
此致　魏道明敬请
周书楷从华府给台北"外交部"电　625号　"民国"60年3月17日
　　台北"外交部"：第四八五及四九八号电奉悉。三月十七日晨访晤葛林，面递军部最后核定节略，职首先强调当年美军事管制琉球时，将钓鱼台亦包括在内，我方以美之行动系代表盟国维持整个地区安全，且以美方此项控制必为时甚久，不发生转移问题，故未提出异议，现我……反对将钓鱼台一并归还。鉴于此项目前已成为我海内外同胞，尤其在美之知识分子，包括年长有地位之学人，以及从事科学工程研究人士等之高度敏感问题，而"共匪"复趁火打劫，拟利用此事件造成一反日反美运动。故亟盼美方能了解我国立场，助我平息此事。毋为"共匪"所乘。葛林称：当将此事报告国务卿，并交付法律顾问研究。彼认为美当时系根据金山和约第三条规定占领琉球，今美既决定将琉球交日，钓鱼台自当一并归还。惟彼个人初步看法，此所谓归还未必即谓其主权属日，主权问题自仍可由中日双方谈判解决，如谈判不成，再研究由第三国调解或寻求国际仲裁等其它途径解决。此为美之立场。继询职访彼后是否将对记者透露此事，又以有人向美发言人询及职此次访彼所谈何事。美方应以何作答。职谓此事并未奉令发布消息，好在本人今日亦为美政府取消赴"匪区"旅行限制事来访。可否双方约定于答询时，说明职系为放宽旅行限制事而来。葛林称善。
　　职　周书楷。
（全宗名：蒋经国"总统"文物，卷名：《外交——驻外单位之"外交部"收电（十二）》，
　　入藏登录号：005000000779A　典藏号：005 - 010205 - 00157 - 028）

---

①　编者按：此电及以下数篇电文前文已录，因转呈关系及收藏卷宗不同，特再次收录。

4. "驻日大使馆"来电(198号)

兹检奉 "驻日本大使馆"198号来电乙件,请查照转陈为荷。
此致 魏道明敬请
"驻日本大使馆"给"外交部"电 198号 "民国"60年4月12日

  台北"外交部":十二日下午贺屋与宣先生来访彭"大使"谈称:倾晤爱知外相,爱知外相告彼谓关于钓鱼台列屿问题"中华民国"政府处境困难,深为了解,故对最近"外交部"发言人之谈话及报载种种消息并不十分介意,日本政府现正与美方议商琉球归还之协议条款。日美双方均力求避免列举钓鱼台列屿名字。以免刺激"中华民国"国内及国外人士之感情。惟日本国内亦有部分人士不顾大局,主张对华采取强硬态度者,故不希望"中华民国"方面亦以为然,对舆论做适当调节,以免互相刺激云云等语。彭"大使"再就美国及港澳之学生运动之背景以及我政府因应情形详予解释,贺屋谓,彼等亦有同样了解。
  谨电报闻。"驻日本大使馆"。

(全宗名:蒋经国"总统"文物,卷名:《外交——驻外单位之"外交部"收电(十三)》,入藏登录号:005000000780A 典藏号:005-010205-00158-011)

5. "驻美大使馆"来电(701号)

兹检奉 "驻美国大使馆"701号来电乙件,请查照转陈为荷。
此致 周书楷敬请
"驻美大使馆"从华府给"外交部"电 701号 "民国"60年4月14日

　　台北"外交部":第五七二号电奉悉。王公使、陈参事三日约见助理国务卿葛林:(甲)王公使询称:(1)我方至希明了国务院发言人在此时发表此项声明之理由,值此钓鱼台事件正紧张之时,美方作此声明在时机上似颇不幸。(2)何等地区为美政府认为有"敏感性"且经通知美国油公司警告其在该地区作业有危险可能者,此项地区是否亦包括日韩两国与美国油公司订有探勘和约之地区在内,如包括在内,该两国政府是否亦经美方通知在案。(3)我政府期能以和平方式与友好国家之厂商合作开发天然资源,对此权益加以阻碍似极不公平。(乙)葛林答称:(1)国务院之声明纯系对各油公司发表之谈话而发,此项声明之时间与关于钓鱼台事实属巧合,葛林亦明了该院之声明有被误解之可能。(2)美政府对"敏感地区"并无明确之界限,正常时期两国海岸间之中线,应为探勘之界限,但因"共匪"关系,致使此项办法不合实际,美政府最关切者为若"共匪"攫取美油公司之探勘船及该项船只所配备之精确电子设备时,美国舆论可能认系普布鲁轮案之重演,美政府至难应付,其结果可能对美政府及其他与探勘工作有关各方面均极不利,是项电子设备类似太空领航设备,受美出口管制法之限制,维系由美国厂商使用,其用途及使用地点均为美政府发给出口证之考虑条件。(3)美政府对我政府希望开发获得海底藏油资源事至为明了,并愿见期成功,但彼希望中美两国及日本韩国政府间能共同协商,期能谋求妥善开发海底藏油之办法。彼将与美政府内各有关机关协调,期能研求为各有关方面均能接受之一项可能性,为准许美国油公司在"比较安全地区"进行探勘工作,是项地区应尽可能为距"匪区"较远而距探勘国家较近者,俾能尽量减少"共匪"攫取探勘船支可能,彼将于美方研求出可能性时尽速告我。彼复称即使各有关国家可对"比较安全地区"予以同意时,若干油公司之握有"非比较安全地区"之探油合约者或将认为彼等被处于不利地位,因此对此类情形或有作"缓议"决定之必要。(4)若使用非美国探勘船及人员,并使用无需美国出口证之设备进行探勘工作自可办理。(丙)葛林交我地图两件,一件表明中韩两国已订约之探勘地区及其重复情形,一件表明此地区内各国中线界限及有纠纷地区。对于后者,王公使表示大陆与台湾间并无中线可言,自亦不能予以考虑。葛林承认此项界线并非政治性界限。(丁)关于本案我方似可亦对日韩两国协商,如何之处请核夺。地图航呈。

"驻美大使馆"。

注:第五七二号去电系关于钓鱼台案饬王公使向美国务院妥为交涉。

(全宗名:蒋经国"总统"文物,卷名:《外交——驻外单位之"外交部"收电(十三)》,入藏登录号:005000000780A 典藏号:005－010205－00158－014)

6. 驻香港罗秘书来电

兹检奉　驻香港罗秘书 357 号来电乙件,请查照转陈为荷。

此致　周书楷敬请

罗致远给"外交部"电　357 号　"民国"60 年 4 月 17 日

　　台北"外交部"钧鉴:香港学生为钓鱼台示威事,第六六六号代电计邀钧察。日来彼等行动日趋激烈,昨日散发传单公开指责我"外交当局",十八日订有示威及公开论坛,经与许孝炎、陈训舍、朱中玉等研商,认为彼等系受指使,目的在离间华侨对我政府向心及中美日关系,经决定争取主动辅导我方学校、文化、经济人士等,联合声明支持我政府决策,斥责被愚弄,以正视听。赓续发展情形续呈。余代电详陈。

　　职罗致远叩。

(全宗名:蒋经国"总统"文物,卷名:《外交——驻外单位之"外交部"收电(十三)》,入藏登录号:005000000780A　典藏号:005 - 010205 - 00158 - 022)

7."驻日大使馆"来电(289号)

"驻日本大使馆"给"外交部"电　289号　"民国"60年5月13日

　　台北"外交部":据十三日此间各报刊称:日文部省曾经研究调查我国教科书,结果发现去年一月出版之国民中学地理第四册"国定"教科书内,所刊之"琉球群岛地形图"上台湾与钓鱼台之间划有国境线,将钓鱼台列屿并同冲绳本岛、宫古岛、八重山诸岛一起列在"中华民国"领域之外。文部省认为此事在外交上对日本有利,爰经于十二日将该教科书提交外务省云云。

　　"驻日大使馆"。

　　(全宗名:蒋经国"总统"文物,卷名:《外交——驻外单位之"外交部"收电(十四)》,
　　入藏登录号:005000000781A　典藏号:005-010205-00159-006)

8. "驻美大使馆"来电(789号)

兹检奉 "驻美国大使馆"789号来电乙件,请查照转陈为荷。
此致　周书楷敬请
沈剑虹从华府给"外交部"电　789号　"民国"60年5月3日
　　台北"外交部":第六四五号电奉悉。经洽据国务院告称:美方确有此构想,现仍在研讨中,惟不涉及主权问题。又该靶场仅包含钓鱼台列屿一部分,并非全部,经询此事日本是否已同意。该院谓现仍不能透露等语。
　　职　沈剑虹。
　　(全宗名:蒋经国"总统"文物,卷名:《外交——驻外单位之"外交部"收电(十四)》,
　　　入藏登录号:005000000781A　典藏号:005-010205-00159-015)

9. "驻日大使馆"来电（137号）

兹检奉 "驻日本大使馆"137号来电乙件，请查照转陈为荷。
此致 周书楷敬请
"驻日本大使馆"给"外交部"电 337号 "民国"60年6月1日
　　台北"外交部"：据一日读卖新闻刊称：日政府经决定原拟自六月一日开始之钓鱼台列屿周边石油资源调查工作，延期至六月二十日左右开始。日本主管冲绳北方领土政策厅举出其延期理由为与业经以政府名义委托调查之东海大学所订契约手续迟延及复因气候不良，但一般认为际此"中华民国"及中共均主张对该列屿之领有权而此事复与琉球返还牵连造成紧张微妙情势之时，传闻美方曾经非正式向日方表示，该项调查盼俟琉球返还协议签定后开始。正有所向，因此日政府考虑琉球返还协议势将延至六月中旬以后签定。乃将该调查工作延期至二十日左右开始。至该地区自七月间起将进入台风季节，因此该项调查届时可能遭受影响。谨闻。
　　"驻日大使馆"。

（全宗名：蒋经国"总统"文物，卷名：《外交——驻外单位之"外交部"收电（十五）》，
　　入藏登录号：005000000782A　典藏号：005-010205-00160-004）

10. "驻美大使馆"来电(857号)

沈剑虹从华府给"外交部"电　857号　"民国"60年6月4日

　　台北"外交部":第八四三号电计邀钧鉴。四日偕陈参事衡力往晤葛林(中国事务处麦克丹奈尔小姐在座),谈话要点为下:职首告以我对当前钓鱼台问题处境极困难,海内外学人学生对此事情绪激昂,视为"中华民国"政府能否维护其权益之考验。留美学人学生中激烈分子,甚至声言如钓鱼台交还日本成为事实,彼等将不再信任"中华民国"政府,如此则将对我政府极端不利。特恳切请贵国勿将钓鱼台列屿、琉球一并交予日本,改为分案办理。葛谓,已阅及周部长与美大使谈话内容,深知此事在政治上之严重性与复杂性,惟在法律上美必须得将钓鱼台行政权交还日本,但对钓鱼台主权谁属则不置喙,美国为中日两国之友,不知中日双方直接谈判此事有否可能。职谓,如美方将钓鱼台交与日本,日方态度势将强硬,谈判当更困难。二次大战时系美国代表盟国占领琉球。吾人现以盟国一份子立场,请将钓鱼台保留不交与日本。葛谓,当予审慎考虑,但美方立场恐不能转变。职谓美方可否促请日方与我商谈此问题。葛表示可转询并谓自民党对我向甚同情,态度亦颇诚恳,或可进行商谈,但任何两国若对领土主权发生争执,甚难获致双方满意之结果。职内请尽力转洽日方与我商谈,最后职声明此一建议,纯系职私人意见。

　　职　沈剑虹。

(全宗名:蒋经国"总统"文物,卷名:《外交——驻外单位之"外交部"收电(十五)》,入藏登录号:005000000782A　典藏号:005-010205-00160-023)

11. "驻日大使馆"来电(383号)

兹检奉 "驻日本大使馆"383号来电乙件,请查照转陈为荷。
此致 周书楷敬请

"驻日本大使馆"给"外交部"电 383号 "民国"60年6月15日

　　台北"外交部":第三八零号电计邀钧察。十五日每日新闻独家首页以"爱知外相与彭'大使'为尖阁归属初次会商解决"为题,刊载略称:爱知外相于十四日夕约见彭"大使",就钓鱼台列屿问题初次会谈,原则惟属机密未公开,但日外相在琉球返还协议即将签订前夕与"中华民国"大使会谈,乃由于美国政府忧虑钓鱼台问题可能演变成为中日间之严重纠纷,因而影响自由阵营之全盘利益。爱经于巴黎日美外长会谈时,希日政府在琉球返还协议签订之前,采取某种外交措施之缘故。闻罗吉斯国务卿曾向爱知外相强调美国会虽在琉球返还协议一事,采取"不得不返还其原来施政权下之地域"之立场,但对中日两国主张钓鱼台领有权事,即一直采取中立态度,该项报导又谓,爱知外相除向彭"大使"说明美国政府立场及表明日本政府之主张绝对无法退让外,并表示为防止中日两国关系之恶化,必要时愿再与我国就此问题磋商之意向云云。

　　"驻日大使馆"。

(全宗名:蒋经国"总统"文物,卷名:《外交——驻外单位之"外交部"收电(十五)》,
　　入藏登录号:005000000782A 典藏号:005-010205-00160-048)

12."驻日大使馆"来电(418号)

兹检奉 "驻日本大使馆"418号来电乙件,请查照转陈为荷。
此致 周书楷敬请
"驻日本大使馆"给"外交部"来电 418号 "民国"60年6月29日
  台北"外交部":彭"大使"二八日约爱知外相在新大谷饭店晚餐,由贺屋与宣先生及钮公使作陪,为时三小时余,进餐前,爱知首先谈及日驻华板垣"大使"近承周部长召见,至为坦率恳切,板垣又蒙"总统府"张秘书长召见恳谈,复极诚挚。板垣"大使"报告甚详,彼感觉日"驻华大使馆"与我"外交部"之间关系似日形融洽,殊堪幸甚,而政府首长对日本驻华使节信任日增,尤为感谢。

  ……爱知提及钓鱼台列屿问题,谓美国务卿极为关心,深虑中日及中美之间由此发生不愉快情形。故谆嘱彼务必善为处理,彼自法抵英以后,罗卿又饬美驻英大使将此意来告,足见其重视。爱知谓彼本人处理此事,实已煞费苦心,在目前签署之归还琉球协议中并未将钓鱼台列屿字样列入,仅在附属之同意记录中以经纬度表示,此项同意记录不需国会讨论通过,因此可以避免许多议论。日方向采取抑制态度,希望中国政府亦能为此,中国方面近来已有两次声明,闻最近香港又有数千人之大游行,在此代表权问题彼此合作重要之时,突然刺激日本国民感情,似有不妥。彭"大使"当解释谓:我政府为顾全我国立场,故有所表示,并非有意张扬刺激之意。至学生示威行动处于爱国热忱,我政府召开会议劝谕无法压制,香港方面尤非我能控制。爱知谓:七月间亚太理事会开会周部长拟与彼在会外密谈,彼极希望能有此开诚商讨之机会等语。

  谨电呈报。"驻日本大使馆"。

(全宗名:蒋经国"总统"文物,卷名:《外交——驻外单位之"外交部"收电(十五)》,
  入藏登录号:005000000782A 典藏号:005-010205-00160-068)

13. "驻美大使馆"来电（300 号）

"驻美大使馆"给"外交部"电　300 号　"民国"60 年 10 月 31 日

台北"外交部"：十月二七日起，美参议院外委会曾就美日琉球条约举行听证会三天，首两日国务卿罗吉斯及国防部副部长 David Parkard 曾代表美政府作证，罗氏认为参议院宜速批准此项条约，否则对美日关系将有极不利影响。Parkard 则表示琉球归日后不致危及美在琉球武力，及对西太平地区之防卫。迄今外交委员会参议员对批准琉球条约均未表示异议。一般认为由于尼克松访"匪区"，美新经济政策措施所发生之影响，美日纺织品问题之达成协议，以及日本在联合国支持美对我代表权立场之表现，参院批准该约应无问题。第三日作证者共十二人，其中有诺贝尔奖金得主杨振宁、Delare 大学教授吴先标、Delaware 钓鱼台委员会代表邓志雄、Thomas C. Dunn、Johns Hopkjns 大学教授 John Fincher 均以钓鱼台为主体作证，表示无论"中华民国"与中共均认为钓鱼台属中国之台湾省，并列举钓鱼台属于中国之理由，认为美国宜慎守中立立场勿将钓鱼台擅交日本。杨氏等并强调日本军国主义复活之危险，美不能不顾及中国人对日本之看法，杨振宁证词中亦提及渠访"匪"事，认为"匪共"对外界有充分了解。此外尚有 Robert Morris 代表 Grace Hsu 作证称：钓鱼台系慈禧太后赐予 Hsu 女士祖父者，理属 Hsu 女士所有。E. Raymond Wilson 代表 Friends Committee on National Legislation 作证，希望琉球条约不影响中国对钓鱼台之主张。据告此次有关钓鱼台之作证系 John Fincher 及 Delaware 钓鱼台委员会所策动，John Fincher 与参议员 Mike Gravel 熟稔，其妻为中国人，有关证词航呈。

"驻美国大使馆"。

（全宗名：蒋经国"总统"文物，卷名：《外交——驻外单位之"外交部"收电（十七）》，入藏登录号：005000000791A　典藏号：005-010205-00162-001）

14. "驻日大使馆"来电

"驻日大使馆"来电　"民国"61年5月12日

　　台北"外交部"钧鉴:(一)据读卖新闻五月十二日报道,自民党议员三木武夫,于十一日出席日本记者俱乐部在东京帝国大饭店举行之午餐会席上,曾就日本应采之中国政策发表谈话,日中复交问题不应与修改日美安保条约混为一谈,日美安保条约之运用应考虑不予中国以威胁之必要。(二)为日中复交,日政府须断绝与台湾"国民政府"之"公关系"(注:指政治关系),惟此种说法并非指日华间之民间经济交流应予以断绝。(三)中日和约之缔结曾经过国会批准手续,故其废弃亦经过国会之手续。(四)关于钓鱼台主权问题,应与政府间进行复交时虚心谈判。(五)谨报请钧察。

　　"驻日大使馆"。

(全宗名:蒋经国"总统"文物,卷名:《外交——驻外单位之"外交部"收电(二十三)》,
　　入藏登录号:005000000797A　典藏号:005 - 010205 - 00168 - 064)

15. "驻日大使馆"来电

"民国"61年5月18日

　　台北"外交部"钧鉴：据此间各报五月十六日晚刊报道：美国务院高级官员于十五日招待日驻华府记者，就琉球交还日本事发表谈话，要点如下：（一）美国为遵守协防义务，认为在归还琉球后，其美军基地对于韩国、台湾、菲律宾更为重要，此点并不与美国接近中共之政策相矛盾。一九六八年之佐藤与尼克松共同声明中有关台湾条款，美国认为仍有继续存在之必要。（二）归还后之琉球虽并入日美安保条约事前协商条款范围内，但美国并不认为日本将每次答允，倘有因此必须协商之事实发生时，美国将事先与日本协商，如遭日本拒绝时，美国将寻求其它方法。（三）钓鱼台列屿系第二次大战后美国行使施政权之岛屿，此项归还日本系将由日方接受之物交还日方而已云云。

　　谨电报闻。"驻日大使馆"。

（全宗名：蒋经国"总统"文物，卷名：《外交——驻外单位之"外交部"收电（二十三）》，入藏登录号：005000000797A　典藏号：005－010205－00168－082）

16. "驻日大使馆"来电

"民国"61年5月18日

台北"外交部"钧鉴:据此间产经新闻五月十七日报道称:左贺唐津海上保安部巡逻艇于十六日晨巡逻钓鱼台列屿,发现一日本人在钓鱼岛上树立日本国旗,值此中日"匪"之间为该列屿主权问题争执之际,冲绳县八重山警察署因恐引起麻烦,即于十六日上午十一时派遣警官三人赶赴现场企图说服该人撤离该列屿,据查该男人为日本右翼团体爱国青年联盟之小林建,五十三岁云云。

谨电报闻。"驻日大使馆"。

(全宗名:蒋经国"总统"文物,卷名:《外交——驻外单位之"外交部"收电(二十三)》,入藏登录号:005000000797A 典藏号:005-010205-00168-083)

（八）台方关于钓鱼岛问题立场之讨论及所收资料

"中华民国"五十九年至六十一年
钓鱼台案
美"驻华使馆"参事唐伟廉告北美司钱司长，日本偏激分子支持日政府对钓鱼台立场
"外交部"周部长与宇山及马康卫大使谈话记录影印本一份
"外交部"周部长与马康卫大使谈话简要记录一份
"外交部"沈次长

1. 美参事与钱复谈话
"民国"六十一年五月十日

"外交部"周部长五月八日函称，"驻华大使馆"参事唐伟廉于五月三日来部访晤北美司钱司长，告以据美方获悉，日本国内极端偏激分子拟在本五月十五日前采取具体行动以支持日本政府主张其对钓鱼台列屿主权之立场，且准备伺机派人登陆该列屿。另悉已有部分人士抵达琉球进行筹划有关行动。目前，美方业已密饬琉球警方巡逻艇千岁号昼夜加紧在该列屿附近海面之巡逻工作，严防彼等登陆肇事，特此奉告等情。嗣经钱司长询以该批日方极端分子究系左派抑系右派人士。唐参事复以据悉，全系右派人士，惟据渠看法，日方左派人士佯装右派姿态而混入其间，伺机滋事亦不无可能云。本案除饬知我"驻日大使馆"外报请转陈等情。谨报请。

谨呈"总统"。张群。

（全宗名：蒋经国"总统"文物，卷名：《钓鱼台案》，入藏登录号：005000000478A　典藏号：005-010205-00013-001）

2. 周书楷与宇山、马康卫谈话记录

兹检奉周部长与宇山及马康卫大使谈话记录各一件，敬请查照转陈为荷。
此致　蒋秘书孝肃
周书楷敬启　"中华民国"六十一年三月二十六日　密抄(61)字第340号

"外交部"周部长接见日本宇山大使谈话记录

"外交部"周部长书楷于"民国"六十一年三月二十四日下午二时半在台北"外交部"办公室接见日本"驻华大使馆"宇山厚。在座者有"外交部"北美司钱司长复，以下为谈话简要记录：

周部长：本日约见拟谈钓鱼台列屿问题，此乃一高度敏感性问题，本人愿以极友好之态度向阁下说明问题之刺激性。□年春季由于钓鱼台列屿问题引起我国青年学生之强烈反应，经政府多方谈明始告平息。嗣后，贵我两国均认为对此案双方均应尽量自制，勿对问题过事渲染。两国间对该列屿之主权虽各有主张，当应循友好和平之方式解决而不宜诉诸情感，惟最近贵国政府首长曾不断发言对本案表示种种意见，聆事近日此间报纸多刊载"总统"选举及"国大"开会消息，来予大事刊登，否则为将引起青年学生之强烈反应，后果不堪设想。当然目前贵国政治领袖对本案事发言系基于国内政治之原因，但客观而言，贵国此次由美国获得主要之胜利在于琉球，何以不强调此一方面，而对于具有轰炸性之钓鱼台列屿问题则避免提及。上（二）月间此地某报刊载有关宜兰县政府拟派员赴钓鱼台列屿之消息，贵国外务省倍感关切，曾多次在台北及东京提出交涉，吾人应尽量解释，彭大使返国述职期间并曾以长途电话指示钮公使向外务省谈明我之立场，足见我方已做到尽量自我约束，亟盼贵"大使"应能认清此情，向外务省建议勿再对此事多予渲染，本人今日并非向阁下提出交涉，乃以友好态度向阁下提出建设性之建议。

宇山"大使"：承部长推诚相告，甚感，本人对部长所述各节均有同感。领土问题在外交上最难处理，因其涉及人民之感情问题，一旦介入感情问题，即不可收拾。就日本而言，类似之领土问题，有与韩国间之岛屿争执，有与苏俄间之岛屿争执，以及最近圆满解决之与美国间之琉球问题。本人前于役外务省时曾参加与韩国谈判双方互争之岛屿问题，该问题虽未有解决，当并未妨碍

日韩之复交以及双方之种种合作。当时韩方之首席代表也曾私下告余谓,渠甚愿谈岛屿忽然消失则可灭除无限困扰,足见此等问题之主要是因双方人民涉及感情用事,故不易解决。本人对贵部长之建议至为感激,当即以电报附呈政府。

周部长:根据目前初步采勘之结果,钓鱼台附近之油藏似并不丰富,因此双方对此一礁屿相互指责,诉诸感情,而对两方原可谈事积极性之合作则蒙受其不良影响,实为不智。中日两国倘为此问题发生纠纷,唯一最得意者则为"共匪伪政权"。"匪伪"于最近二年来即不断利用此一案件,在海内外不断打击我政府之威望,并图分化中日友谊,此项阴谋吾人不能不注意。此外,目前亚洲局势值得吾人特别关怀之问题甚多,诸如最近俄酋布里兹涅夫所提之亚洲集体安全体系以及甘地夫人最近之演讲等。实无理由在此一细微问题上大做文章。

宇山"大使":关于苏俄所提之亚洲集体安全体系最早于一九六九年六七月间提出,当时日外务省曾召俄使来询其目的何在。俄使无法说明。以后本人于奉使印度时曾询苏俄大使,渠为苏共中央执行委员。但也支吾其词。最近印度与苏俄订立二十年之互助条约后。本人曾告印度外长辛格,今后印度不能再自视为不结盟之国家。总之,不论苏俄倡议之亚洲集体安全体系之发展为何,日本绝不会采取领先行动。

周部长:苏俄之所以无法说明其亚洲集体安全体系之细节,盖其主要目的在于对付"共匪",过去美国之外交家肯楠提出围堵政策对付苏俄,今日苏俄所采取之政策乃反围堵,其对象为"共匪"。本人始终记得美前国务卿鲁斯克最喜爱提出"有组织之和平"一词。今天吾人所缺乏者即此一有组织之和平。联合国原应为一具有功能性之组织(functional organization),不幸其过分拘泥于若干高度性之政治问题,以致造成今日之悲惨局面。本人对亚太理事会深具希望,切盼此区域性之组织能由具体性之区域合作入手,真正为各会员国提供服务。

宇山"大使":就敝国而言,今日之目标不仅为求日本自身之生存及繁荣,更需亚洲兄弟国家也能继续生存及繁荣。周恩来指责日本有军国主义之复兴,实则日本国防费用仅为政府总预算百分之六七,何能走上军国主义之途径?日本切盼能与各兄弟国家合作,因此就亚太理事会而言,日本实盼能发生实际功效,有助于各会员国之繁荣进步。

周部长：今日日本经济实力雄厚，地位自甚重要，盼其能与亚太自由国家加强合作，此点并非意味为日本须助以巨额资金，而主要是提供技术支柱，例如我国之经济发展采取渐进方式，先将基本建设（infrastructure）办理妥善，诸为电力、道路水源，等等，以后再逐渐发展工业，此种情形与印度及"共匪"一开始即求发展重工业者完全不同。

宇山"大使"：贵国之经济发展方式甚为钦佩，今后更将加强双方之合作。本人抵往后发现若干中日技术合作之案件尚待处理，均已于今日向政府建议，迅速拟准。

（谈话于下午三时二五分结束）

"外交部"周部长就钓鱼台案与美国驻华大使马康卫谈话记录

"外交部"周部长书楷于本（六十一）年三月二十四日中午十二时在办公室约见美"驻华大使"马康卫，就钓鱼台列屿问题交换意见。"外交部"北美司钱司长及美国"大使馆"政治参事唐伟廉在座。以下为谈话简要记录：

周部长：本日约见贵"大使"拟谈钓鱼台列屿问题。阁下业已注意，由于贵国政府将琉球交还日本之期迫近，连日来东京及台北方面对此项问题极为注意。日方曾多次发表具有刺激性之谈话，台北方面，"国民大会"中对此问题也有热烈之辩论，并准备在大会宣言中有所表示，虽然中日双方均对该列屿主张主权。我政府甚盼双方对此项问题能保持冷静，且能自我克制。惟不幸近日来，日方不断传来报导，佐藤首相、福田外相及日驻美大使牛场信彦均曾就此项问题发表激烈之言论，所幸台北各报近日忙于"总统"选举及"国民大会"之有关报导，故对日方上述言论均未曾多予报导，否则必将引起我国朝野之强烈反应。

此刻日方正准备在东京及那霸两地就本年五月十五日琉球归还日本一事，举行庆祝，而我"总统"就职大典将于五月二十日举行。吾人切盼日政府也能自我约束，勿使意外事件在此时发生。贵国对于此事之立场，极关紧要。

马"大使"：美国政府之立场并无变更，日方政府虽有要求，美方并未变更立场。

周部长：日本福田外相对于美方未能支持日本对钓鱼台列屿之主权主张，甚感不满，本人对此项问题采一项现实之观点，目前中日双方均有重要之事务，亟待处理，日政府之改组洵为最近之大事。可能由于此事而更使钓鱼台列屿问题受到注意。本人今日对贵"大使"有下述两项要求：（一）前此本人曾向贵"大使"表示美将琉球交予日本时，盼能将该列屿保留作为靶场之用，不知美政府对此项拟议有何反应？倘能做到此点，似最为理想。又（二）为维持和平及安全计，中日两国政府均有更重要之工作，尚待处理，由不应使两国民众及国会之注意力集中于小问题，甚盼美政府劝导日方将其注意力对于琉球，而勿对钓鱼台列屿问题斤斤计较。

马"大使"：贵部长是否曾将此项意见恰告宇山"大使"？

周部长：本人拟于今（二十四）日下午约见宇山"大使"。今日与阁下洽谈此项问题，乃盼美政府能对此事予以协助。所谓"星星之火，可以燎原"，希望吾人能防患于未然，我政府对本案始终尽量自我约束。惜日方未能采相似之举措。本案在我国青年心目中，乃一极度敏感之问题，目前彼等对于"国民大会"之若干措施，已感不甚满意，倘再以钓鱼台列屿一案予以刺激，则实无异火上加油，势将导致严重之后果。

马"大使"：贵国政府之立场及态度，均甚正确，美也不愿因此而引起轩然大波，惟美方为何才能从旁协助？

周部长：贵国无需做任何公开声明，但可私下以友好态度劝告日本政府，勿使此项问题更趋严重。

马"大使"：本国驻日大使梅业近向日政府高级官员辞行时，日方一再提出此项问题，惟梅业大使之发言将使日政府无法对美可能变更其基本立场一节，存有任何幻想。本国对贵国与日本所提出对钓鱼台列屿之主权主张，均不加以支持，本国对该列屿交于日本者，仅限于行政权，福田外相因此在日本国会中批评本国政府之立场。惟渠此举甚能获得一般之支持，而报界之反应，也甚良好。

周部长：我国方面对此项问题持积极态度者，也大有人在，"国民大会"中曾一再讨论此事，福田外相似拟造成一印象。即日本之立场系获贵国政府之支持。例如若干报导称，贵国将保留钓鱼台列屿之若干岛屿做靶场之用，惟先需征得日方同意。此种说法，极为不妥。仿佛认为日本对该列屿拥有主权。

马"大使"：本人并未见及类似之报导，就日本而言，目前自系其制造困难之最佳时机，但另一方面，日政府希望与中共谈判此项问题，而中共对此案之态度又与日方有所区别。

周部长：此时中日双方政府高级官员均应表现高度之政治家风度，本人所担心者乃日政府对此事过份渲染,恐将引起我青年极度之不满,进而造成不可收拾之局面。

马"大使":为此则极为不幸。但美政府之立场已向日本明白表示,即本国乃采一不偏不倚之态度,此项态度使日方甚感失望。

周部长:本人将要求宇山"大使"向日政府建议,仍继续遵守以往避免渲染之共同谅解。

马"大使":本案之实际症结为双方均无法解决此项问题,而两国人民均无法面对此一现实。

周部长:目前中日双方允宜设法将注意力转移至其他之事务上。贵国乃一友好之第三国,当可向日方提出此项建议。

马"大使":本人当将此项要求转呈本国政府。

周部长:本案最坏之发展为,贵国政府发表言论或被人误解曾发表言论偏袒日方。

马"大使":本国政府将不至采此举措。

周部长:本年二月间,宜兰县政府有意至钓鱼台列屿进行调查活动,引起日方高度关切,我政府曾尽力自我约束,但日方目前突然在火上加油,吾人已尽量避免渲染此事,此则需要日方共同合作。

马"大使":本人看法认为宇山"大使"乃一极理智之外交官,必能对阁下之意见表示同意。宇山"大使"到任后对澄清外界有关日本在华投资问题之误解一点,已有良好之表现。宇山"大使"也将运用其影响力对日本在华商社方面发生共鸣。宇山"大使"乃一积极工作之官员,也为日本外交界最资深人士之一,本人对渠至表钦佩。

周部长:目前最重要之事务为勿使此一事件继续扩大。

(谈话至午后十二时四十五分结束)

(全宗名:蒋经国"总统"文物,卷名:《钓鱼台案》,入藏登录号:005000000478A　典藏号:005－010205－00013－002)

3. 魏道明所呈关于钓鱼岛之资料

签　呈　五十九年八月二十六日于日月潭

昨日奉　张秘书长传谕　饬就尖阁群岛案撰拟说贴呈阅等因。遵经拟就"尖阁群岛"之资料一件，谨检奉请鉴察

谨呈　"总统"

职　魏道明　"中华民国"五十九年八月三十日

关于尖阁群岛之资料

一、关于尖阁群岛之资料，年来不断搜集，仍嫌不足，兹就现有资料分别列举如后。目前仍继续搜集中，以备将来交涉应用。

（甲）地理关系：地理上尖阁群岛虽与台湾岛北端及琉球群岛西端（石垣岛）之距离相若，均约为一百一十海里，但该群岛系位于我国东海大连礁层之上，与琉球群岛之间，隔有一深达两千公尺之海沟，且我国渔民前曾在该群岛居住，并留有遗迹。又"经济部"提出尖阁问题之专家研究报告，据查琉球之地理图集，在被日人占有琉球以前所编订者，其疆域所辖三十六岛屿中，并无钓鱼岛或类似名称，故钓鱼台列屿，原非属于琉球（原图迄未觅到）。

（乙）历史关系：在历史上，清康熙五十八年曾派员测绘琉球地图，翌年徐葆光进呈中山传信录附琉球三十六岛图，并未载有钓鱼岛或黄尾屿等名字，亦未叙及尖阁群岛名称。我国历史上对该群岛向称为钓鱼台列岛（为沈葆桢所订名）又据台湾省商会联合会驻琉球商务代表徐经满报称，日人古贺辰四郎于明治十八年（一八八五年）间，曾向日本政府申请租用该群岛。岁时，日本政府以该群岛所属不明，未予批准。

（丙）法律事实关系：根据"行政院"海油探勘问题专案研究小组报告，美国军方于"民国"三十四年六月占领琉球后，曾通知我政府：北纬二十九度以南、东京一二三度以东之各岛屿，皆划归美军管辖，尖阁群岛适在其划定范围之内（美方通知函，我政府有关机关间无法找到）。

（丁）我方所版绘制之各项地图，无论全国地图或台湾省地图均未将尖阁群岛列入我国版图之内。

（戊）美方过去就尖阁群岛与我方交涉：五十七年四至八月间：我渔民曾

迭次进入尖阁群岛海面捕鱼并登岛拾取鸟卵，琉球当局即经由美国驻华大使馆促请我政府制止，后经我"经济部"令饬台湾省渔业局研订有效管制办法。又台北方兴南工程所于五十七年六月间在尖阁群岛所属之南小岛打捞银峰号沉船，曾引起美琉当局关切，美国"驻华大使馆"于同年八月派员携带照片及资料前来本部向主管司表示，认为我国人民非法进入琉球境域，要求立即撤离，并称该岛屿曾被用作美军训练场地，将随时恢复使用。本部为此曾与国内有关联系，通令我国人民不得擅入琉球境域。该兴南工程所嗣后报请"交通部"核准，向美"大使馆"办妥手续，由该馆转知琉球当局后，始准其继续施工。

以上各项资料，甲乙两项对我较为有利，丙丁戊三项对我较为不利。

二、日本政府对尖阁群岛主张主权之论据：

（甲）日方认为根据明治二十九年（一八九六年）明治天皇十三号敕令，将尖阁群岛划归冲绳县八重山郡石垣村所属。此项敕令复于一九三一年以天皇敕令予以确认，当系日本对该群岛享有主权之根据。

（乙）日方以往所绘之地图，均将尖阁群岛列入日本版图，此外，目前琉球民政府及美军当局所绘制之琉球地图均将该群岛划入琉球群岛范围之内。

（丙）日方认为，美军统治之琉球群岛包括尖阁群岛在内。故一九七二年琉球归还日本时，尖阁群岛亦应包括在内。

三、美国政府之态度：

（甲）美方认为，尖阁群岛为琉球之一部分，将于一九七二年与琉球一并归还日本。

（乙）美方认为，关于尖阁群岛主权之争执，应由有关主张国家协商解决。

四、综合分析：

（甲）日方所主张之各项论据，表明上似颇充实，但我在事实上仍有充分之理由予以驳复。日方最重要之论据为一八九六年之天皇敕令。惟日方于一八七九年吞并琉球时，并未包括尖阁群岛。直至一八九五年与清廷签订《马关条约》取得台澎之主权后，始发表该项敕令，此为日本取得琉球、台澎后之一项内政处分。由此可见，尖阁群岛于一八九六年以前并非属于琉球。否则，无需另订发表敕令。至于日方之地图讲该群岛列入日本版图内，亦系由于此一内政处分之结果，非我所能承认。二次大战后，美军占领琉球，将尖阁群岛划入其管辖区域内，当时我政府忽略未表示异议，其主要原因为基于区域共同安全之顾虑。但美军之临时占领，固不能确定尖阁群岛主权之归属也。

（乙）因应策略：目前我方积极主张对尖阁群岛之主权，因法律根据尚非充分确切，但对于日方主张，其对该群岛具有主权，则我有相当理由予以驳复。因此现时，我应主张该群岛非日方所有。如此则举证之责在日方，同时该群岛既非日方所有，即蕴含属我之意。本部已于本年八月十七日将上开意见复告日方。日通产大臣宫泽喜一亦表示本案盼能由外交途径交涉解决。

惟在一九七二年琉球归还日本以前。日方因法律立场尚未确定，或暂时不正式提出交涉。我目前之因应策略似宜恰告美方。关于美政府拟以琉球归还日本一节，我尚未同意，而我亦未曾正面反对。但尖阁群岛基于以上分析显非属于琉球，以往没对该群岛施行军事占领，且将我国渔民逐出，亦不能证明其主权确属琉球。因此美方对琉球及尖阁群岛应分别处理，在对尖阁群岛之军事需要消除时，应以之交还我方。

（全宗名：蒋经国"总统"文物，卷名：《钓鱼台案》，入藏登录号：005000000478A　典藏号：005-010205-00013-005）

4. 关于钓鱼台案"总统"卯东电示计达

顷续奉谕　嘱吾兄于谒尼克松总统时,说明本案,因我关系至为切要,促请其注意(尊重)我方前进节略。无论如何,我方主权应予保留,并及早惠予答复等因。特电请遵办。

张群

台北发来电稿　"民国"60年4月8日

华盛顿周"大使"书楷兄,关于钓鱼台案,"总统"卯东电计达顷续。奉谕嘱吾兄于谒见尼克松总统时说明本案与我关系至为切要。促请其注意我方前递节略,尊重我方主权并及早惠予答复等因。特电请遵办。

弟张群卯齐

(全宗名:蒋经国"总统"文物,卷名:《钓鱼台案》,入藏登录号:005000000478A　典藏号:005-010205-00013-006)

5. "驻日大使馆"来电

兹检奉"驻日大使馆"六六〇号来电乙件　请查照转陈为荷。
此致　魏道明敬启　"民国"五十九年九月七日
"驻日本大使馆"来电　59年9月5日　660号

　　台北"外交部"：顷据岸信介先生密告称（一）尖阁列岛附近海域疆界问题，希中日双方应站在友好立场合理、合情求得圆满解决，不可以以感情用事，引起不良的结果。（二）自民党总裁选举问题……

　　　　　　　　（全宗名：蒋经国"总统"文物，卷名：《钓鱼台案》，
　　入藏登录号：005000000478A　典藏号：005 - 010205 - 00013 - 007）

6. "驻日大使馆"来电

兹检奉 "驻日大使馆"665、670号来电各乙件,请查照转陈为荷。
此致
魏道明敬启 "民国"五十九年九月九日

"驻日大使馆"来电 665号 59年9月8日

台北"外交部":(一)六日读卖新闻那霸专电略称,琉球各界掀起保护尖阁岛之领有权及其周围海域石油资源之运动,并促(1)屋良主席对"中华民国"海军在尖阁岛插"国旗"事表示"此事为属事实,系严重的领土侵犯,琉球政府自不能忽视"请求本土(日本)政府及美国民政府查明事实后妥善处理。(2)琉球政府当局将于日内发布对尖阁列岛之"领有宣言"。据琉球政府调查,该列岛系属明治十七年由琉人发现,明治二十七年并入石垣岛石垣市辖区。(3)琉球市町村会,暨议长会、妇女会联合会、教职员团体于四日开会,决定成立石油资源开发促进协会,今后将为尖阁列岛之领有及周围海域之石油资源确保问题采取具体行动云云。

(二)该报导又称,外务省认为"'中华民国'人士谅不至于在日本有明确领有主权之岛上插'国旗',此事似属恶作剧。"但已对"驻华大使馆"训令调查事实。

"驻日大使馆"。

"驻日大使馆"来电 670号 59年9月8日

台北"外交部":第665号电计邀鉴察。据七日朝日新闻报称,日政府顷训令其"驻华大使"查明报传我在尖阁岛插"国旗"事,如属事实,将系对日本之极不友好行为。饬该馆向我提出抗议,日政府并要求美国驻日本大使馆以琉球群岛之管辖人地位,即采保护领土主权之适当措施。

美使馆复告日本,已透过在琉美民政府与琉球政府及警力联系,立采适当措施。日政府原已洽获我方同意互商解决东海大陆礁层问题。惟鉴于我方近(一)在该海域片面设定矿区;(二)我新闻论调及我政府当局发言人对该列岛作领有权之主张;(三)部长在"立法院"所表明领有权之主张;(四)我船开往该岛插旗及(五)我报报我海军士兵及记者访问该岛消息等。认为长此以往,此事可能演变至领有权之争。故决定发出上述强硬训令云云。另据八日英文日本时报独家报称,外务省七日晨接获美使馆电告,琉球政府正与美方密取联系,采取保护该列岛领有权之必要步骤云云。

"驻日大使馆"。

(全宗名:蒋经国"总统"文物,卷名:《钓鱼台案》,入藏登录号:005000000478A 典藏号:005-010205-00013-008)

7. 台方关于美国"归还"琉球之声明稿

兹鉴奉关于将钓鱼岛并琉球交日志声明稿乙件，敬请查照转呈为荷。
此致
周书楷　敬启　398号　"民国"61年4月13日

关于将钓鱼台列屿连同琉球群岛一并交还日本事之声明稿

"中华民国"政府对于琉球群岛之地位问题，向极关切，并曾迭次宣告其对于此项问题之立场。

兹美国政府已定于本（六十一）年五月十五日，径将琉球群岛"交还"日本，且竟将"中华民国"享有领土主权之钓鱼台列屿也包括在内，"中华民国"政府断难接受此项损害其基本权益之片面行为。必须再度将其立场郑重昭告于全世界：（一）关于琉球群岛："中华民国"曾于一九四三年与若干主要盟国联合发表开罗宣言，并于一九四五年发表波茨坦宣言决定战后之目标在将日本自其以武力或贪欲所夺取之土地予以驱逐，而日本主权应仅限于本州岛、北海道、九州岛、四国以及主要盟国所决定之其他小岛。故琉球群岛之未来地位，显然应由主要盟国协议决定。"中华民国"政府对琉球最后处置一贯立场为：琉球应由有关盟国依照开罗宣言及波茨坦宣言予以协商决定。此项立场经久阐明，由于"中华民国"为对日作战主要盟国之一，理应有权参加该项协商。但美国不经此项应循之协商程序而径行片面决定将琉球"交还"日本，"中华民国"不能同意，至于"共匪"谰言琉球应无条件归属日本之荒谬主张，洵为其出卖国家权益之另一具体表现。"中华民国"政府特再声明，"匪共叛乱集团"对于琉球地位问题之所有言行，一概无效。

（二）关于钓鱼台列屿："中华民国"政府对于美国政府擅将"中华民国"享有领土主权之钓鱼台列屿之行政权与琉球一并"交还"日本之决定，当然不能接受，"中华民国"对于该列屿之主权主张，无论自然地理上、地质构造、历史渊源、长期继续使用及法理上各方面，理由言之均属不容置疑。鉴于美日两国政府迄今无视"中华民国"政府前述之严正立场而仍决定进行该项私相授受，再度重申钓鱼台列屿主权与琉球归属原系截然两事，不能混做一谈，现美国径将该列屿之行政权与琉球群岛一并交予日本，"中华民国"政府根据其维护领土完整之神圣义务，在任何情形下，绝不能放弃。其对钓鱼台列屿之领土主权，且郑重声明，坚决保留为确保国家权益，所可采取一切措施之当然权力。

"中华民国"政府深信，一旦吾人"光复"大陆，本案当可获取合理合法之解决，至"共匪伪政权"叫嚣主张钓鱼台列屿之主权，其目的不外乎借机煽动并挑拨中日两国人民之感情，进而破坏"中华民国"、日本与美国三方面之传统友谊，"中华民国"政府深切了解"共匪"离间、分化之恶毒手段，故深盼美日两国政府能就本案尊重"中华民国"政府之立场，避免采取忽视"中华民国"政府基本权益之任何片面行动。

(全宗名：蒋经国"总统"文物，卷名：《钓鱼台案》，入藏登录号：005000000478A　典藏号：005－010205－00013－009)

8. 台方关于美国"归还"琉球之声明稿修正本

兹鉴奉关于美将钓鱼岛并琉球交日志声明稿（修正本）一件，敬请查照转呈为荷。

此致

周书楷　敬启　408号　"民国"61年4月19日

关于美将钓鱼台列屿连同琉球群岛
一并交还日本事之声明稿（修正本）

"中华民国"政府对于琉球群岛之地位问题，向极关切，亦曾迭次宣告其对于此项问题之立场。兹美国政府已定于本（六十一）年五月十五日将琉球群岛交付日本。且竟将"中华民国"享有领土主权之钓鱼台列屿亦已包括在内，"中华民国"政府特再度吁其立场，郑重昭告于世界：对于琉球群岛"中华民国"政府一贯主张应由包括"中华民国"在内之主要盟国根据二次世界大战期间开罗会议宣言及波茨坦宣言揭橥之原则，共同协商处理，美国未经应循之协商程序，片面将琉球交付日本，"中华民国"政府至表遗憾。

至于钓鱼台列屿系属"中华民国"领土之一部分，此项领土主权主张，无论从地理位置、地质构造、历史渊源、长期继续使用以及法理各方面理由而言均属不容置疑。现美国将该列屿之行政权与琉球一并交还日本，"中华民国"政府坚决反对。"中华民国"政府本其维护领土完整之神圣职责，在任何情形下，绝不放弃对钓鱼台列屿之领土主张。

（全宗名：蒋经国"总统"文物，卷名：《钓鱼台案》，入藏登录号：005000000478A　典藏号：005-010205-00013-010）

9. 台方对美国之口头声明

对美国口头声明
"民国"59年9月14日

关于钓鱼台列屿(亦名尖阁群岛)之法律地位,"中华民国"政府愿作下述之说明:

琉球群岛于一八七九年遭日本吞并前为一独立王国,久与中国维持封贡关系。中国对于日本之吞并琉球,从未予以接受或承认。第二次世界大战后,琉球群岛被置于美国军事占领下,根据一九五一年九月八日金山对日和约第三条之规定,美国对于北纬二十九度线以南、东经一二四度四十分以东之岛屿之边缘,中国政府以往对此项处置未表示异议,盖其认为美军驻于琉球群岛对于维护西太平洋地区安全系一项重要因素。一九六九年十一月二十一日,尼克松总统与佐藤荣作首相所发表之联合公报指出:美日两国将就为何于一九七二年实现琉球"复归"日本之特殊安排立即进行商讨。此项对于琉球群岛处置拟议为中国政府不能接受。中国政府始终主张琉球群岛法律地位应由有关主要盟国根据开罗宣言及波茨坦宣言协商决定。同时琉球人民对其此政治前途亦有自由表达意见之机会。中国政府基于美日两国之友好关系,在当时固未公开表示其反对立场,惟对美国在决定本案前未能依照适当程序处理一节,曾表示遗憾。

最近日本政府提出钓鱼台列屿问题,此系一群无人居住之小岛屿,位于台湾仅一百哩左右台湾渔民每年赴该等小岛者为数颇多。钓鱼台列屿在历史上及地理上均与中国尤以台湾省具有极密切之关系。日本政府主张此等岛屿为琉球群岛之一部分并主张日本对此等岛屿具有主权,日本并表示盼于一九七二年琉球归还之同时归还钓鱼台列屿,日本作上述主张基于以下二项理由:(一)一八七九年一项天皇敕令将钓鱼台列屿划入冲绳县内;(二)日本国民古贺辰四郎于一八九六年向日本政府租的钓鱼台列屿为期三十年,该古贺辰复于一九三〇年向日本政府购得该岛屿。目前该等岛屿由其子古贺善次所拥有。

中国政府认为日本政府所提出理由不够充分。首先,必须指出日本于一八七九年吞并琉球时,钓鱼台列屿并不包括在内。日本天皇敕令及钓鱼台列屿之出租均系于一八九六年所为,亦即日本根据《马关条约》取得台湾及其所有附属各岛屿之次年。显见钓鱼台列屿于一八九六年前并非琉球群岛之一部分。一八九六年之天皇敕令,是以仅系日本政府于占领台湾及琉球后之一项内部行政措施。其次,中日两国于一九五二年四月二十八日签订和平条约,当时日本放弃对于台湾澎湖及其它于一八九五年前系附属于台湾各岛屿之一切权利及权利名义与要求。"中华民国"政府认为钓鱼台列屿为此附属岛屿之一。

关于古贺家族一八九六年向日本政府租借及一九三〇年购买钓鱼台列屿仅系内政处置,并不能在任何方面变更钓鱼台列屿之法律地位。

基于以上原因,"中国政府"无法接受日本对钓鱼台列屿之主权主张。甚盼美国政府对"中华民国"政府有关此项问题立场能有充分注意。"中国政府"当将有关本问题今后任何进一步进展随时通知美国政府。

(全宗名:蒋经国"总统"文物,卷名:《钓鱼台案》,入藏登录号:005000000478A 典藏号:005-010205-00013-011)

10. 台方关于美国"归还"琉球的声明修正件

兹检奉美日移交琉球声明修正两件,敬请
此致
周书楷　敬启　661号　"民国"60年6月11日

声明稿

"中华民国"政府近年来对于琉球群岛之地位问题一向深为关切,并一再将其对于此项问题之意见及其对于有关太平洋区域安全问题之顾虑,促请关系国家政府注意。

兹获悉美国政府与日本政府即将签署移交琉球群岛之正式文书,甚至将"中华民国"享有领土主权之钓鱼台列屿亦包括在内,"中华民国"政府必须再度将其立场郑重昭告于全世界:

(一)关于琉球群岛:中美英等主要盟国曾于一九四三年联合发表开罗宣言,并于一九四五年发表波茨坦宣言规定开罗宣言之条款应予实施,而日本之主权应仅限于本州岛、北海道、九州岛、四国以及主要盟国所决定之其他小岛。故琉球群岛之未来地位,显然应由主要盟国予以决定。一九五一年九月八日所签订之金山对日和约,即系以上述宣言之内容要旨为根据。依照该合约第三条之内容,对琉球之法律地位及其将来之处理已作明确之规定。"中华民国"对于琉球最后处置之一贯立场为:应由有关盟国依照开罗宣言及波茨坦宣言予以协商决定。此项立场素为美国政府所熟知。"中华民国"为对日作战主要盟国之一,自应参加该项协商。而美国未经此项协商,遽尔将琉球交还日本,"中华民国"至为不满。

(二)关于钓鱼台列屿:"中华民国"政府对于美国拟将钓鱼台列屿随同琉球群岛一并移交之声明,尤感惊愕。该列屿系附属台湾省,构成"中华民国"领土之一部分,基于地理地位,地质构造,历史联系以及台湾省居民长期继续使用之理由,已与"中华民国"密切相连。"中华民国"政府根据其保卫国土之神圣义务在任何情形之下绝不能放弃尺寸领土之主权。因之,"中华民国"政府曾不断通知美国政府及日本政府,认为该列屿基于历史、地理、使用及法理之理由,其为"中华民国"之领土,不容置疑,故应于美国结束管理时交还"中华民国"。现美国径将该列屿之行政权与琉球群岛一并交予日本,"中华民国"政府认为绝对不能接受,且认为此项美日之间之移转绝不能影响"中华民国"对该列屿之主权主张,故坚决加以反对,"中华民国"政府仍切盼关系国家尊重我对该列屿之主权,应即采取合理合法之措置,以免导致亚太地区严重之后果。

"中华民国"六十年六月十一日。

(全宗名:蒋经国"总统"文物,卷名:《钓鱼台案》,入藏登录号:005000000478A 典藏号:005-010205-00013-012)

11. "驻美大使"致美国国务卿节略稿及批示

"总统府"批示："交还'中华民国'政府"一语可否改为应"保留'中华民国'之主权，不能与琉球一并交还日本为要"。希加以研究。

驻美周"大使"致美国务卿节略稿

"中国大使"兹向国务卿致意并申述：关于本"大使"于一九七零年九月十七日就钓鱼台列屿（或称尖阁群岛）之法律地位向主管东亚暨太平洋事务助理国务卿葛林面致口头声明事，本"大使"接奉政府训令，愿就此事尤其该列屿与"中华民国"台湾省之关系一节，声明如下：

（一）就历史而言，钓鱼台列屿中钓鱼台、黄尾屿、赤尾屿三岛屿之名，屡见于早自十五世纪以降明代册封琉球王各使臣之航行志记。中国册封使多由福州经台湾及台湾东北包括彭家屿、钓鱼台、黄尾屿及赤尾屿之各屿前往琉球。钓鱼台列屿是时被公认为台湾与琉球间之分界。

（二）就地理而言，钓鱼台列屿之地质机构与台湾之其他附属岛屿相似。钓鱼台列屿与台湾海岸邻接，但与琉球群岛距离达二百哩以上且隔有水深达二千公尺之琉球海沟。

（三）就使用而言，钓鱼台周围素为台湾岛渔民之作业渔区。事实上，台湾之渔民以往为避风及修补渔船、渔具曾长期使用该列屿。

（四）有关本案之法律观点业已于上述口头声明中予以详细叙述。本"大使"再次仅欲说明日本政府在一八九四年之前从未将钓鱼台列屿划入冲绳县属。该列屿之并入日本领土系中日甲午战争台澎割让日本后之结果。自二次大战结束以来，美国政府对北纬二十九度以南岛屿行使军事占领，而钓鱼台列屿亦经包括于美国占领区域之内。基于区域安全之考虑，"中华民国"政府以往对美国在该区行使军事占领并未表示异议，但此不得被解释为系默认钓鱼台列屿为琉球群岛之一部分。且依照国际法之一般原则，对一地区之临时性军事占领并不影响该区域主权之最后决定。

基于上述各理由并根据历史、地理、使用及法律，"中华民国"政府认为钓鱼台列屿与台湾有极端密切之关系。应被视为台湾之附属岛屿。台湾全岛、澎湖群岛以及所有附属各岛屿已于第二次大战后交还中国，但钓鱼台列屿则未在其内。鉴于美国政府将于一九七二年终止对琉球群岛行使占领之事实。兹要求美利坚合众国政府于此项占领终止时,将钓鱼台列屿交还"中华民国"政府。

"中国大使"兹顺向国务卿重申最高之敬意。

一九七二年二月于华府。

(全宗名:蒋经国"总统"文物,卷名:《钓鱼台案》,入藏登录号:005000000478A　典藏号:005－010205－00013－013)

（九）马康卫逃难记

马康卫逃难记

中美关系低潮　回国避风头

美国"驻华大使"马康卫,于六月十日返国述职,这一述几近一个月,他预定七月三日从美国返回任所,他此次返国的任务为何,当然事关所谓外交秘密。只好留待美国纽约时报去发表,但台北政界人士认为:马康卫这一走,形势上等于在"逃难",如果他在台北住所,将会有吃不消的感觉。

相信这不是巧合,在他返国述职期间,在中美关系上,发生了两件大事,其一,是美国总统尼克松宣布:开放对中国大陆非战略物资贸易;其二,是将钓鱼台的行政权随同琉球移交给日本。这两件大事的后果,现在还看不出来,但可以预言的是:这是国际政治危机的一个起点。

台北观察家们,认为马康卫回国述职,实际上一定是奉了华府的命令,先行"逃难",以免受到"中国政府"的责难,因此有人对尼克松的用心表示极端怀疑。

……其次,台北观察家们,认为钓鱼台事件,日本和美国已经流露出侵略的嘴脸,何以故,钓鱼台是于六月十七日由美国政府随同琉球的行政权,一并移交给日本的。虽然美日双方签署此一协议,并没有提到钓鱼台的事,但是美国国务院已正式声明,钓鱼台的行政权虽归日本,并不影响有关国家的主权,这种声明也亏美国人说得出口。以琉球来说,美国在二次大战以后,以占领方式而经联合国同意取得行政权,而能够占领,一定是战胜国的特权,战败国是无权主张的。

而现在,钓鱼台的主权属于一个战胜国,行政权却属于战败国,由战败国去占领战胜国的土地,翻遍了中外战史,也找不出个事例来,这当然属于美国人的创作,那么所谓条约义务,国际道义到此也荡然无存,日本人口口声声感谢蒋"总统"以德报怨的宽大为怀,美国人一再声称绝对维持条约与承诺,但由于钓鱼台事件,他们都在胜利下露出了真面目。

……综上所述,马康卫"大使"这次回国,名为述职,实则避风头的成分最大,不信他在最近回任所时,一定是满口外交辞令,绝不会说出一真心话来。
(全宗名:蒋经国"总统"文物,卷名:《马康卫往来(McConaughy,Walter P.)》,
入藏登录号:005000001558A 典藏号:005 - 010502 - 00466 - 040)

（十）台美关系折冲

1. 周书楷来电
"民国"60年4月12日

周书楷从华府来电

台北"总统府" 密陈张秘书长特呈 "总统"钧鉴 卯冬卯齐两钧电奉悉。

四月十二日晨尼克松总统约见，白宫外交顾问季辛格氏亦在座。谈话三十五分钟，主体为联大代表权及钓鱼台问题，内容重要，详细面陈，再职 另与季氏约定今午三时半单独往访续谈。

职 周书楷 四月十二日。

（全宗名：蒋中正"总统"文物档案，卷名：《对美关系（七）》，入藏登录号：002000002097A 典藏号：002-090103-00008-346）

2. 周书楷来电

"民国"60年3月31日

周书楷从华府来电

台北"总统府" 密请转黄秘书长少老(谷)赐鉴第166号。

……留美学生维护钓鱼台主权运动定于四月十日下午集合华府游行,分向美国务院及日本大使馆示威并向本馆请愿,晚已答允届时接见三五代表借谋逐渐疏解,因此拟于四月十二日离美……

周书楷 三月三十一日。

(全宗名:蒋中正"总统"文物档案,卷名:《对美关系(七)》,入藏登录号:002000002097A 典藏号:002-090103-00008-350)

3. 张群致周书楷

华盛顿"驻美大使馆"译呈周书楷兄，密，关于钓鱼台案，"总统"卯东电示计达，顷续奉谕嘱吾兄于谒尼克松总统时说明本案对我关系至为切要，促请其注意我方前递节略，无论如何我方主权应予尊重并及早惠予答复等因。特电请遵办。

弟张群　卯齐
"民国"60年4月8日

本电于四月八日下午五时三十分奉秘书长电话传示，遵经于当日下午六时一刻译密传抵日月潭。谨呈秘书长。
周书楷呈　"民国"60年4月8日

华盛顿"大使馆"译呈周部长书楷兄，密，关于钓鱼台案"总统"卯东电示计达，顷续奉谕嘱吾兄于谒见尼克松总统时说明本案与我关系至为切要，促请其注意我方前递节略。无论如何我方主权应予尊重并及早惠予答复等因。特电请遵办。弟张群　卯齐。"民国"60年4月8日。

（全宗名：蒋中正"总统"文物档案，卷名：《对美关系（七）》，入藏登录号：002000002097A　典藏号：002-090103-00008-358）

（十一）严家淦关于钓鱼岛之宣示

1. "立法院"第四十六会期口头施政报告

"立法院"第四十六会期口头施政报告
"民国"59年9月25日
……关于钓鱼台列屿案，日本政府所指该列屿为日本领土，并声明我对该海域之大陆礁层所作任何片面权利主张应属无效各节，我政府已就此事答复日本政府，明白表示不能同意，并认为我国依现行国际法原则及一九五八年大陆礁层公约之规定，对台湾以北邻接我国海岸之大陆礁层资源，有探测及开发之权。我政府对该列屿之正当权益，立场坚定，并决以全力维护。基于平等互惠的原则，维护国际正义的精神，我们深信在国际事务的推展上，争朝正确的方面前进中。再加海外广大的华侨社会，本于热爱祖国的赤忱，齐一步调，支持国策，充分发挥了在我国际关系中作为桥梁的功能，而成为支持我们外交斗士的有力后盾。

（全宗名：严家淦"总统"文物，卷名：《严"副总统"言论集五十九年三（三）》，入藏登录号：006000000786A　典藏号：006-011200-00036-003）

2. 国防研究院十二期学员讲话

国防研究院十二期学员讲话

"民国"60年4月30日

……举最近大家所关心的钓鱼台问题为例,海内外的学人与青年学生都有热烈的表示,发出正义爱国的呼声,要求政府维护主权完整。事实上,政府已经一再宣示维护主权的坚定立场始终如一,而执行国策,也无不以维护国家利益为最高目标,任何问题,任何交涉,都不例外。不过,许多国际间的交涉,在没有到达可以全部公开的时期,为了国家的机密,也就是为了国家利益,不便过早说明,以致民间有了怀疑,甚至为"匪党"统战阴谋乘机利用,中伤政府,离间我与友邦关系。

今天我可以向各位说,钓鱼台列屿,以主权方面讲,无论从史实、地理、实际使用以及法理因素,我们都有确实的依据,足以确认钓鱼台列屿是台湾的附属岛屿,这些充分有力的依据,海内外专家学者和政府有关单位都曾作过详细研究,我们正以这些依据来支持对外交涉的进行,坚定不移。

至于钓鱼台列屿海底油源的开采权方面,依国际法原则及大陆礁层公约的规定,沿海国为开发天然资源之目的,对邻接其海岸的大陆礁层(即水深不逾二百公尺的海床和底土)得行使探采的权利,而东中国海大陆礁层——包括钓鱼台列屿——均与我国大陆和台湾海岸相接,并有深达二千公尺的琉球海漕与琉球群岛隔绝,而且我国已批准这一公约,所以我对整个上述大陆礁层做探采权的主张,在法律上也已具有充分的根据。因之,我政府早在五十八年七月十七日就经"行政院"会议决议,并发表"我对沿海大陆礁层资源之探勘及开采,得行使主权上之权利"的声明。而且在实际行动上,我们已由国际合作的方式,开始进行海上探勘的作业。

虽然,日本方面另有不同的主张,不过基于上面所说的各项有力依据,我们自当全力确保我们的合法权益。总之,政府处理此一问题,是采极审慎而严正的态度,极坚定之立场,今后仍须继续交涉,但我们的基本政策和目标绝不变更。

(全宗名:严家淦"总统"文物,卷名:《严"副总统"言论集六十年一(三)》,入藏登录号:006000000791A 典藏号:006-011200-00041-033)

3. 党工会议讲词

党工会议讲词

"民国"60年5月10日

……不过为了钓鱼台列岛,引起了问题。对于这一问题,我海内外的学人与青年学生,都有热烈的表示,发出正义爱国的呼声,要求政府维护主权完整,本党和政府也已一再宣示维护主权的坚定立场始终如一。今天我们所要呼吁国人的,是要绝对信任本党,信任政府。几十年来,本党一贯革命奋斗的宗旨,就是为了巩固国权,而政府执行国策,也无不以维护国家利益为最高目标。任何问题,任何交涉,都不例外。

钓鱼台列岛问题,以主权方面讲,我们可以说,无论从史实、地理、实际使用以及法理因素,我们都有确实的依据,足以确认钓鱼台列岛是台湾的附属岛屿,这些充分有力的依据,海内外专家学者和政府有关单位都已有过详细说明,我们正以这些依据来支持对外交涉的进行,坚定不移。

至于开采权方面,依国际法原则及大陆礁层公约的规定,沿海国为开发天然资源之目的,对邻接其海岸的大陆礁层(即水深不逾二百公尺的海床和底土)得行使探采的权利,而东中国海大陆礁层——包括钓鱼台列屿——均与我国大陆和台湾海岸相接,并有深达二千公尺的琉球海漕与琉球群岛隔绝,而且我国已批准这一公约,所以我对整个上述大陆礁层做探采权的主张,在法律上也已具有充分的根据。因之,我政府早在五十八年七月十七日就经"行政院"会议决议,并发表"我对沿海大陆礁层资源之探勘及开采,得行使主权上之权利"的声明。

虽然,日本方面另有不同主张,不过基于上面所说的各项有力依据,我们自当全力确保我们的合法权益。

总之,政府处理此一问题,是采极审慎而严正的态度,极坚定之立场,今后仍须继续交涉,但我们的基本政策和目标绝不变更。

(全宗名:严家淦"总统"文物,卷名:《严"副总统"言论集六十年二(四)》,入藏典藏号:006000000792A 典藏号:006-011200-00042-002)

4. "副总统"欢宴回国侨领致辞——录音全文
"民国"60 年 11 月 3 日

……其次谈到钓鱼台问题,我想大家都很关心,不过其中有许多话不便公开,尤其在国际外交战线上,虚虚实实。有许多真相,我们不能让对方完全了解。

钓鱼台问题的发生在于其大陆礁层可能蕴藏有丰富的油矿。此事我们早已注意,不过具体行动是发生于三年前,即若干国家与联合国有关机关联合起来作一勘探,这些国家中包括许多远东国家和美国等,我们"中华民国"当然也参加。

该次勘查结果,得到两点结论:(1) 该一地区大陆礁层范围甚广;(2) 该地区大陆礁层很厚。

厚的意义从地质学上讲,表示经过的变化多,年代久,地下积压的动植物及其它生物亦多。地层愈厚,压力愈大,被积压在地层下的生物其产生氢化碳的可能也就愈多,换言之,其成为油矿的可能性也就愈大。

油在地层下固然是流动的,但因该一礁层范围广阔,所以可以开采的油气积存处应该在该一范围内。

了解了此种情形之后,"经济部"于两年前提案呈"行政院","行政院"当即决定由"经济部"发表一公告,其中并附地图,北起黄海,经东海、南海至台湾海峡,共分为第一、二、三、四、五、五个区域,其中第五区几迫韩国,有数千里之长。公告说明在此五个区域内之大陆礁层我们"中华民国"有开采之权。并声明世界上任何愿意与我们合作之国家,我们均欢迎。当然内中附有若干条件。

经济部公布的该一分区图,无疑的包括钓鱼台在内。至一年前,我们觉得应有进一步之根据。大陆礁层依以前国际公法讲,系在 15 海里,而一般之领海系指 3 海里或 12 海里,因此在 15 海里之礁层如何能说属于我们?唯一可以引用的文件就是联合国过去所订的"大陆礁层公约"。不过该公约对我们有利也有弊。大陆礁层公约条文很多,但重要的只有两点:(1) 什么叫作大陆礁层?公约中的解释是一个国家之领土向海中延伸,如果海的深度不超过二百公尺,即为大陆礁层;如再向外延伸,其海的深度虽超过二百公尺,但看起来显然系经该礁层所延伸者,仍为大陆礁层。这是国际间对大陆礁层唯一的一个正式的解释。(2)是最关系到钓鱼台的问题,就是有二个或二个以上的国家在同一礁层上如何确定该礁层属谁?公约中说:可以中间线或由该有关国家经协议而定之。

钓鱼台列屿这名称系去年八月份才定的,日本人称为尖阁群岛。

既为公约所说,那么中间线究应如何划分?在划中间线时钓鱼台到底属谁?凡此,对整个大陆礁层关系至巨且大,所以钓鱼台乃成为争执之焦点。

非常可惜,许多对我们有利的证据,无法获得;不过日本方面也有其许多缺点。只是有若干部分不便对外公开,例如海外学人一直强调基隆渔会理事长谢石觉所说的在日据时代台湾渔民与琉球渔民为了争夺钓鱼台的捞鱼权曾打官司,而且一直打到东京最高法院,其最后判决是钓鱼台应属台北州管辖。某晚报记者特专程赶往高雄访问谢石觉并且当天下午即将该一消息披露。"外交部"知道此一消息后,认为该一说法对我们相当有利,也立即派专人与谢石觉晤谈,这时谢石觉却支吾其词,他说晚报记者一直不停地追问他,他只好那么说。他说记得好像有这么回事,但他也拿不出证据来。此后我们花了数月时间,查遍台湾总督府所有案卷,但毫无所获;再查台湾文献及法院档案,也查不出来。再派人到东京去查日本司法方面所有公报,迄今未有结果。既然查不出来,我们尚缺乏有力证据,又怎能说钓鱼台是属于我们的?但我们绝不能让日本人知道我们找不到证据。

在日本方面,他们也到处查证,但由于二次大战,日本遭受强大空袭,东京尤其炸得厉害,有许多案卷也遗失了,究竟有没有这回事,他们也弄不清楚,谢石觉所言是真是假,他们也感兴趣。

假如有人问我有没有这回事?我也只好支吾其词,因为这是于我颇有利的证据,怎能轻易说没有?但花了十一个月又查不出证据,我们实在也很难加以肯定。如果能找出该一判决书,而判决书中又裁定而后尖阁群岛一切均属台北州管辖的话,对我们的确是十分有利的。假如判决书中所言只是关于类似渔业纠纷案件隶属于台北州法院管辖的话,那么有利成分不大。不过我们仍尽力在继续寻找一切有利于我们的证据。

例如琉球群岛本来是一个王国,在十九世纪中叶才被日本侵占,那时的琉球就不包括钓鱼台,故钓鱼台绝不属于琉球。

另一有力证据是在中日甲午之战间,签订马关条约以前,日人才把尖阁群岛并入冲绳县,这中间经过时间很长,在马关条约的割让条款里,除澎湖有明确的经纬度说明外,其它则称:台湾及其许多附属岛屿。我们认为今日钓鱼台就是台湾许多附属岛屿之一。至于李鸿章被派代表满清签订马关条约时,为什么没有把这许多附属岛屿照列出来,我们无法得知,因李鸿章已亡故多时。

日本方面的说法是尖阁群岛在马关条约前已划入冲绳县,为什么那时满清不讲话?之后民国成立为什么也从未有人提出异议?即使中国政府割了台湾也未见有人提起过,现在是否因发现有了丰富油矿才出面争取?

我们也与许多专家不断研究过,如果就民法司法言,它是有效的,但国际公法没有时效问题,换言之,即事实永久存在,我们有充分理由争取。

该一个问题,是从三年前开始勘测,二年前政府正式公布五个开采区域,一年前"立法院"通过大陆礁层公约,另外订有法令与美国四家石油公司在一、二、三、四区进行勘测,第五区因与韩国发生争执,当时没有进行。至去年十一月日韩经济合作策进委员会在汉城集会,日方代表提出既然日韩、中日、中韩均各有争执,主权问题留待政府去作决定,但经济合作问题似可以商讨。在汉城于是通过一提案,于去年十二月中日韩三国再在东京集会。消息传出后,去年十二月三日"匪"新华社首次发出攻击,谩骂美国帝国主义,日本军国主义及台湾的卖国行动三者互相勾结。一连数日骂个不停,企图制造一种容易引起不满的气愤。即我们如失去钓鱼台,我们就是卖国,佐藤政府如果争不到钓鱼台,他也是卖国。"共匪"所采取的乃是一石三鸟的恶毒作法,所以我们不可不谨慎。

海外华侨当然绝大多数是忠贞爱国的,但有些话还是最好不讲,免得引起误会。

从整个问题及发展看,经三年前开始直至去年八月交付"立法院"讨论,可谓热闹非凡,但一般尚缺少热烈的反应,然而自去年十二月"匪区"煽动性广播发出后,延续到今年一二三月,问题就相继出现了。而其中煽动得最厉害的就是指控台湾的国人只知反共不知爱国,换言之,他们才是爱国的。甚至还说他们只要爱国而不一定反共。最近在美国某地所举行的一次集会里,竟提议可否在美国召开一次国是会议,同时邀请我"驻美大使"沈剑虹及"匪"驻加拿大大使黄"匪"华共同参加,研究国是。这就是只要爱国不必反共的具体表现。

我们认为要爱国就必须反共,如果今天大陆上存在着共产暴政,我们世代子孙将永远不能解脱。这是生死关头,是一场人与非人最激烈的战斗,除非我们灭绝人性,否则绝不允许有共产主义的留存。所以不反共实无爱国可言。

我讲这番话无意对任何的爱国思想加以责难,但对共产暴政我们应有这样一个正确看法。我认为发自于良知良能的判断才是正确的判断。事实经过歪曲后,就无法得到正确的结论。

以上所讲就是希望我们在从事对"匪"斗争中应该在"知己知彼"的工作中多下功夫,对自己对敌人都务须求彻底的了解,然后方能克敌制胜……

(全宗名:严家淦"总统"文物,卷名:《任"副总统"时:致辞稿(七)》,入藏登录号:006000000342A 典藏号:006-010706-00007-014)

5. 复何昌年先生函

"民国"60年3月25日

昌年先生：

　　谢谢你最近先后两次的来函，你的一片爱国热诚，和对政府的忠贞，使我十分感动，也十分钦佩。

　　政府对于钓鱼台列屿的立场非常明确，维护领土主权的态度也一向极为坚定。前几天"总统府"张秘书长代表"总统"恳切答复旅美学人的信中，已经再度明白表示了我们的严正立场和处理情形，想必大家对此已有清楚的了解，而可稍释关怀。

　　希望你珍重学业，为国珍重，并以此意特祝所有在美学人，大家同心一德，精诚团结，共为"复国建国"的目标而努力。

　　敬祝

严家淦敬启

（全宗名：严家淦"总统"文物，卷名：《任"行政院长"时：函（六十年）（二）》，入藏登录号：006000000142A　典藏号：006－011200－00032－024）

6. "钓鱼台事件"对日本政局的影响

"民国"67年4月29日

四月十二日,"共匪"集结百余艘渔船入侵钓鱼台海域事件在日本政界引起了很大影响。

1. 当年以外相身份促进日"匪"复交的大平干事长,被追究搁置钓鱼台问题的责任,陷入苦境。

2. 被迫重开日"匪""谛""约"交涉的福田首相因而得以摆脱该项包袱,获得转机。

3. 中曾根康弘指责过去托词拖延解决钓鱼台问题的不当,明白表示"反大平接近福田"的立场。

4. 大平的盟友也作同情福田的发言。

总之,"共匪"不但没有达到"援护大平"的预期效果,反而粉碎了"大平田中"的夺权构想,为福田打开了一条路。

摘译:

"钓鱼台事件"对日本政局的影响

大平正芳陷入困境

四月十二日,一百余艘"匪区"渔船侵犯钓鱼台列屿海域,自民党干事长大平正芳在十三日上午会晤记者,力表平静地说:"日本应冷静因应……"但由于自民党以及社会舆论均一致强烈批评"共匪"的暴举,数小时后不得不再发表谈话取消该项发言。大平说:"日'匪'间既然发生了新的外交问题——领土问题,两国间的信赖关系已有了裂痕。"等于声明了日"匪"和平友好条约交涉的"中断"。

十四日,对日"匪"问题力主慎重从事的自民党属派人士进一步追究当年以外相身份促进日"匪"复交,发表联合声明的大平。

鹰派人士的论据正如青岚会参议员玉置和郎所说:"'共匪'的理由是日本在日'匪'联合声明时,既同意搁置钓鱼台列屿问题,现在却又主张其所有权,殊属不合理。钓鱼台本来就是中国固有的领土。关于这项经过,我们都毫无所悉,知道的人仅有当时的首相田中角荣与外相大平。倘若我们知道了这件事,任何人也不会赞成日'匪'联合声明。只因为当时忽略了领土问题,才引发了这次事件,其责任相当重大。我们的结论是绝不能在'共匪'的恫吓下谛约,不谈领土问题,绝不能谈条约。"

换言之,将国家财产钓鱼台列屿问题束之高阁,缔结"和平友好条约"乃是"违反国益"之举。大平干事长在这种"正论"围攻下,处境愈益艰苦。

福田赳夫重获转机

相反地,在日"匪"问题上态度慎重的福田首相却因此重获转机。正如评论家饭岛清所说:"批评'共匪'行使实力的人,远比批评福田首相在日'匪'问题上不够积极的人多,'共匪'原拟借此事件表示,'福田政权无法处理日"匪"问题',却相反地使福田重获生机。'共匪'把情势判断错误了。"

其实,反福田的大平、田中联合阵线一开始就计划"由福田处理日'匪'问题"。因为这样一来,在大平政权成立时,可以使占党内多数派的慎重论者不致借题攻击大平,同时为了确保大平政权的安定,福田派的合作是必不可缺的,因此与其逼使福田不光彩地下台,不如使福田在缔结日"匪"和平友好条约后,光荣下台为得计。

然而,此项基本战略也被迫改变方向,政治宣传中心社长宫川隆义说:"过去福田被迫搞日'匪'和约,一直限于苦境。由于此次钓鱼台事件,福田今后可以不必进行日'匪'缔约可以完全依据自己的意思操纵政局。"

饭岛清说得更为具体:"福田首相运气不错。当他被日圆升值、不景气问题搞得焦头烂额的时候,发生了成田机场问题,使全部政党一致批评过激分子,为政府撑腰。当大平、田中二派开始摇撼福田的时候,洛克希德飞机受贿案审判爆出了伊藤宏证言,使大平、田中不得不保持缄默。而这一次福田在日'匪'问题上正夹在慎重派与促进派进退维谷的时候,发生了'匪'渔船侵犯钓鱼台事件。"

换句话说,由于这事件福田与大平的立场完全逆转,改变了攻受的立场。

中曾根康弘的"宣战"

根据政治宣传中心社长宫川分析:"自从钓鱼台事件以来,不仅是日'匪'问题上保持中立立场的国会议员,连促进议员也转变为慎重派。"

这对于拟借日"匪"问题围攻福田的"大平田中联合阵线"是一大打击。而最大的一击莫过于总务会长中曾根康弘在四月十五日召开的政府与自民党首长会议席上所作的"强烈发言"。中曾根对大平说:"(领土问题)应坚持立场断然解决。过去就是托词搁置,拖延解决,才会发生种种问题。今后绝不容有这种事。"

"大平、田中联合"要与福田派一决雌雄,中曾根的动向自然是其最大关心事。中曾根的这一番发言明白表示了中曾根"反大平、田中,接近福田"的立场,无异于向大平"宣战"。

田中角荣见风转舵?!

自民党,特别是福田首相周围,目前正盛传"九月解散国会"的传闻,这是拟以这次的"匪"渔船入侵钓鱼台列屿海域事件与应否缔结日"匪"条约为主题,问信于民。亲近福田派的某议员说:"这事件正是福田政权千载难逢的解散国会良机。"

显然福田首相周围想趁机改选国会,以图保身,但对大平、田中阵营而言,在选举状况对保守党有利的现状之下,由福田解散国会,举行总选举,将使福田政权延长,因此力图阻止福田解散国会。

就在这关头,田中角荣在四月十四日,向其支持者说:"福田内阁的支持率很低,但日圆升值和不景气并不能说是福田的责任。"

过去田中一直在牵制福田,对于这近"骤变"的发言,福田的亲信说:"这是田中已看出在现状之下,要逼走福田已属不可能。田中或许已不再阻止解散国会。"果尔,这无异是对大平阵营的一大打击。

总之,"共匪"为了援护大平田中集团早日获胜而引发的"侵犯钓鱼台事件",已经在日本政局引起了很大的冲击,"共匪"不但没有收到预期的效果,反而粉碎了"大平田中"的夺权构想,为福田首相打开了一条路。

("外交部"档案,册名:日本专译(八),档案号:020-199900-0080)

（十二）"日华时局对策协议会"合作开发大陆礁层计划
"民国"六十五年

1. 亚东关系协会、台亚太司、"总统府"第一局往来信函

受理　亚东关系协会者　"民国"六十五年二月十日
　　主旨：接日本"日华时局对策协议会"会长大崎六郎一月二十四日致本府函，建议以其"日华时局对策协议会"为日本方面之促进团体，与我主管机关就大陆棚开发问题进行交涉，如我同意，拟即派遣使节团来华等语。经呈奉核示，请贵会查明酌处。

"总统府"第一局

　　大陆棚开发问题为政府间的重要问题，本案拟婉却"日华时局对策协议会"建议，并请其径洽日方交流协会，如何之处，敬请贵司惠赐卓见。
此致
　　亚太司条约司

亚东关系协会

　　关于"日华时局对策协议会"拟与我交涉大陆棚开发一事，本司对贵会意见，敬表同意。
此致
　　亚东关系协会

亚太司

2. 条约司意见

一、查我国与五十九年十月间宣布之五大海域矿区，与日本、韩国所宣布之矿区均互有重叠，其中我国最北部之第五区之一部分与韩国之第七矿区及日本之第三矿区重叠。韩日双方曾于六十三年一月三十日在汉城签订"韩日两国共同开发邻接大陆礁层南部地区协议"，同年十二月七日韩国批准该协议。日方亦可能于今年三四月份予以批准生效。今年九十月间双方将依协议会作开采该区域。一般估计该区蕴藏石油五十至一万亿吨。我国前曾正式向韩方表示拟就该重叠区域进行谈判，韩方未做答复。

二、日本政府对我其他二、三、四矿区之划分曾于五十九年十月二十三日由当时驻我国"大使"板垣修来部见沈代部剑虹。日方提出两点：（一）希望中国方面目前避免探勘及开发台湾及中国大陆与日本领土。即包括尖阁群岛在内之南西诸岛间距离相等之中央线以东地区之大陆礁层资源。（二）中国政府倘同意上开办法，日本政府在中日双方商谈获得结果前，将暂时避免探勘及开发尖阁群岛附近地区之大陆礁层资源。沈代部长答称：吾人无法接受日本对钓鱼台列屿（日本称尖阁群岛）之主权主张。但基于中日间之友好关系，倘日方有意投资或合作开发，我自愿予以考虑。

嗣后未见日本官方与我洽谈合作开发之事。

三、"民国"五十九年四五月间，日本前首相佐藤荣作之子佐藤龙太郎曾向我方提出"协力开发台湾海底资源"及"开发台湾省大陆礁层计划草案"意见书。并曾来先与我"经济部"有关商谈。日本国策研究会秘书长矢次一夫等曾于中日韩三国间为东海大陆礁层开发权问题发表争执。于五十九年十一月十二日在汉城召开之"中日韩联络委员会"上，提出三国共同开发案。会中通过由三国合作策进委员会构成之联络委员会各向其政府及有关机关提出建议共同实施海洋资源之调查研究与开发。但对于大陆礁层之主权问题乃政府间之交涉事项，该委员会不参与其事。该委员所通过之共同开发案，迄今未见有何进展。

四、鉴于中日官方及民间对共同探勘及开发大陆礁层问题，过去虽有晤谈，均无结果。现韩日双方已计划探勘及开采与我重叠之第五区之一部分，目前我方对该部分海域虽无探勘计划，当倘我方眼见日韩进行探勘而无所表示，无异默认日韩行为,减损我方立场。韩国一向认为此区属于韩国大陆礁层之海域,对我建议双方进行商谈,不予答复。反观日本,则日本官方及民间在中日断交之前,均曾向我有善意之表示。今者日方机构在中日断交后,主动再度向我表示进行商讨愿望。我方似宜接受"日华时局对策协议会"之建议,以期透过该协议会,将来可进一步由亚东关系协会与交流协会间或中日其他有关机关间之会谈,对此争执之矿区,寻求妥适之解决。

五、又开发东海大陆礁层资源之工作,系"经济部"主办,本部对此类问题及事项,似宜与"经济部"联系。

桂仲纯　蒋伯竞　六十五年二月二十四日

3. 台"外交部"给亚东关系协会函

("民国"六十五年三月二十四日)

主旨：日本"日华时局对策协议会"所提出与我交涉大陆棚开发问题，系该会自拟中日经济合作开发计划之一，并未受日本政府委托，亦无受委托之可能。

鉴察

说明：一、有关"日华时局对策协议会"之成立、组织、政治、社会背景，本处经于"民国"六十二年十一月二十日第九九号函副本呈送，钧会在案。

二、该会原任会长中野留夫于去年十一月二十三日该会会员大会时，以年高辞职。由大崎六郎继任会长。

……大陆棚开采权交涉问题，条约局答以中日断交后，日本已不承认"中华民国"，有关大陆棚开发问题，日本不能以"中华民国"为交涉对象。至于中日民间之交涉则日本政府不出面介入，故该会拟向我政府取得大陆棚开发交涉委托书后，联合日本石油界有力人士向日本政府所属实际掌管石油开发之日本石油开发公团交涉，共同开采。该会并未受日本政府委托而系拟先取得我政府之委托……

4. 日华时局对策协议会致台"总统府"函

日华时局对策协议会会长:大崎六郎　代表顾问:木村禧一
"中华民国总统府"公启　一九七六年五月十七日

日本政府对于开发大陆棚之见解

关于在贵国台湾海峡开发大陆棚之有关各种情况与日本政府交涉之结果已取得"日本政府无任何限制开发大陆棚之权利"之答复。以下为与日本政府交涉之经过内容,特列后以供参考。

日本政府答复要点:

1. 一九七六年三月二三日　对外务省条约局长中岛敏次郎

问:对本协会在台湾海峡开发大陆棚计划具体开始必要之一切事务有无异议?

答:因日本政府已经认为日华条约不具效力,且现无由外务省加以限制之法律,亦无意介入贵协会之开发计划,可自由进行。

2. 外务省条约局外务参事官井口武夫之见解

贵协会之开发计划虽佳,惟对中华人民共和国有不良影响之嫌。

3. 外务省亚洲局中国课之意见

贵协会实施之开发计划系在中华人民共和国所主张之领土,日本政府无法同意与中华人民共和国外交关系恶化之计划。但亦无使贵协会终止开发计划之权限,自不待言。

4. 一九七六年三月二十三日下午一时通商产业省资源能源厅长官:增田实及同课海洋开发课长志贺学之意见。

与贵协会拟从事之开发计划有关之各问题

一、与尖阁列岛关于矿区设定重复之问题

二、关于资源之主权与权益问题

三、海洋法(海域)之问题

四、石油开发公司之协助是否可能之问题

五、外汇汇出方法(日本外汇法)及涉及日"中"关系之计划将如何处理之

问题

六、日本政府对资源开发及企业保护之可能程度问题

七、完成开发后之输入许可问题

关于右列案件资源能源听之见解如左:

考虑能源资源之将来,应避免阻止贵协会之开发计划。本厅愿在可能范围内考虑援助之方法。

5."经济部长"致各单位函

受文者:亚东关系协会

收受者:给"总统府"第一局"外交部"亚太局"外交部"条约司"中国石油公司"

"民国"六十五年六月二十八日

主旨:日本大阪"日华时局对策协议会"所提拟与我国合作开发台湾海峡及钓鱼台海域大陆礁层之计划,目前尚无需要,请查照转复。

说明:一、复贵会六十五年六月七日亚协秘(65)字第九○一号函暨附件。

二、查我国在台湾海峡及钓鱼台海域大陆礁层之开发工作,业已进行有年,故对"日华时局对策协议会"所提出合作开发之计划,目前尚无需要。

部长　孙运睿

(全宗名:"外交部",卷名:《大阪"日华时局对策协议会"合作开发大陆礁层计划》,入藏登录号:020000012672A　典藏号:020-190300-0001)

（十三）"国民大会"代表五十九年度年会提案办理情形汇报

……

二、周士杰等七十一人建议政府应明确决定对琉球问题之立场，始能确保钓鱼台列屿及大陆礁层之完整。

（一）政府对于琉球问题之立场，向为：应依照开罗会议及波茨坦宣言，由有关主要盟国协商决定，并应给予琉球居民自由表示意愿之机会。我政府此项坚定而明确之立场业经本部循由外交途径迭向美、日两国政府表明。本（六十）年六月十一日及十五日本部复先后两次发表公开声明，将我上述严正立场再度昭告全世界。

（二）关于钓鱼台列屿案，政府之立场夙极坚定，即无论自历史、地理、使用情形及国际法原则言之，该列屿系我国台湾省之附属礁屿，其主权应属我国，不容置疑，我政府基于其保卫国土之神圣义务，在任何情形下绝不能放弃尺寸领土之主权，因此本部曾不断将上述既定立场洽告美、日两国政府，并促美方一俟终止其对钓鱼台列屿之军事占领，应即将之交还我国。美国政府在我方有力之交涉及洽促下同意采取中立之立场，并公开发表声明盼中、日两国政府本互信互谅之合作精神，共同协商解决有关钓鱼台列屿之争论，美方复指明本（六十）年将钓鱼台列屿行政权交予日本，惟绝未将该列屿之主权有所认定。

（三）关于台湾以北邻近我国海岸之大陆礁层资源问题，我政府之立场为：依照国际法原则（自然延伸原则）及一九五八年大陆礁层公约之规定，我国对于上述台湾以北，邻接我国海岸之大陆礁层资源享有探勘及开采之主权。此项既定立场亦经本部迭向日方表明，并对日方所提对于前述大陆礁层上突出海面之礁屿所作之领土主张，表示不能同意。政府并根据此项开采权于去（五十九）年授权"中国石油公司"与若干美籍油公司分别签订合同，期能协力探勘，开采上述大陆礁层上之油源。

（"外交部"档案，档案号：020-130400-0058-0005）

（十四）"钓鱼台事件"对日本政局的影响

"中华民国"六十七年。
来文机关：亚东关系协会摘译　送达"外交部"
67年4月29日　亚协秘（67）字第七〇七号

　　四月十二日，"共匪"集结百余艘渔船入侵钓鱼台海域事件在日本政界引起了很大影响。

　　5. 当年以外相身份促进日"匪"复交的大平干事长，被追究搁置钓鱼台问题的责任，陷入苦境。

　　6. 被迫重开日"匪"缔约交涉的福田首相因而得以摆脱该项包袱，获得转机。

　　7. 中曾根康弘指责过去托词拖延解决钓鱼台问题的不当，明白表示"反大平接近福田"的立场。

　　8. 大平的盟友也作同情福田的发言。

　　总之，"共匪"不但没有达到"援护大平"的预期效果，反而粉碎了"大平田中"的夺权构想，为福田打开了一条路。

摘译：
"钓鱼台事件"对日本政局的影响
大平正芳陷入困境

　　四月十二日，一百余艘"匪区"渔船侵犯钓鱼台列屿海域，自民党干事长大平正芳在十三日上午会晤记者，力表平静地说："日本应冷静因应……"但由于自民党以及社会舆论均一致强烈批评"共匪"的暴举，数小时后不得不再发表谈话取消该项发言。大平说："日'匪'间既然发生了新的外交问题——领土问题，两国间的信赖关系已有了裂痕。"等于声明了日"匪"和平友好条约交涉的"中断"。

　　十四日，对日"匪"问题力主慎重从事的自民党属派人士进一步追究当年以外相身份促进日"匪"复交，发表联合声明的大平。

鹰派人士的论据正如青岚会参议员玉置和郎所说:"'共匪'的理由是日本在日'匪'联合声明时,既同意搁置钓鱼台列屿问题,现在却又主张其所有权,殊属不合理。钓鱼台本来就是中国固有的领土。关于这项经过,我们都毫无所悉,知道的人仅有当时的首相田中角荣与外相大平。倘若我们知道了这件事,任何人也不会赞成日'匪'联合声明。只因为当时忽略了领土问题,才引发了这次事件,其责任相当重大。我们的结论是绝不能在'共匪'的恫吓下谛约,不谈领土问题,绝不能谈条约。"

换言之,将国家财产钓鱼台列屿问题束之高阁,缔结和平友好条约乃是"违反国益"之举。大平干事长在这种"正论"围攻下,处境愈益艰苦。

福田赳夫重获转机

相反地,在日'匪'问题上态度慎重的福田首相却因此重获转机。正如评论家饭岛清所说:"批评'共匪'行使实力的人,远比批评福田首相在日'匪'问题上不够积极的人多,'共匪'原拟借此事件表示,福田政权无法处理日'匪'问题,却相反地使福田重获生机。'共匪'把情势判断错误了。"

其实,反福田的大平、田中联合阵线一开始就计划"由福田处理日'匪'问题"。"因为这样一来,在大平政权成立时,可以使占党内多数派的慎重论者不致借题攻击大平,同时为了确保大平政权的安定,福田派的合作是必不可缺的,因此与其逼使福田不光彩地下台,不如使福田在缔结日"匪"和平友好条约后,光荣下台为得计。

然而,此项基本战略也被迫改变方向,政治宣传中心社长宫川隆义说:"过去福田被迫搞日'匪'和约,一直限于苦境。由于此次钓鱼台事件,福田今后可以不必进行日'匪'缔约可以完全依据自己的意思操纵政局。"

饭岛清说得更为具体:"福田首相运气不错。当他被日圆升值、不景气问题搞得焦头烂额的时候,发生了成田机场问题,使全部政党一致批评过激分子,为政府撑腰。当大平、田中二派开始摇撼福田的时候,洛克希德飞机受贿案审判爆出了伊藤宏证言,使大平、田中不得不保持缄默。而这一次福田在日'匪'问题上正夹在慎重派与促进派进退维谷的时候,发生了'匪'渔船侵犯钓鱼台事件。"

换句话说,由于这事件福田与大平的立场完全逆转,改变了攻受的立场。

中曾根康弘的"宣战"

根据政治宣传中心社长宫川分析:"自从钓鱼台事件以来,不仅是日'匪'

问题上保持中立立场的国会议员,连促进议员也转变为慎重派。"

这对于拟借日"匪"问题围攻福田的"大平田中联合阵线"是一大打击。而最大的一击莫过于总务会长中曾根康弘在四月十五日召开的政府与自民党首长会议席上所作的"强烈发言"。中曾根对大平说:"(领土问题)应坚持立场断然解决。过去就是托词搁置,拖延解决,才会发生种种问题。今后绝不容有这种事。"

"大平、田中联合"要与福田派一决雌雄,中曾根的动向自然是其最大关心事。中曾根的这一番发言明白表示了中曾根"反大平、田中,接近福田"的立场,无异于向大平"宣战"。

田中角荣见风转舵?!

自民党,特别是福田首相周围,目前正盛传"九月解散国会"的传闻,这是拟以这次的"匪"渔船入侵钓鱼台列屿海域事件与应否缔结日"匪"条约为主题,问信于民。亲近福田派的某议员说:"这事件正是福田政权千载难逢的解散国会良机。"

显然福田首相周围想趁机改选国会,以图保身,但对大平、田中阵营而言,在选举状况对保守党有利的现状之下,由福田解散国会,举行总选举,将使福田政权延长,因此力图阻止福田解散国会。

就在这关头,田中角荣在四月十四日,向其支持者说:"福田内阁的支持率很低,但日圆升值和不景气并不能说是福田的责任。"

过去田中一直在牵制福田,对于这近"骤变"的发言,福田的亲信说:"这是田中已看出在现状之下,要逼走福田已属不可能。田中或许已不再阻止解散国会。"果尔,这无异是对大平阵营的一大打击。

总之,"共匪"为了援护大平、田中集团早日获胜而引发的"侵犯钓鱼台事件",已经在日本政局引起了很大的冲击,"共匪"不但没有收到预期的效果,反而粉碎了"大平田中"的夺权构想,为福田首相打开了一条路。

("外交部"档案,日本专译(八),档案号:020-199900-0080)

（十五）关于联合国中国代表权问题中日东京会谈纪录

时间："民国"六十年五月七日下午三时半至四时半
地点：日本，东京，日外务大臣会客室
在座：中方：彭"大使"孟缉、翟司长因寿、钮公使乃圣、詹参事明星
日方：外务审议官法眼晋作、国连局长西堀正弘、审议官赤谷源一、国连局政治课长天羽民雄、政治课首席事务官田中义具
传译：赤谷审议官（将外相发言译为英语）

沈"大使"：此次本人奉命出使美国，在赴任途中得以造访大臣阁下致意，甚感欣快。今晨并蒙法眼外务审议官以次贵省有关单位主管官员与本人及我方人员就我在联大代表权问题，深入交换意见达三小时半，获益甚丰，愿借此申致谢忱。

我"外交部"周部长本愿于离美返国途中访晤阁下，只因需赶返接待刚果民主共和国总统访华，匆促由美径行回国，特嘱本人代向阁下致意。

（言毕，面递部长函）

爱知外相：本日在此得以欢迎贵"大使"，至感庆幸。贵"外交部"近经易长，本人亦盼能与新部长晤谈，乃蒙赐颁亲函，厚谊感甚。

沈"大使"：中美之间，近就代表权问题有所接触。美方言明，有关"双重代表权方案"（以下简称 D. R.）将不涉及我在安理会席次问题，惟我因美方迄未经提示 D. R. 具体案文，仍持保留态度。我方认为联大及安理会之席次，系属一体，不可分割，此一立场迄无改变。

爱知外相：贵方与美方何人接触，愿获告知。

吾人深以刻下情况极为艰难，如何应付局面，甚感焦虑。惟忆及二次大战后日本幸免成为分裂国家，而有今日繁荣，得力于"中华民国"政府者甚多，此种厚谊，自永志不忘，故今当贵方国际处境艰难，日政府当愿竭力支助，切盼我能维持在联合国之地位。惟当务之急，仍在如何有效争取足够票数，以支持有利方案。为求能达此目的，似应先就各国今后投票去向加以分析预估。吾人虽应坚持原则，但亦需以客观态度面对事实发展，分就"阿尔巴尼亚案"、"重要

事项方案"(以下简称 I. Q.)及 D. R. 逐一加以检讨,估计票数。次亟欲获悉者,贵国对于中共之入会是否可以容忍,抑或不愿近来趋势,断然反对?

沈"大使":我方曾与尼克逊总统之私人代表接触。

诚然,我方对于局势之演变无意忽视,但我方基本政策,在于阻止中共入会。D. R. 若竟提出,已损及我方利益,何况设若涉及我在安理会之席次,更非我所能忍受。

爱知外相:目前自民党内阁虽在国会拥有三分之二多数,但党内意见极不一致,民间舆论亦极分歧,故政府不免常感为难。贵方或以为坚持立场,在国际社会即使暂陷孤立亦在所不惜,但基于日本战前因退出国际联盟而遭受国际孤立之惨痛经验,深盼贵国万勿负气轻易退出联合国。因此事系日方由衷盼望,故愿与中方诚挚合力共谋对策。

沈"大使":我方对于贵方以及美方以往强力支持,至为感纫,认为今后继续合作极关重要。惟如涉及我在安理会席次,我方将无任何考虑之余地。本人特愿奉告,代表权问题不仅对我国本身具有切身利害关系,抑对整个亚洲之安全,亦极重要。吾人主张如友邦非提 D. R. 案不可,亦必须将 I. Q. 之精神及目的纳入其中意即在此。

爱知外相:承告 I. Q. 精神云云,究何所指。如谓绝不容忍中共入会,则 D. R. 本身是否亦即违背 I. Q. 精神?

沈"大使":此事需视提案内容如何,再行检讨。

爱知外相:贵方情绪本人深为了解,但事实上除日、美之外,究有无与其它国家研究各种方案?

沈"大使":坦率言之,我方在目前阶段仅与日、美两国接触,今后当愿与包括亚太理事会会员在内之其它友邦磋商。

爱知外相:英国之去向关系极大。试问贵国是否现仍与英国保持若干关系,对于英国最近动向有所知否?

沈"大使":吾人并无直接接触。吾人对日美两国支持最为重视。

爱知外相:日本当愿尽力而为。本人前亦曾奉告彭"大使",即令事态如何演变,本人以贵国友人立场,切盼万勿负气出走,以免成为"国际孤儿"。

沈"大使":吾人忍耐已久矣,但忍耐自有其限度,倘损及我方基本国策,当无法让步。

爱知外相:兹另愿获悉,张岳军先生将于何日莅日?

沈"大使":订于七月间来访。

爱知外相:贵大使是否径行赴美。(旋顾翟司长而言)如贵司长由日返国,愿借此机会略表本人盼望。关于钓鱼台列屿问题,务请贵国此刻在国内尽量避免张扬,以免刺激日本舆论,致增日本政府处理代表权问题之困难。此点敬请贵司长带回转陈贵国政府。

(会谈至此结束,爱知外相询沈"大使"请求,一同进入其办公室密谈约十分钟,然后与我方人员辞离外务省)

(蒋经国"总统"档案,《联合国》编号二,关于联合国中国代表权问题中日东京会谈记录,《忠勤档案》,档号3010.82/5044.01-045)

（十六）日本政情资料

1. 日本政情资料（一）

（1）日拟在钓鱼台列屿开采石油
央秘参（60）第4467号

　　（"中央社"东京七日美联电）国务大臣山中贞则说，当争议中的钓鱼台列屿于明年归属日本统治后，日本将在该列屿及其周围开发石油资源。
　　山中是在议会一专门委员会答复一位社会党议员的质询时作此表示。
　　除日本外，中共和"中华民国"均对该列屿提出主权要求。
　　自从第二次大战以来，该列屿即由美国治理。美国计划于明年将其与琉球一并交予日本。

六十、十二、七、N　031

（2）日外相拟与"匪"谈判钓鱼台
央秘参（60）第4527号

　　（"中央社"东京十五日时事电）日本外相福田赳夫，今日在参院全体会议上答复质询说："关于尖阁（钓鱼台）群岛附近大陆礁层资源开发问题，有与中国政府举行谈判的必要。并盼在谈判过程中，解决这个问题。"
　　福田外相又说："美军在提供的'A表'中载明尖阁群岛有美军打靶场，因此证明尖阁群岛是日本的领土而交还给日本。"

六十、十二、十五、D　051

(3) 日政府关切钓鱼台消息

央秘参(61)第0369号

("中央社"东京十六日专电)今天的日本各家大报,均以钓鱼台的新闻为首页的消息。日本报纸引述外务省的消息人士的话说,日本政府对于发自台北的一则报导表示关切。报导说,日本称之为尖阁群岛的这些岛屿已归到台湾一个县的辖区内。

消息说,"中央日报"刊出了一则报导说,中国政府同意了将钓鱼台列屿纳入宜兰县境的决定。

消息更引述"中央日报"说,该县将于三月间派出一个视察队前往这些岛屿,并开始准备在岛屿之一的上面设一个办公处。

日本报纸指出,这些岛屿是琉球群岛的一部分,美国将于五月十五日将琉球归还日本。

外务省消息人士说,外务省现在通过驻在台北的"日本大使馆",调查报纸的报导。消息人士说,日本政府可能要求中国政府重新考虑在岛上设立办公处一事。

日本报纸还指出,日本已经同意,于琉球在五月间归还日本后,美国可继续将这些岛屿用作轰炸靶场。　　　　　　　　　　　　　　（日——一）

178

("中央社"东京十七日专电)日本外务省发言人今天说,日本政府可能就钓鱼台列屿问题向"中华民国"政府提出抗议,如果最近有关该列屿划归宜兰县政府管辖的报导证明属实的话。

外务省情报文化局局长和田力今天下午在为派驻日本的外国记者举行的例行记者会中作此声明。

钓鱼台列屿总面积六点三平方公里,在去年成为"中华民国"、北平和日本间的争论问题。

询以日本外务省对于前联合国秘书长宇谭撤销两名"中央通讯社"记者采访联合国新闻资格一事的看法,和田力表示,外务省一直经由在台北的"日本大使馆"采求总社设在台北的"中央通讯社"的地位真相,但迄今尚未接到任何答复。

和田力答复"中央社"记者所提,"中华民国"政府是否曾就日本与"外蒙"

谈判建立外交关系一事向日本政府提出抗议的问题时说，迄今尚未接到抗议。

（日——二）完

六十一、二、十七、D 199

(4) 日就钓鱼台事向我"使馆"提抗议

央秘参(61)第 0388 号

("中央社"东京十八日专电)日本外务省昨天为了中国报纸所传，关于钓鱼台列屿管辖权的报导，向"中国驻日大使馆"提出口头抗议。

日本外务省是以"中央日报"本月一日所发表，说是中国"行政院"的命令已经把钓鱼台列屿置于台湾宜兰县的管制之下的消息为根据，提出抗议。

日本人称钓鱼台列屿为尖阁诸岛，并且主张对该地区的主权，认为那地区须于美国把琉球交还日本之同时置于日本的管辖之下。

于昨天下午在外务省和"中国大使馆"公使钮乃圣会谈时，外务省新任亚洲局局长吉田谦三说，日本认为中国"行政院"的命令是不友好的行动。

吉田指出，在此特殊时刻，中国政府方面的此项行动，将只会损害日本国家的感情。

吉田要求钮乃圣公使尽力使中国方面不要像台湾中国报纸所报导的派测量团到钓鱼列屿去，并且要求中国政府"善处"此项问题。

六十一、二、十八 184

(全宗名："外交部"，卷名：《日本政情资料(一)》，
入藏登录号：020000029305A 典藏号：020－010101－0067)

2. 日本政情资料（二）
"中华民国"六十一年至六十一年

（1）佐藤查究擅运装备到琉球事
央秘参(61)第 0805 号

（"中央社"东京十一日时事电）关于冲绳（琉球）复归本土后驻扎冲绳自卫队所需装备，在未经过国防会议而仅由自卫队空军参谋长石川的决定，即被搬到冲绳一事，政府表示相当重视，于十一日上午由佐藤首相、江崎防卫厅长官与竹下官房长官等召开会议，协商善后问题。结果，决定将业已运往现地的装备，加以冻结外，认为此举显示文官统制不够彻底，有待改善必要，乃决定追究自卫队内部的责任问题。

六十一、三、十一、D　070

（2）美日交换琉球协定批准书
央秘参(61)第 0865 号

（"中央社"东京十五日专电）美国与日本今天下午交换了琉球交还协定批准书。

换文仪式于日本首相官邸举行，日本外相福田赳夫及美国驻日大使麦叶，代表双方政府互换了此一使美国于五月十五日将琉球交还日本合法化的文件。

日本首相佐藤荣作及美国大使馆高级官员均曾在场观礼。

这项换文结束了美、日关系上的"战后时期"。

不过，此举也引起了反对"根据美国之条件"交还琉球的日本反对党阵营另一次的反政府行动。反对党尤其反对美国在美日安保条约下，继续在琉球维持军事基地。

同时，琉球交还日本，将是日本政府就钓鱼台列屿问题与"共匪"直接对抗。日本也势将为此与已将钓鱼台列屿划入宜兰县的"中华民国"发生纠纷。

(美——一) N
096

由于此一列屿现由美国管辖，日本目前一直避免为此与"共匪"发生直接冲突。

但在五月十五日之后，日本将声称此一列屿为日本领土的一部分，并将会于最近与将此一争端在联合国提出的"共匪"，争夺此一列屿的主权。

同时，日本左翼工会，日本社会党与日本共党已发动"反归还"示威，抗议美日交换此项批准书。

(美——二) 完 N
六十一、三、十五　097

(3) 美将继续使用钓鱼台靶场

央秘参(61)第0896号

("中央社"东京十七日专电)每日新闻今天引述美国大使馆人士的话说，美国将继续使用钓鱼台列屿上的靶场，如果日本同意在琉球归还后的此项安排的话。

日本人称为"尖阁群岛"的钓鱼台列屿，系预定今年五月十五日归还日本管辖的琉球群岛的一部分。

琉球归还协定中规定，"尖阁群岛"为预备归还日本的琉球群岛的一部分。根据美、日安全条约及琉球归还协定，美国在获得日本政府同意下，有权使用目前该群岛上的靶场。

每日新闻说，美国的继续使用此一靶场，可能会激怒"共匪"，进而妨碍日本改善与"共匪"的关系的努力。"共匪"代表最近曾在联合国，对上述群岛提出权利主张。

每日新闻进一步引述美国大使馆人士的话说，在美国的立场不宜评论该群岛的法律地位，又说，美国将以和它根据旧金山和约第三条接管时一样的该群岛的地位，将该群岛交还给日本。

(钓——一) H

112

旧金山和约第三条规定:"日本将同意美国向联合国提出的,有关将该群岛置于以美国为唯一统制权威的托管制度之下的任何建议……待作此建议及批准行动完成后,美国对这批群岛的领土和居民,将有行使一切及任何行政、立法及司法权力之权。"

上述人士表示,此一条款未提及该群岛的主权。他们又说,自一九七〇年九月美国国务院发表大意如此的声明以来,美国的立场未曾改变。

他们表示:"美国一贯主张,有关尖阁群岛(钓鱼台列屿)主权的任何争执,应由有关各方自己解决,或者,如它们愿意,由第三者加以裁断。"

(钓——二) 完

六十一、三、十七　H　113

(4) 佐藤不满美对钓鱼台问题态度

央秘参(61)第 0965 号

("中央社"东京廿三日专电)日本首相佐藤荣作,今天批评美国对钓鱼台列屿主权要求问题的态度。

佐藤今天参加一次在东京举行的琉球经济促进会议之后,在记者招待会中发表这项批评。

佐藤说:"美国对这个问题的态度很坏。"

佐藤又说:"美国显然对这个问题采取有利于'两个中国政府'的态度。"

据佐藤首相说:即将离职的美国驻日大使梅叶,昨天对这个列屿究系属于日本抑或属于"中华民国"的问题,避免采取明确的态度。

("中央社"东京廿三日专电)读卖新闻今天说,日本政府计划将钓鱼台列屿与大陆礁层资源开发,麻六甲海峡交通,及扩大领海等问题,提交联合国海事法国际会议,谋求国际解决。

中止十三年的海事法国际会议,预定明年在日内瓦举行。

(钓——一)　H 153

读卖新闻说,外务省官员正积极准备有关这些问题的资料。

该报说,外务省所以重视这一会议,是因为希望这一会议能够解决这些对日本这种海岛国家颇为重要的问题。

关于钓鱼台问题,日本政府已决定将主权要求问题与资源开发问题分开,而与"共匪"谈判解决。

读卖新闻说,日本政府所以希望将钓鱼台海底资源开发问题提交海事会议,是因为日本认为,在未与"共匪"建交时,将此一问题提交国际解决,可使日本获得有利地位。

由于怕在开发大陆礁层资源问题上处于不利地位,日本迄今仍未批准大陆礁层协定。

同时,日本正考虑在琉球于五月十五日交还日本后不久,于钓鱼台列屿设一无人的海上预报站。

外务省人员并说,日本政府也考虑派遣海上自卫队,加强在钓鱼台周围的巡逻。

此间认为,日本政府的此种行动,是对钓鱼台作主权要求的明显表示。

(钓——二) H 154

("中央社"东京廿三日合众国际电)关于钓鱼台列屿的争执,日本指责美国的立场前后"不一致"。该岛位于东海。日本、台湾和中共均宣称对该岛享有所有权。

日本外务省发言人和田力说,"我们的主权不因第三者的说法而受影响。我们将维护领土权利到底"。

目前钓鱼台列屿的行政权由美国控制,但这项行政权将依照琉球归还协定,于五月十五日移交日本。

和田的话,是指发自华盛顿的一项消息而言。这项消息说,美国国务卿罗吉斯和其他美国高级官员发表声明,建议日本、台湾和中共和平解决领土争执。

和田力在每周一次的外籍记者会报中说:"我们以为美国的态度前后不一致,美国不愿置身事外,因为美国是旧金山和约的签字国。"

和田发表正式声明说:"根据旧金山和约第二条,日本并未放弃尖阁群岛(即钓鱼台列屿之日本名称),只是交由美国管辖。"

该声明说:"现尖阁群岛的行政权既已准备(根据琉球归还协定)交还日

本,所有这些事实明显地证实尖阁群岛的地位是日本的领土。"

(钓——三) H 156

中共于本月在联合国和平使用海床会议中曾正式主张该岛主权,这项声明使得关于该列屿的争执再度引人注意。

福田外相廿二日在国会中说,日本将采取"适当措施"防卫日本的领土。

记者要求和田力详细解释"适当措施"的意义。和田说:"该岛归还日本后,我们将采取必要的措施。我们无法说明(防卫领土权的)力量将有多大。但我们的领土立场非常重要。"

(钓——四) 完 六十一、三、廿三 H 157

(5) 英报指日将派军驻守钓鱼台

央秘参(61)第 0975 号

("中央社"伦敦廿四日时事电)泰晤士报今天报导说:日本为了加强钓鱼台群岛是日本领土的主张,可能派遣武装的沿岸警备艇前往现地。另传日本正在考虑在钓鱼台群岛设置无人气象观测所,并派少数武装部队驻在岛上。

泰晤士报说:福田外相曾强调指出:为维护日本的立场起见,将采取"充分的措施",一般认为这说明日本可能采取包括派遣武装警备艇在内的一切有效措施,果如此,这将是日本战后首次采行"武力外交"。

该报又说:日本如果派遣警备艇前往钓鱼台群岛,其时间将在琉球归还日本的五月十三日以后。

六一、三、廿四 G 159

(6) 日将钻探钓鱼台油源

央秘参(61)第 0975 号

("中央社"东京廿四日专电)日本人士今天报导说,在五月十五日琉球群岛归还日本管辖当天,对钓鱼台列屿(尖阁群岛)四周大陆礁层海底资源的钻探及调查工作,将同时跟着展开。

这些人士引述政府及石油工业界人士的话说,日本政府及石油工业界采取这些行动,目的有二:

——搜集更多资料,以支持日本政府对钓鱼台列屿领土主权的主张。

——证实钓鱼台列屿四周的大陆礁层是否真是世界上石油储量最丰富的地点之一。

据日本石油开采公司所透露的调查计划,勘查的地区将包括从钓鱼台列屿东侧,一直到琉球本岛外海的整个区域。

上述人士说,据日本方面得自台北的消息,"中华民国"政府已通知一家美国公司进行钓鱼台列屿四周的钻探工作。

这些人士又说,假如日本石油开采公司的预算在四月间获得国会通过,则勘查的工作将在琉球群岛归还日本管辖当天同时进行。

六十、三、廿四　G

(7) 美对钓鱼台问题仍持中立立场

央秘参(61)第 0980 号

("中央社"东京廿四日专电)美国尼克森政府不改变其对争执的钓鱼台列屿的中立态度,今天显然对日本佐藤政府给予又一次打击。

据日本共同社记者从华府发出的电讯说,美国助理国务卿葛林曾向日本驻美大使牛场信彦说,对于"中华民国"、日本和中共之间的争执,美国仍旧保持中立的立场。

依照日本政府的训令,牛场拜访葛林,谋求美国坚决支持日本对该争执中的列屿之领土主张。据闻,该列屿有这地区中的富饶的石油储藏。

美国的态度,已引起包括佐藤首相在内的政府领袖的极大忿怒。

外相福田于昨天在国会中攻击美国的态度。

佐藤荣作首相也于昨天打破他的沉默,而间接指责美国的态度不好。

(美——一) G 164

佐藤首相和福田外相都表示,他们希望美国至少应该在有关日本对该富于石油的列屿的要求的公开声明中,以"表示支持日本立场"的方式支持日本。

据日本当面人士说,佐藤曾要求卸任的美国大使麦叶,把日本政府的意见转达给尼克森政府,但是被那位使节间接地避开。

此间一般认为,美国对于争执的钓鱼台列屿的态度,可能导致日本和美国之间的又一次政治危机。

(美——二) 完

六一、三、廿四　G 165

(8) 日议员追究琉球协定外交密约

央秘参(61)第 1017 号

("中央社"东京廿八日时事电)日本外务省关于社会党议员横路孝弘廿七日在众议院预算委员会上所暴露的有关琉球归还协定交涉上的外交秘密电文一事,当日夜晚立刻召开有关各单位干部会议协商善后对策。

据外务省有关人士透露:横路议员所持秘密电文副本,与正本大致相同,使外务省所受冲击甚大。

按日本外务省泄露秘密文件,除战后发生的拉斯杜洛夫事件以外未曾发生,而此次所泄露电文,较拉斯杜洛夫事件有过而无不及,因此,今后甚有可能发展成为追究省内责任问题。今后的发展,颇令人注目。

("中央社"东京廿八日时事电)日本社会党国会议员横路孝弘,廿七日下午在众议院预算委员会上暴露了有关琉球归还协定,日本外务省极为秘密电文三通,并追究称:在关于琉球归还协定上,日美两国间的金钱支付问题,具有秘密约定。

（员——一） D
180

横路孝弘指出:外务省的该项秘密电文明确指出,琉球归还协定第七条所规定的日本应向美国当面支付的三亿二千万美元之中,包含有美国为土地复元补偿费,在名目上虽是美国负担,但在事实上却是落在日本政府的头上。

对于横路议员的此项质询,外务省一时无法作答,乃决定经协议后于廿八日答复。

又,外务省关于横路议员所暴露的秘密电文的真伪,也决定进行详细调查。

（员——二） 完
六十一、三、廿八、D 181

(9) "匪"警告日本勿巡逻钓鱼台水域

央秘参(61)第1051号

("中央社"香港卅日路透电)中共今天重申其对钓鱼台列屿的主权,并警告日本不得作任何占领的企图。

新华社在一篇由北平电台引述的文章中,与日本最近对该列屿所发表的声明相冲突。这些声明包括一篇未经指认消息人士的报告,这篇报告说,自今年五月十五日以后,日本国旗将飘扬在那些小岛上。

这几个荒芜的小岛,位于台湾和琉球之间。日本和台湾均宣称对这个小岛有主权。

美国依照日美两国的琉球归还协定,预备于五月十五日后,将各该岛的行政权移交日本控制。

据此间引述新华社的那篇文章说,自二次世界大战以来,美国非法侵占钓鱼台,因此美国无权将之移交给日本。

该社说:"中国人民支持琉球立即和无条件归还日本,但坚决反对将钓鱼台移交日本。"

(告——一) D
196

"如果日本政府派遣巡逻艇巡逻钓鱼台水域,或采取类似的挑衅的步骤,那将等于日本实行侵略。"

"中国人民和日本人民对此都将坚决反对。" (告——二) 完

六十一、三、三十、D
197

(10) 季辛吉将向日解释　美对台湾问题立场

央秘参(61)第1052号

("中央社"东京卅日专电)虽然日本政府方面人士,对于美国总统安全事务顾问季辛吉于四月十五日来日作四天的非正式访问之时,日本政府领袖和季辛吉所将讨论的议题,拒绝加以说明。但是日本方面人士说,季辛吉将解释,当尼克森总统在中国大陆作一周的访问结束时,于上月在上海发表的联合公报中所宣布的美国对所谓台湾问题的立场。

日本方面人士说,日本政府对于美国助理国务卿葛林上个月向日本政府领袖所提有关这个问题的说明,非常不满。但是日本外务省对此会加以正式否认。

不过,不能否认的是,日本政府希望从季辛吉方面获得更多在尼周会谈时关于台湾问题的消息。政府官员认为,从季辛吉方面获得的消息,将有助于日本确定对中共的基本政策。

日方人士并且说,季辛吉将和日本官员讨论美国的新亚洲政策,那将有助于日本订定它的亚洲政策。

六十一、三、卅、D
19

(11) 日指钓鱼台主权明显属于日本
央秘参(61)第 1053 号

("中央社"东京三十日法新电)外务省一发言人今天告诉新闻界说,日本无意将对钓鱼台列屿的主权要求上诉于国际法庭,因这些岛屿很明显的是属于日本。

日本,"中华民国"和中共都一直声称这些位于台湾东北的岛屿为他们的领土。

不过,该发言人,外务省情报文化局局长和田力说,虽然日本的立场并不弱,但因鉴于这个问题业已是各有关方面间的一个很棘手的问题,他不愿发表任何更强硬的声明。

六十一、三、卅、D
199

(12) 一群亲"匪"日人主张钓鱼台属中国
央秘参(61)第 1126 号

("中央社"东京九日美联电)一群自称为"无产阶级学生与工人"的日本人,今天在东京三大商业区恳求公众支持,以"阻止日本帝国主义掠夺钓鱼台"。

钓鱼台是散布在台湾与琉球之间一小群无人居住岛屿的中文名称。这些岛屿的日文名称为尖阁群岛。

中共、"中华民国"与日本均要求这些岛屿的主权。一九六九年联合国一项调查报告说,这些岛屿的外海蕴藏丰富的石油。

一名廿七岁青年和廿五名示威者在银座的一个商业区请求公众签名。他说:"我们感觉钓鱼台属于中国人民。"

这名青年拒绝透露身份。他又说:"我们相信只有一个中国——中华人民共和国。"

他说:"历史显示,日本在一八九四年击败中国之后,从中国夺取琉球群岛。"

(鱼——一) D
228

美国自从二次世界大战结束以来,根据美日和约条款管理尖阁群岛,美国在今年五月十五日将琉球及其他岛屿交还日本之时,也要将钓鱼台交给日本。

这名青年说:"我们发起运动要求公众支持,乃是我们要求美国军事基地从琉球撤除与阻止日本自卫军进驻琉球运动的部分。"

他说,四月十九日在银座附近公园将举行一次群众大会,"以鼓动群众"参加此项运动。

这名青年驳斥日本共产党三月卅一日所作这些争论中岛屿属于日本的声明。

他说:"日本共产党显然采取敌视中国人民的立场。"

他说:"四五百位无产阶级学生与工人,其中有的是出生于琉球,今天在涩谷和新宿区等另外二个商业区请求公众支持。"

(鱼——二) 完
六十一、四、九、Y
529

(全宗名:"外交部"卷名:《日本政情资料(二)》,入藏登录号:020000029306A 典藏号:020-010101-0068)

3. 日本政情资料（三）
"中华民国"六十一年

（1）时代周刊重提钓鱼台问题
央秘参(61)第1147号

（"中央社"驻纽约十一日专电）四月十七日的时代周刊，简短地提到钓鱼台问题，但是该刊所用的名称为尖阁群岛。

该刊在国际栏中，以"恶感的岛屿"为题的短讯说，自一八九六年来日本不便提出主张的这些岛屿，现在北平与台北均声称其为早有的领土。

时代周刊说，出乎日本料想的是，美国国务院建议对峙的主张由"有关各方自行解决。"

六一、四、十二、G
008

（2）日防空识别区将列入钓鱼台
央秘参(61)第1151号

（"中央社"东京十二日专电）日本防卫厅防卫局局长久保卓也今天告诉国会说，一俟琉球"归还"日本管辖后，钓鱼台列屿将包括在琉球防空识别区之内。

久保卓也是今天上午，在众院内阁委员会答复自民党议员加藤阳三的质询时，作如上表示。

他同时指出，日本政府对于计划中的琉球防空识别区是否需要将舟山群岛附近空域包括在内，仍有待作进一步研究。

六十一、四、十二、N
010

(3) 日将钓鱼台划入飞航识别区内

央秘参(61)第1160号

("中央社"东京十三日合众国际电)日本防卫厅的一位高级官员今天说,琉球归还日本之后,尖阁群岛(钓鱼台)将划入日本的飞航识别区范围之内。

防卫厅局长工藤昨天在众院内阁委员会答复自民党议员的质询时,作了上述声明。

这位议员问道,将尖阁群岛划入日本的飞航识别区是否确当?

工藤回答说,应将尖阁群岛划入日本的飞航识别区之内是适当的考虑,因为这些岛屿乃日本的领土,而且以事实观点言,它们也在防卫厅雷达网的涵盖半径之内。

工藤说,日本空中自卫队的飞机也将对这些岛屿提供掩护。

六十一、四、十三、Y
012

(4) 琉球警察驱赶钓鱼台附近我渔船

央秘参(61)第1169号

("中央社"东京十三日美联电)日本共同新闻社报导,琉球警察今天命令两艘中国渔船离开钓鱼台列岛附近的水域,中国渔船船长向当局说,他们的船只由于风暴才接近那列岛。

在从琉球首邑那霸发出的电讯中,共同社说,警察巡逻船发现台湾渔船"过分接近钓鱼台列屿作业。"

共同社没有说明和这事件有关的台湾船只的名称。

六十一、四、十三、D
015

(5) 琉球军事基地问题　美日可能发生争论

央秘参(61)第1196号

（"中央社"东京十八日专电）政府消息人士说，美国对北越加强空中攻击，可能引起有关琉球在下个月归还日本后，美国在琉球的军事基地的地位的争论。

这些人士说，美国可能请求日本允许美国部队"有弹性地"使用琉球的美国基地，以积极支持美国在越南的作战努力。

这些人说，这种可能性将因下列事实而加强，即美国可能指出，琉球协定规定日本应与美国合作，允许美国部队"自由"使用他们在琉球的基地。

同时，据报导，反对党阵营已准备在国会中强迫政府，澄清它对于美国部队在越战时使用琉球美国基地的立场。

（军——一）Y
029

外务省若干官员认为，越战的升高，可能导致美国引用佐藤—尼克森一九六九年联合公报的条款，即"假如在琉球归还日本前，越战未恢复和平，日本与美国将考虑使用琉球的美军基地"。

来自琉球的报导说，琉球居民逐渐担心，由于越战的升高，美国加强由琉球的基地采取军事行动的可能性。

琉球人民甚至反对日本自卫部队驻守在琉球，琉球人民的反战情绪，显然是因琉球归还日本后，一支象征性的日本自卫部队将驻在琉球。

琉球归还日本后，将派遣至琉球的部队包括一千名地面自卫部队、一千四百名空中自卫队及五百名海上自卫队。

此外，政府宣布，日皇与日后将不按原定计划参加琉球归还日本后的一项植树纪念仪式。政府说，采取此一措施，是为了"安全上的理由"。但知情人士指出，真正的原因是，琉球的工会反对日皇日后访问琉球。

（军——二）完 Y
030

(6) 日海军可能巡逻钓鱼台

央秘参(61)第1229号

("中央社"东京廿日专电)日本政府方面消息今日透露,在五月十五日琉球群岛,包括钓鱼台列屿交给日本以后,日本政府可能派海军自卫队到钓鱼台列屿周围的水域巡逻。

此种行动目的在强调日本政府所谓"钓鱼台列屿归属日本"的主张。钓鱼台列屿已成为日本、"中华民国"及中共争夺的对象。

钓鱼台列屿在第二次世界大战结束时并入包括琉球群岛在内的岛群内暂由美国管辖。因此美国将于五月十五日将琉球群岛连同钓鱼台列屿交给日本。

但是,对于钓鱼台列屿主权的争夺,美国却采取袖手政策,美国说,此项争执应由有关国家自行解决。

(海——一)　D
041

消息说,至于派遣海军巡逻钓鱼台列屿的问题,因日本政府内决策人士的意见分歧,现尚无确定的计划。"鹰派"人士主张在琉球交给日本后立即派军巡逻钓鱼台列屿。而其他人士对此项行动取审慎态度,认为倘如此将造成日本与中共,以及日本与"中华民国"间的对立。

消息说,日本政府"仅是研究派海军巡逻的可行性"。

(海——二)　完　六十一、四、廿、H
042

(7) 美报忧虑钓鱼台纠纷扩大

央秘参(61)第1274号

("中央社"华盛顿廿五日专电)华盛顿邮报今天在社论中,对涉及台北、东京与北平的钓鱼台纠纷表示关切。

该报这篇题为《中国海岸外可能的麻烦地点》的社论中表示,纠纷的主要原因为此一无人列屿附近的油藏。

社论中并提供有关钓鱼台的背景说明说:"台北强烈声称,拥有尖阁群岛(钓鱼台)主权,北平与台北的说法相同。中国人目前正引述远溯至明朝的资料,以加强他们的法律立场。"

值得注意的是,该报似乎指责"中华民国"引起此一纠纷。该报暗示:"台北于三年前突然给予数家石油公司开采权时,引起此一纠纷。"

该报显然企图护卫美国的立场,社论中引述美国对这些石油公司所提的警告说,美国将不给予它们海军保护。

该报说,假如在钓鱼台地区发现大量油藏,此一纠纷可能具有爆炸性。

(钓——一) H 054

它说,对美国的外交政策而言,钓鱼台最坏的可能发展,将是发现大量油藏。

由于任何一方主权要求的实现均需强大的海军,该报担心,发现大量油藏后将会使"共匪"及日本在海军方面作重大投资。社论中表示,任何一方均需以强大的海军,方能为开采钓鱼台附近油藏的公司提供安全保障。

(钓——二) 完
六十一、四、廿六·H 055

(8) 香港学生筹备"保钓"示威

央秘参(61)第 1412 号

("中央社"香港十二日法新电)香港学生活跃分子,将不顾香港的法令,于明天在中环码头附近闹区举行"保卫钓鱼台大会",而不在警方选定的地点——维多利公园——举行。

这一预定于五月十五日琉球"归还"日本之前两天举行的集会,乃在抗议美国将富于石油宝藏的钓鱼台列屿届时一并移交与日本。

这些学生示威分子,计划在大会之后列队前往香港日本领事馆及美国领事馆门前示威。

香港警方曾拒绝他们在中环闹区举行示威的要求,理由是避免对公众引起不便和意外事件。

在学生团体代表昨晚召开的一次紧急会议中,两个发起团体退出了"保卫钓鱼台大会筹备委员会"。

(港——一) N

这两个退出的学生团体,是"大专院校学生联合会"与"天主教学生联盟"。

另两个示威团体——"保卫钓鱼台联合阵线"与"保卫钓鱼台行动委员会"——已获准于明天上午在维多利公园举行一个小时的集会。

"保卫钓鱼台联合阵线"估计,届时将有两千至三千人参加。

过去几天,学生们曾在港九各地张贴及散发数万份宣传标语与传单,呼吁港九居民届时踊跃参加学生们举行的保卫钓鱼台大会。

(港——二) 完 N

六十一、五、十二

(9) 美国华侨将作"保钓"示威

央秘参(61)第 1414 号

("中央社"华盛顿十二日专电)美国各地华侨将于明日参加在华盛顿举行的示威运动,以抗议美国将中国领土钓鱼台移交日本的决定。

此次示威运动是东岸"保卫钓鱼台行动委员会"所发动,这个委员会的政治色彩目前尚无所悉,就现所可确知者而言,它似属无党派性。

在示威之前,这个委员会将举行一次记者招待会,说明对钓鱼台的立场。示威游行十三日下午一时(台北时间十四日上午二时)开始,以林肯纪念堂为集合地点。游行的人将在国务院前示威,应以函件一封递交国务卿罗吉斯,抗议美国"非法根据所谓美日归还琉球条约而将钓鱼台交付日本"。随后游行者将到达日本大使馆,递交日方人员一封致佐藤首相的公开信,抗议佐藤政府企图"借欺诈性的琉球归还条约取得钓鱼台"。

华盛顿一个亲共组织"中国再统一委员会"的分子也将参加示威,他们将于明天在燕京餐厅(译音)举行记者会,这家餐厅是龙绳文所有,他将主持举行此一记者会。

六十一、五、十三、N 100

(10) 日将大肆宣传琉球归日

央秘参(61)第 1417 号

("中央社"东京十三日专电)日本政府正为在东京与琉球两地庆祝琉球在美国占领廿七年之后归还日本的仪式作最后安排。

同时日本大众传播工具将尽全力大肆宣传这一事件。

庆祝琉球归还日本的大典定十五日在东京举行,日皇家族、政府领袖与美国副总统安格纽将参加这项仪式。安格纽昨晚乘专机抵达东京。

另方面,日本国会昨天已经完成有关十五日琉球归还日本的立法准备。参议院批准了有关日本对琉球行政权的三项法案与四条款。

六十一、五、十三、Y 101

(11) 香港学生举行"保钓"示威

央秘参(61)第 1418 号

("中央社"香港十三日电)香港"保钓"分子约六百余人,今天上午十一时在港岛中区爱丁堡广场集结,举行和平示威,抗议美日私相授受钓鱼台事件,并曾到日本及美国驻港总领事馆呈递抗议书。直至下午一时卅分始自行散去。警方在现场戒备,无意外事件发生,亦无人被捕。

这批"保钓"分子的示威行动,分两部分举行。第一部分是由"香港保钓联合阵线"及"香港保钓行动委会"两个组织,于上午九时半联合在港岛维多利亚公园举行示威活动,约有二百余人参加,高呼口号、唱歌、演讲后,即结队步行至中区爱丁堡广场,与"香港专上学联会"所发动的"保钓"分子结合,进行第二部分的示威活动,集结后在中区游行示威,沿途唱歌、呼口号,前往日本及美国驻港总领事递送抗议书。两国领事馆都因周末关系,无人代表接洽。"保钓"分子即将抗议书当场撕毁后,再在爱丁堡广场集结呼叫口号及唱歌,旋即散队。

(香——一) N 102

"香港专上学联会"所发动的中区示威活动,事前未经警方批准,警方亦多次警告要维持法律与秩序,今天警方只在场监视,未加干涉。

("中央社"香港十三日电)香港警察公共关系科今日下午在该科办事处就大专联会举行"保钓"示威事发表意见。

据一位外籍高级警官称警方将根据现场所拍摄的照片,票控非法集会。当被询及为什么不在现场采取行动时,据称由于现场情况尚佳,所以警方采取容忍态度。

警方最后强调,今后在港非法示威,将视当时情形而定应付办法。

("中央社"香港十三日合众国际电)香港学生今天不顾政府警告,举行示威,抗议美国将琉球交还日本的条约包括钓鱼台列屿在内。

一千余名高呼"打倒美国帝国主义"、"打倒美国与日本侵略者"口号的"香港学生联合会"的会员,由市中心区游行前往日本领事馆,然后又前往美国领事馆。

(香——二) G 103

由于美国领事馆礼拜六不开门,"学生联合会主席"龙广泰(译音)将一项请愿书撕毁,但两名学生领袖曾获准进入日本领事馆,递交请愿书。

"学生联合会"的一职员说,将中国领土一部分的钓鱼台列屿包括在交还琉球的条约之内,"对每一位中国人都是一项侮辱"。

由于此项示威将在市中心商业区举行,香港警方曾拒予核准。警方今天曾警告示威者，要他们解散，但并未对此项持续两个半小时的和平示威采取行动。

(香——三) 完 六十一、五、十三、D104

(12) 澳洲华裔反对琉球归日

央秘参(61)第1419号

（"中央社"堪培拉十三日路透电）七十余名澳洲华侨今天在堪培拉美、日两个大使馆前示威，反对美国将琉球交还日本。

堪培拉警方发言人今晚说，这次示威持续两小时，保有秩序。

该发言人说，示威者一直抗议说，琉球群岛依理是中国领土。

六十一、五、十三、Y105

(13) 日本觊觎中国海海底油藏

央秘参(61)第1420号

（"中央社"纽约十三日专电）专栏作家柴尔兹说，中国大陆上对日本最具吸引力的资源之一，为日本所最感需要的石油。日本政府的高级官员们相信在中国海岸外的礁层中蕴藏着极其丰富的石油宝藏。

柴尔兹发自东京的一篇专栏报导中说：

"在中国海的沿海礁层下所蕴藏的石油，其总油量大于中东的全部蕴藏量。在二次大战结束后以及蒋XX逃亡到台湾前四年，外国的地质学家们曾对这些海底宝藏进行过初步探测。"

"中国缺乏可以开发这些海底宝藏的复杂技术。日本能够参与这项开发工作岂非两全其美的事？目前日本所需要的石油百分之九十九仰赖进口，而其中大部分来自数千里外的中东地区。"

Y

(14) 抗议钓鱼台移交日本　华盛顿华人游行示威
央秘参(61)第 1421 号

("中央社"华盛顿十三日专电)约五百余名中国人,今天自美国各地齐集华府,举行示威,抗议美国政府将中国领土钓鱼台列屿移交日本的决定。

这些示威者中,大部分是学生,曾先后在美国国务院及日本大使馆附近集会,抗议美日勾结侵占中国领土钓鱼台列屿的行动。

示威群众在美国国务院附近集会时,曾推举三名代表赴国务院递送致罗吉斯国务卿的一封公开信,再一次地郑重表明,钓鱼台列屿无论是在地理位置上、历史背景上和法理根据上,都是中国领土整体的一部分。信中指出:"任何默认日本对该等岛屿所持无理主张的行为,亦即对中国领土的阴谋侵占行为,和对日本帝国主义的鼓舞行为。"

国务院日本科副科长李文曾代为接见这三位代表,并向他们重申美国的立场,表示美国只是将钓鱼台列屿的行政权移交与日本,对于争执各方所持的领土主权主张,并无成见。

(华——一) G

示威群众接着列队前往日本大使馆,并曾于行进途中,高呼"钓鱼台是中国领土"、"为保卫钓鱼台而战"、"打倒佐藤"、"粉碎美日阴谋"、"中国人团结起来"等口号。他们并曾向路旁驻足而观的美国人散发传单,吁请他们支持中国的立场。

他们齐集日本大使馆附近举行示威时,曾推派四名代表赴日本大使馆,将致日本首相佐藤荣作的一封公开信递交与日本大使馆一等秘书佐藤,信中谴责日本政府侵并中国领土钓鱼台列屿的阴谋,并攻击日本军国主义思想的死灰复燃。佐藤秘书与这些代表晤谈了十五分钟,应允将这封信转达与日本政府当局。

整个示威过程,都有秩序,于下午五时许全部结束。在示威之前,负责筹划这次示威行动的人,曾在"燕京"饭店举行记者招待会,当由饭店主人龙绳文将他们一一向新闻界人士介绍。招待会由德拉华州州立大学教授吴仙标主持。吴仙标教授指出,美国将钓鱼台列屿移交与日本的举动,只是播下了中日两国未来悲剧的种子。共同主持这次记者招待会的,尚有来自纽约、波士顿与美京华盛顿的学生代表。他们一致强调,这次示威是超党派的爱国行动。

(华——二) G
108

"保卫钓鱼台行动委员会"的积极分子李我焱、王春生、袁琪、徐守腾等,也都参加了今天的示威大会。但是他们未发表任何言论。表现得最冲动的,也许要算耶鲁大学教授项武忠。他发表了一篇热血沸腾的演说,语多刺激,且暗藏对"中华民国"政府不满之意。来自纽约的香港女侨生余珍珠,曾在大会用英语发表演说,猛烈抨击美国与日本,其言语之激烈,使得在旁观看的美国人多为之侧目。

("中央社"华盛顿十三日合众国际电)今天在此间示威,反对将台湾附近的一群岛屿,于五月十五日连同琉球一起归还日本的华人,指责日本"军国主义"与美国的"阴谋"。

约一千名华裔美国人与来自香港和台湾的学生,在国务院与林肯纪念塔之间的林荫道上,参加集会,并游行到日本大使馆。示威人数系依据游行群众的发言人所估计。

他们抗议将一群八个岛屿——中国人称之为钓鱼台而日本人称之为尖阁,连同琉球归还日本统治,作为美日琉球归还条约的一部分。

(华——三) Y
109

这些争执中的岛屿,位于石油蕴藏丰富的中国大陆礁层边缘,中国人反对给予缺乏石油资源的日本在石油蕴藏丰富的中国大陆礁层上一个立足点。

台湾与北平均抗议美国将钓鱼台还给日本的协议。一八九四年的中日战争中,日本取得台湾及这些岛屿的控制。

中国人宣称,美国及其盟邦在二次世界大战其间的开罗与波茨坦协议中,同意台湾及其卫星岛屿归还中国,而在结束战争的条约中,日本放弃了对这些岛屿的控制。

据德拉华州大学物理学教授吴仙标——自称为"钓鱼台行动委员会"的发言人之一——说,台北与北平均认为钓鱼台是台湾省的一部分。

因此美国政府应当放弃对这些岛屿的任何管辖,包括行政在内,并将岛屿归还台湾。

"东海岸联合行动委员会"主席孙某(Robert Sun),领导有秩序的、组织良好的大会与游行,以华语喊口号。

(华——四) Y
110

他们携着色彩鲜明的中、英文标语,宣称:

"打倒日本军国主义。"

"粉碎美日阴谋。"

"佐藤、佐藤,你滚。"

"打倒佐藤。"

"为钓鱼台而战斗、战斗。"

这示威开始的同时,在附近的椭圆形广场上有一更大的示威,抗议尼克森总统命令封锁北越港口。

来自哈佛大学的香港学生黄恒生(译音)说:"我们两个示威均在抗议侵略与帝国主义,所以不必竞争,将我们的努力联合起来。"

吴仙标说,美国"正在播下将来中日间边界冲突的种子"。

他说此示威是台湾与中华人民共和国双方同情者的联合努力,中国控制这些岛屿,在一四〇三年已有记录,虽然日本宣称他们在一八八四年发现这些岛屿。

(华——五) 完
六一、五、十四、G
111

（15）美联社报导台湾学生运动

央秘参(61)第1422号

（"中央社"台北十三日美联电）美国于十五日将琉球交给日本将是"中华民国"萌芽中的学生运动的一个分水岭。但是学生是否举行示威或采取其他行动,迹象不一。

学生的政治活动去年由于钓鱼台问题开始出现。学生反对美国将钓鱼台列屿交与日本引发了去年四月及六月间一连贯的反美学生示威及抗议集会等活动。

虽然"中华民国"政府认为对钓鱼台列屿有领土主权,但对重新发生的学生示威却谨慎提防。

政府正积极阻止抗议情绪的再度爆发,但其努力将有何等效果尚属疑问。

消息人士说,去年在保护钓鱼台运动中表现积极的大学教授们已被告知避免讨论钓鱼台问题,否则面临可能的停职。

讨论钓鱼台的文章亦已禁止在杂志与学生出版刊物上发表。

同时,最近一本小册子激起了学生的愤怒。这本题为《一个小市民的心声》的小册子,作者以笔名发表,意在表示一个公民对学生政治活动的不满。

（美——一）G 112

这本小册子讥嘲学生运动,且不赞成任何方式的示威行动。

愤怒的学生们表示,这本小册子是国民党的机关报《中央日报》出版,而颇高的写作水准足以使其所称是一个小市民心声的说法不攻自破。

一个学生批评这本书说："这个人全部所要说的是主张维持现状。"

他说："但是,去年内所发生的许多事件已告诉我们,我们必须扬弃这些古老的传统。"

在《一个小市民的心声》出版以前,台湾省各大专学校相当平静,但这本小册子的出版,已导致许多学生团体集会讨论学生在社会中应担任怎样的角色。

消息人士说,有些学生集会是吵闹的,出席的政府官员受到讥嘲。

学生所关切的事现也逐渐越出钓鱼台问题范围以外,大部分集中在他们所认为的三月间"国民大会"不愿对政府所答应的改革与新的选举采取决定性的行动。

一个学生说："他们一无作为，他们怎么能够要求我们保持静默呢？"

这种情绪是否会沸腾起来，而不仅止于愤慨陈词，则要看今后的发展。

（美——二） 完 六十一、五、十四、Y113

（16）一日人赴钓鱼台一小岛升旗

央秘参（61）第1437号

（"中央社"东京十六日美联电）琉球海事安全厅官员今天说，一般相信系属极右派分子的一名现年五十二岁日本人，曾在日本、"中华民国"与中共均提出主权要求，处于争论中之钓鱼台列屿的一小岛上升起日本太阳旗。

官员们说，一般相信这位日本男子是爱国青年联盟领袖小林犬，海事安全厅巡逻艇发现他在钓鱼台列屿一不毛小岛"鱼津利"之上。官员们说，小林犬可能是十四日在琉球南方岛屿石垣岛或西表岛包租一艘渔船前往"鱼津利"。

官员们说，爱国青年联盟与昭和复兴联盟（均系日本极右派团体）五名代表，十日拜访石垣警察局，要求许可在钓鱼台列屿连同琉球在十五日归还日本之时，把日本国旗插在钓鱼台列屿上。

官员们说，冲绳县警方今天派出三名警员赴"鱼津利"，劝导这些右派分子离开该岛，以避免跟台湾与中共发生纠纷。

六十一、五、十六、N119

（17）日将建议联合开发钓鱼台

央秘参（61）第1444号

（"中央社"东京十七日专电）此间今天获悉，日本金融界领袖料将提议由

"中华民国"、日本和美国联合开发钓鱼台列屿附近的自然资源。

此项建议将向本月二十一日和二十二日在台北举行的第二届中日合作策进委员会常务委员会议提出。

日本人士说,"中华民国"已接受一项有关钓鱼台列屿的联合开发计划。

此人士表示,日本、"中华民国"和韩国曾在一九七〇年秋成立一个"联合海洋发展研究会议",以开发该地区之自然资源。

由前首相岸信介和前众院议长石井光次郎率领的日本代表团,料将于十九日抵达台北。

该团亦将参加预定二十日在台北举行的蒋"总统"连任就职典礼。

六十一、五、十七　N
121

(18)"匪"报就琉球问题抨击美日

央秘参(61)第1460号

("中央社"香港十八日路透电)中共今天首次对美国将琉球移交日本发表评论,声称,此一群岛仍将为美国与日本"侵略"的"桥头堡"与"跳板"。

"北京电台"广播的北京人民日报的评论说,自十五日移交日本之后,琉球仍为美国的军事基地。

广播说,一位美国官员曾经承认,琉球仍将在美国对中南半岛的行动中担任任务。

它说,日本也将在琉球建立飞弹基地,使之成为"对外侵略的跳板"。

广播说:"'美国与日本反动分子'联合使用琉球群岛作为'侵略'基地,已更加威胁亚洲国家的和平与安全。"

(琉——一)　N
126

它说,在移交中将钓鱼台列屿包括在内,"对中国的主权与领土完整构成了连串侵犯"。

它说:"'美、日反动分子'此项私相授受全属非法与无效。"

人民日报并向日本提出警告。它说："我们再次警告日本'反动'政府,中华人民共和国不能忍受日本对中国对钓鱼台列屿的主权的侵犯。"

"绝无人能妄想在侵犯中国领土方面成功。"

（琉——二） 完
六十一、五、十八、N
127

(19)"匪"向安理会提抗议书　不承认美移交钓鱼台
央秘参(61)第1463号

("中央社"纽约联合国总部二十日法新电)中共驻联合国大使黄华今日向安全理事会提出抗议书,抗议美国在琉球维持军事基地。琉球于本月十五日"归还"日本。

黄华又说,虽然该数岛属于中国,却已交给日本。

抗议书说,美国在琉球保持许多军事基地与设施,是违反了日本人民希望完全的和平条件的"归还"该群岛的意愿。

抗议书并且说:

"在一九七一年六月十七日签订的关于琉球群岛与大东群岛（Daito Islands）的协议,美国与日本竟公然将中国领土钓鱼台及其他岛屿包含在'归还'的区域内,这是严重侵犯了中华人民共和国的领土与主权。"

"钓鱼台及其他岛屿自古以来即是中国的领土。美国与日本政府在他们之间将中国的土地作违法的转让,是完全不合法的和无效的。中国政府与人民将永不承认。"

六十一、五、廿二、N
130

（20）日本公明党妄称钓鱼台属日

央秘参（61）第 1713 号

（"中央社"东京十三日合众国际电）日本第二反对党公明党今天首次宣称，日本拥有争论中的钓鱼台列屿的主权。

由佛教宗教团体创价学会支持的该党，打破了对于该位于台湾北方不毛岛屿之领土主权问题所保持的沉默。

"中华民国"与中共均要求该列屿的主权。今年五月十五日美国放弃琉球群岛的行政权之时，将该列屿交还日本。

公明党声明说，钓鱼台列屿是日本祖先遗留的领土。该党在日本众议院四百九十一个席位中占有四十七席。

该党今天起在东京召开为期二天的会议。

该党今天将选举新领导人物。预料竹入义胜主席和矢野绚也书记长将再度获得当选。

六十一、六、十三、N
209

（全宗名："外交部"，卷名：《日本政情资料（三）》，入藏登录号：020000029307A　典藏号：020-010101-0069）

（十七）台各机关及"国民大会"会议就钓鱼岛提案办理情形

1."行政院"对第一届"国民大会"第五次会议各代表提案汇复表

案号　二一五
案由　拟请"外交部"将钓鱼台问题迅速处理，以维主权案。
处理情形　钓鱼台列屿系属我国领土，迭经政府声明在案。本年六月美国将该列屿之行政权与琉球一并移交日本，政府曾重申坚决反对立场，并郑重声明，在任何情形下，绝不放弃对钓鱼台列屿之领土主权。

备注
案号　三三三
案由　为依宪法第四条之规定，请以大会名义发表严正声明，"确保钓鱼台列屿领土之完整主权，暨不承认美日两国拟于一九七二年五月十五日对琉球群岛之私相授受"，以视正听案。
处理情形　钓鱼台列屿为我国领土，绝不容置疑。美国竟于本年五月十五日将该列屿之行政权与琉球群岛一并交付日本，政府基于维护领土完整之职责，已坚决表示反对，并声明在任何情形下，绝不放弃对该列屿之领土主权。

备注
案号　第三三九号
案由　促请政府发挥外交功能，把握时机，发动世界友好及正义国家，迅即签署《排除"共匪伪政权"案》，提出本年联合国大会，不达目的，绝不休止案。
处理情形　"外交部"除已密切注视"匪伪"在联合国之活动及发言情形，并于必要时发表严正声明，加以斥责及设法予"匪"打击外，今后自当审酌有关情势之发展，秉持中枢决策，相机办理本案。

备注
（全宗名："外交部"，卷名：《第一届"国民大会"第五次会议提案办理情形》，
入藏登录号：020000012163A　典藏号：020-130400-0078）

2. "外交部"对第一届"国民大会"第四次会议暨五十九年度年会提案及临时动议办理情形

案号 第二号

案由 建议政府应明确决定对琉球问题的立场,始能确保钓鱼台列屿及大陆礁层领土主权之完整案。

处理情形 一、政府对于琉球问题之立场,向为:应依照开罗会议及波茨坦宣言,由有关主要盟国协商决定,并应给予琉球居民自由表示意愿之机会。我政府此项坚定而明确之立场业经"外交部"循由外交途径迭向美、日两国政府表明。本(六十)年六月十一日及十五日"外交部"复先后两次发表公开声明,将我上述严正立场再度昭告全世界。

2. 关于钓鱼台列屿案,政府之立场夙极坚定,即无论自历史、地理、使用情形及国际法原则言之,该列屿系我国台湾省之附属礁屿,其主权应属我国,不容置疑,我政府基于其保卫国土之神圣义务,在任何情形下绝不放弃尺寸领土之主权,因此"外交部"会不断将我上述既定立场洽告美、日两国政府,并促美方一俟终止其对钓鱼台列屿之军事占领,应即将之交还我国。美国政府在我方有力之交涉及洽促下同意采取中立之立场。并公开发表声明盼中、日两国政府本互信互谅之合作精神,共同协商解决有关钓鱼台列屿之争论,美方复指明本(六十)年六月十七日之美、日琉球协定虽包括将钓鱼台列屿行政权交予日本,惟绝未就该列屿之主权有所认定。

3. 关于台湾以北邻近我国海岸之大陆礁层资源问题,我政府之立场为:依照国际法原则(自然延伸原则)及一九五八年大陆礁层公约之规定,我国对于上述台湾以北,邻近我国海岸之大陆礁层资源享有探勘及开采之主权。

此项既定立场亦经"外交部"迭向日方表明,并对日方所提对于前述大陆礁层上突出海面之礁屿所作之领土主张,表示不能同意。政府并根据此项开采权于去(五十九)年授权中国石油公司与若干美籍油公司分别签订合同,期能协力探勘,开采上述大陆礁层上之油源。

备注

(全宗名:"外交部",卷名:《对第一届"国民大会"第四次会议暨五十九年度年会提案及临时动议办理情形》,

入藏登录号:020000012160A　典藏号:020-130400-0075)

3. "外交部"对第一届"国民大会"五十九年度年会提案及临时动议决议案办理情形

受文者 "行政院"秘书处

事由 准函嘱填第一届"国民大会"代表五十九年度年会提案临时动议案决议案办理情形汇复表一案请查照转陈由。

发文 一、准贵处本年三月一日台六十综字第一七四五号函以准"国民大会"秘书处函送第一届"国大"代表五十九年度年会提案,临时动议案嘱转陈办理一案经陈奉指示各机关就有关部分参酌办理,并限本年八月底前将办理情形报恳校转等因,嘱依照上年规定办理情形汇复表式如期办理表复等由。

2.兹检附本部关于第一届"国民大会"代表五十九年度年会提案办理情形汇复表一式两份请查照转陈为荷。

附件。

(全宗名:"外交部",卷名:《"外交部"就第一届"国民大会"五十九年度年会提案及临时动议决议案办理情形》,入藏登录号:020000012157A 典藏号:020-130400-0058)

4. 第一届"国民大会"代表五十九年度年会提案办理情形汇复表

案号 二

提案人及连署人数 周士杰等七十一人

案由 建议政府应明确决定对琉球问题之立场,始能确保钓鱼台列屿及大陆礁层领土主权之完整。

办理情形 一、政府对于琉球问题之立场,向为:应依照开罗会议及波茨坦宣言,由有关主要盟国协商决定,并应给予琉球居民自由表示意愿之机会。我政府此项坚定而明确之立场业经"外交部"循由外交途径迭向美、日两国政府表明。本(六十)年六月十一日及十五日"外交部"复先后两次发表公开声明,将我上述严正立场再度昭告全世界。

二、关于钓鱼台列屿案,政府之立场夙极坚定,即无论自历史、地理、使用情形及国际法原则言之,该列屿系我国台湾省之附属礁屿,其主权应属我国,不容置疑,我政府基于其保卫国土之神圣义务,在任何情形下绝不能放弃尺寸领土之主权,因此本部曾不断将我上述既定立场洽告美、日两国政府,并促美方一俟终止其对钓鱼台列屿之军事占领,应即将之交还我国。美国政府在我方有力之交涉及洽促下同意采取中立之立场。并公开发表声明盼中、日两国政府本互信互谅之合作精神,共同协商解决有关钓鱼台列屿之争端,美方复指明本(六十)年六月十七日之美、日琉球协定虽包括将钓鱼台列屿行政权交予日本,惟绝未就该列屿之主权有所认定。

三、关于台湾以北邻近我国海岸之大陆礁层资源问题,我政府之立场为:依照国际法原则(自然延伸原则)及一九五八年大陆礁层公约之规定,我国对于上述台湾以北,邻近我国海岸之大陆礁层资源享有探勘及开采之主权。

此项既定立场亦经本部迭向日方表明,并对日方所提对于前述大陆礁层上突出海面之礁屿所作之领土主张,表示不能同意。政府根据此项开采权于去(五十九)年授权中国石油公司与若干美籍油公司分别签订合同,期能协力探勘,开采上述大陆礁层上之油源。

备注

案号　十三

提案人及连署人数　王勉等一一六人

案由　吁请美国尼克森总统积极支持亚太地区共同安全措施,促成亚洲民主国家团结,构成强大正义力量,确保亚洲乃至世界安定与和平案。

办理情形　一、一年来在美日"归还"琉球谈判过程中,我方主管官员不断向美方强调琉球在西太平洋区域安全体系中之重要地位,并盼美方在积极推动"尼克森主义"之过程中主动协助其在亚太地区之各盟国共同建立一项类似北大西洋公约组织之亚太区域安全体系。

二、我方代表曾分于亚太理事会及亚洲国会议员联盟开会期间,向各会员国呼吁建立亚太区域安全体系之重要性,并强调其为亚太区域自由国家阻遏共党颠覆侵略与加强各该国军事、外交及经济合作之基石。

三、本部曾通令我在亚太地区各使领馆密切注意并随时查报各该国政府对于此事之意见或建议。

四、本部周部长曾于本(六十)年七月中旬在亚太理事会第六届部长级会议中发表政策性演说,强调美国在亚洲及太平洋地区之长远战略及其他重大利益,并呼吁美国继续履行其在本地区之义务及承诺。

五、自联大第廿五届常会闭幕以后,政府曾就联大我代表权案情势及因应策略迭次详加检讨,并与美、日及其他重要友邦辗转磋商。由于当前国际姑息逆流泛滥,若干友邦拟以变通办法,以保持我在联合国之席位。我为达到"汉立而贼不立"之目标,当忍辱负重,继续在联合国奋战到底,并尽力加强双边外交关系以期确保我国际地位。

六、加强国民外交,我政府向予重视,多年来我曾积极鼓励及辅导民间团体积极参加国际间非政府组织举行之各项会议及活动,就一九七〇年而言,我民间人士参加此类会议即有八十八次之多。鉴于今后我与各国间经济及文化关系之增进,益见重要,除政府本身之努力外,透过我国民外交方式展开,以期借由民间合作进一步巩固邦交。

(全宗名:"外交部",卷名:《"外交部"就第一届"国民大会"五十九年度年会提案及临时动议决议案办理情形》

入藏登录号:020000012157A　典藏号:020-130400-0058)

5. 第一届"国民大会"代表五十九年度年会提案

（一）案由：请政府彻底检讨外交政策，加强外交阵容，强化国际宣传，全力争取与国，以巩固我在联合国地位案。

说明：一、国际姑息气氛，日益弥漫，"共匪"笑脸阴谋，到处蛊惑，甚多患有政治短视国家，每易发生错觉与幻想；本年内先有加拿大、意大利等国的承认"共匪"，继之联合国对"排我纳匪"案投票结果，赞成票竟得五十一票，反对票仅有四十九票，此为二十年来纳"匪"案首次获得多数票，兹检讨其情况如下：

（1）赞成纳"匪"案新增加五国，计奥地利、加拿大、意大利、智利，及赤道几内亚。

（2）去年反对纳"匪"案而今年转变为弃权之国家，增加九国，计秘鲁、玻利维亚、马来西亚、庐森堡、爱尔兰、波朴那、喀麦隆、中非共和国、塞内加尔。

（3）新争取到反对纳"匪"案计有高棉、模里西斯两国。

综以结果，虽友邦国家所提《重要问题案》仍有 66 票对 52 票之优势，然亦有莫大之隐忧，爰以外交事务，经纬万端，实属难为，尤其我国目前处境，更属不易，同时我外交当局及驻外使节，确已尽到最大智力，艰苦奋斗，吾人无意亦不忍冒然指责，然心所为危，又不能已于言；例如加拿大、意大利、赤道几内亚等国，因已承认"共匪"，予以支持，固在意料，而庐森堡、马来西亚原与我有外交关系，竟由反对"纳匪"，变为弃权，奥地利、爱尔兰与"共匪"并无深交，而前者由弃权变为赞成，后者由反对变为弃权。玻利维亚、波朴那、喀麦隆、塞内加尔等国，亦均由助我而改为弃权；最使人不解者为中非共和国，今年我双十国庆前后，以最盛大之礼遇，接待其总统，一旦投票，居然由反对纳"匪"而变为弃权。以上国家此次之转变，我外交当局是否已善尽其联系与争取之能事？其他尚有二十余国，心存观望，或弃权，或缺席，是否亦在运用争取之中？是为吾人最大之关切！

二、以往外交政策，令人微感守成者多，应变者少，注意于友好国家锦上添花者多，注意于关系淡薄国家之联系为少。且驻外使馆内，人手不足，经费短绌，尤其活动费用，更属微少，平素处理外交事务已极困顿，社交酬酢，更难适应。

三、国际宣传——虽有主管人员奋勉推动，然诸多力不从心及捉襟见肘之处，致国际间对我"中华民国"之处境，以及"反共复国"与大陆"共匪"之关系，缺乏了解，相反地，"共匪"在国际间则无所不用其极，歪曲宣传，疯狂吹擂，其不仅对亲"匪"国家如此，对反共之自由国家更甚其宣传伎俩，相形之下，无怪姑息主义之逆流，日渐增长！

建议：一、请政府彻底检讨外交政策，建立积极性之应变外交，竭力争取与国，广结友邦，切不可有恃于《重要问题案》而无虞于联合国之地位。

二、请政府精选外交人才，增派驻外使领馆人员，宽筹驻外使领馆经费，尤应增列外交活动费用，以资因应。

三、强化国际宣传，尤应注意中立国及与"匪"往来国家之宣传，海外文化教育机构，华侨社会及华侨青年亦应加强联系，借增国际宣传之助力。

提案人：刘振铠　杨扬　谢麟书　陈祖康　杨与勤　孙芗谷　颜泽滋　张世森　赵树极　水祥云　孙廷荣　李荫国　王虞辅　刘成章　饶世澄　袁履霜　俞康　李飞雄　叶达三　许质菴　陈书畴　叶葵南　逄化文　薛汉光　赵波　何绨生　李杰超　陈祖康　刘心皇　周良辅　井如滨　柯建安

（二）案由：建议政府应明确决定对琉球问题的立场始能确保钓鱼台列屿及大陆礁层领土主权之完整案。

说明：五十八年度年会对"琉球群岛未来地位问题"，通过决议，"送请政府讯作有效管理"。并将"周代表士杰、富代表圣廉、胡代表钟吾、方代表治发言记录，一并送请政府参考"。时过一年，"行政院"虽有"琉球专案小组"之设置，中央亦有常务委员会负责处理之决定。但未闻有任何积极行动与收获。最近又发生"钓鱼台列屿及大陆油槽领土主权问题"。提案人曾于新闻天地、自立晚报、工商日报及宪政研讨委员会撰文呼吁，严正指证，在海外虽曾引起共鸣（新闻大地总号一一八六号），回顾国内新闻舆论所发表者，仅一鳞半爪，有二报竟发表不能谈及领土，否则[①]，实属愚蠢之怪论。我政府正式答复日本政府，不承认日本政府对钓鱼台列屿之主权声明，亦殊嫌软弱，文涉态度，更不够强硬。现又发生与四年前不准发表琉球言论的同一限制，对钓鱼台问题亦不得对外发表。此一事实，最合理判断，系中、韩、日三国合作探采大陆油矿，可

---

① 编者按：原文如此，语义不明，似有缺漏。

能成功,惟恐妨碍谈判之进行,故有此举。我们基于本身职责及"国民大会"之职权,不容缄默,姑不论探采是否成功,既或合乎理想,亦在数年之后,彼时日本早已强占琉球、钓鱼台列屿,在美国片面解释之下,将可随便决定我们领土的归属问题。所谓"皮之不存,毛将焉附",届时大陆油槽主权,亦将随之发生问题,理由很简单,在本年夏季我"经济部"孙部长曾在日本寻求合作探采大陆油矿,至今未见下文。而日本以岸信介为首,拟以民间资金,技术联合中韩合作开发一拍即合。不但可以避重就轻,不谈主权,并可获得非分利益,一举两得,让时间去决定领土主权之归属问题,诚属高明。我人有见及此,为防患于未然,特建议政府,应先明确对琉球问题的立场,始能确保钓鱼台列屿及大陆油槽领土主权之完整。

纵观自去年十一月廿一日美国正式同意于一九七二年将琉球群岛交给日本统治以后,日本即积极准备接收工作,除与美国驻日大使约定每月会晤一次外,对琉球重占协议重要事项为:(1)琉球美军基地之处理,日美地位协定适用之准备。(2)美军资产之处理。(3)通货之处理。(4)裁判权之归还。(5)外资企业既得权益返还后之处理重点。(6)七二年重占实现之目标作业,等等。但琉球主席屋良苗乌反对琉球美军基地之存在及日美安保条约之继续。并主张一九七二年美国无条件返还琉球及美国在琉资产应无条件交还琉球。至于一年来业经实现事项为:(1)毒气已撤走,核武器已转移他处。(2)行政权十四项,包括援琉计划之管辖权交给日本。(3)美军驻在琉球的最后一架B-52型战略轰炸机亦于十二月六日撤走。(4)琉球业于十一月十六日选出日本众议员五人,参议员二人。

日本既得美国慷慨奉送琉球群岛,意得志满之余,竟又觊觎附近列岛,先则于本年七月十一日上午十一时擅自在钓鱼台列屿上将预铸好的水泥界碑埋设竖立标柱,书明所属八个岛屿之名称,以示隶属于冲绳县石垣市之领土。此种强占事实,为我国商人张云蔚所发现,亲身目睹,并曾遭日人驱逐,不准捕鱼观望,但仍目视日本巡逻艇于下午三时离去,更可证明日本蓄意侵占。继之,日本外相爱知揆一于本年八月十日发表"尖阁群岛"隶属琉球,并向我提出强硬照会。这种手法与九一八事变,造成既成事实,如出一辙。进而美国驻日本大使亦推波助澜谓该列屿系属琉球一部分。此种不明史实,任意支配中国领土,损害我国主权地位,亟应予以澄清,以正视听。

钓鱼台列屿是中国的领土,有地理、历史与法理的根据,为确定不争之事实。提案人曾于五十七年十一月在宪政研讨会讨论"琉球领土主权"问题时，特别指出："琉球归属问题，如不能明确决定，反对日本重占时，则钓鱼台列屿主权与大陆礁层问题，势必发生纠纷，日本将出面反对，现琉球政府已提出警告，实应未雨绸缪，庶免临时措手"。虽曾送有关机关参考，惜未引起"行政院"及"外交部"所注意。我们外交向来是采取等待政策，换言之，是坐以待变，这种事实连"外交部"也不否认。否则，大陆礁层公约也不致于在一九五八年签字，积压了十二年之久，直到五十八年十一月十八日才送请"立法院"审议，"立法院"又搁置了十个月，才在日本外相催生之下，仓促地于本年八月二十一日通过，完成立法，送请联合国备查，使我们在法理方面，有所依据。假如能早数年批准，则观感与形势，当又不同。最低限度，美、日两国在去年私相授受琉球群岛时，不致再支持钓鱼台列屿归并于日本。

一般人对于钓鱼台列屿问题，不甚了解。甚至有很多人认为中、韩、日将行合作探采油矿，问题已经解决，实属似是而非，大错特错。简单地说，钓鱼台列屿，不是单纯的油矿问题，而是"领土""主权"的基本问题，如果主权丧失，更何从谈到油矿探采。同时，在小的方面说，如果从岛上钻探开采，比之从海面下开采，要节省五十倍以上的经费呢！其次，为钓鱼台列屿属我领土之证据问题，关于这一点，连参与中央制定政策的人，也以疑惑的口吻，在不同的场合上说，拿出证据来？言外之意，没有证据，是不是中国领土还不能确定，何况其他的人呢？在历史上说，钓鱼台列屿与台湾实为一体，在台湾归还中国之后，当然是中国的领土。这是一件确定的事实。多年来我虽未派人驻守，但根据史实记载，千余年来，即为我渔区所在，我基隆、苏澳渔民常年以此为基地，维持生活，不因发现油矿，而丧失在自己领土上生存的权利，更不能因为台、琉曾被日本侵据五六十年之间，擅自区划，将钓鱼台列屿列入南部八重山群岛之内，而对此有所置疑，兹从历史、地理、法理三方面来证实确属我国领土之事实：

甲、钓鱼台属我的历史证据：

(1) 在一八七九年(清光绪五年)琉球被日本强占之后，次年即一八八〇年，日本遣人来华，代表日本政府愿以琉球南部宫古与八重山三群岛让与中国，而要求改订中日通商约章，而未获清廷准许，当时尚无侵占所谓尖阁群岛之野心。

(2) 同年美国卸任大总统葛兰特调停中日纠纷时，亦提出以南部上述二群岛归中国，日本当然同意，但遭中国拒绝。可以证明，彼时日本尚未将钓鱼台列屿划入南部三群岛之内，中、美、日三国外交档案均可证明早已隶属中国之事实。

（3）日据台、澎时代，因琉球与台湾（北部称台北州）发生所谓对尖阁群岛管辖权问题，日本法院经年余之调查，判定隶属于台北州。自应于台、澎一体归还中国。同时，我政府于去年正式发表有关在领海以外，行使主权之声明，一年来，日本并未提出异议，八月始提出权利主张，并手忙脚乱的于八月十日在日本外务省设置工作小组委员会，对领海、大陆棚、深海范围、海洋法等加以研究，作为对日本政府的统一见解及研究加入大陆油槽公约之准备。足证日本是在发现大量油富时，才因利忘义，想从中插上一腿。

（4）钓鱼台列屿系一八九五年（清光绪二十一年）甲午中日战争之后，被日本侵占划入其版图之内。这一事实，意大利和平报在本年一月四日曾有报导，它说："这些岛屿，一直属于中国，一八九六年（系一八九五年）被日本占领，而于第二次世界大战结束后归还中国。由于这些岛屿无人居住，故无人注意。现在由于油矿之发现，日本遂故意认为属琉球群岛一部分。尖阁群岛位于中国大陆与琉球之间，非常接近台湾，明显的在亚洲大陆分界线之内。"由于这些报导是在纽约联合国总部发稿，所以特别受人重视，更可证明钓鱼台列屿是中国的领土。

（5）在一九六五年日本外务省以中文出版的《今日的日本》一书中所附的《日本地图》中，根本找不到有什么所谓"尖阁群岛"的名字，甚至连一丝影子也看不到，不知道日本政府将作何解释。另外，日本明治十四年内务省地理局编印的日本府县分划图，大正十二年冲绳管内地图、日本国会琉球统计表册、日本冲绳县一九六五年国务调查报告以及日、琉地图等等，完全没有尖阁群岛的名字，此种事例，俯拾即是。因此，根据日、琉地图简略的历史引证以及德、英各国地图记载来讲，确足证明尖阁群岛绝不是在琉球的领土范围以内，毫无疑义。

（6）日方所宣传的琉球人民古贺善次取得尖阁群岛所有权一节，明言在一八七九年古之父亲辰四郎曾经申请，日本政府以隶属中国而未准，直到一八九五年（清光绪二十一年）甲午中日战争后，清廷失败，台、澎割让给日本，日本政府始于一八九六年将尖阁群岛（即钓鱼台列屿）售予古贺。由此判断，钓鱼台列屿应属中国所有，其理甚明。

（7）《浮生六记》作者沈三白（复）随清廷赵介山、李鼎元出使琉球，途经钓鱼台，曾于第五章《中山记历》中记载其详，此书大约出版于一八一〇年左右，全文流传于江南，亦可证明清廷中叶信使途经钓鱼台之事实。

（8）清乾隆五十年林子平所著《三国通鉴图》，详列南部群岛中之宫古、八重山群岛，钓鱼岛注明"钓鱼台不属于琉球"。琉球出版之《指南广义》一书中，亦均先后指明钓鱼台、黄尾屿等岛屿不属于琉球。

（9）日本产业新闻报及朝日新闻报，亦皆认为日本立场欠缺，理由不够充分。

乙、钓鱼台属我的地理证据：

（1）根据内政部五十九年十一月二十五日函称："兹就钓鱼台列屿之地理环境，综合有关资料，摘录如次，钓鱼台列屿位于东经一二三度卅分（是否为二十分待查），北纬二十五度四十五分，系由钓鱼台、黄尾屿、北小礁、南小礁、冲北岩、冲南岸等处礁屿所组成。其面积最大者为〇七至〇二平方公里。乃一群突出海面之岩尖，无人居住之礁屿。其中以钓鱼台为大，呈椭圆形，东西长、南北短，最高处标高一千一百余尺，为水成岩所构成。黄尾屿位于钓鱼台东北十五里，略成三角形，为火成岩所构成，该列屿野生植物繁茂，属阔叶林，近海盛产鱼贝，并为岛群栖息之地。冬为属信天翁之鸟类，夏多海鸥，富鸟粪、鸟羽等。"根据以上官方记载及地理事实，钓鱼台西南距基隆东北端棉花屿最近处仅一百公里，东北赤尾屿距琉球本岛那霸最近处，亦有三百公里。属于基隆的三岛屿不属于钓鱼台列屿范围者，最近的为花瓶屿，东北为棉花屿，偏北为彭佳屿灯塔。再往北在北纬二十六度为波浪（亦称那鼓山）。所谓礁岩，实际是山脉，也不是所谓露出水面之山尖，这是应该更正的。

（2）钓鱼台列屿与琉球之间有一条既深且阔的海沟（即日称琉球海沟，深达二千公尺），把两个地区和地理关系，完全隔绝。琉球海沟是天然的条件，划分了地理上自然海域分界线。绝不是人为的区域而成的范围。日本争占该岛，纯是野心妄想，缺乏历史性的有力证据。

（3）钓鱼台列屿与台湾、大陆同在连为一体的大陆棚上，尤其是黑潮沿此大陆棚边沿将台湾与钓鱼台列屿，连为一线。钓鱼台列屿不仅为北部渔区重要基地，在南北小岛之间，有一道宽约两千公尺的蛇岛海峡，每当台风来临，可容百余船只避风，真是天造地设的避风港。在琉球被日重占后，军事上更为台湾北部之战略要地。其真正价值，是地理位置与我沿海所环抱的广阔大陆棚。经济上是实利，远超过数方公里的土地。

（4）据咸桐欣船长指出："钓鱼台列屿（俗称尖头群岛）因缺乏淡水，（因草木繁茂，鸟类集居，不可能无淡水）不宜定居，但并非真正无人，本省渔民则常年驻守捕鱼。相反的,我国东海一带整年受东北及西南季风的影响,黑潮从本省东部向东北流,经钓鱼台转向韩国、日本,从太古开始至今,琉球居民不可能横风逆流到此区域谋生。我国渔民在此岛屿从未见过琉球人民。"又据在黄尾屿实际经营四年之久的张云蔚先生来函云:"伟立制药公司在该岛建筑了长达三百公尺的台车道,两栋木制房屋,和一座长一百廿尺,宽四尺的铁码头,以及人行路等等,每年五、六、七三个月,经常住有十余人,作搜集资源捕鱼等业务,现仍在继续使用中。因此,可以说地理是不变的,变的是钓鱼台不是以前的'无人岛',或'荒岛',这种观念应该打破改变才对。由此也可以看出日本人所谓尖阁群岛属于琉球群岛一节,除强词夺理以外,更暴露出其企图强占钓鱼台列屿之事实与野心。"

丙、钓鱼台属我的法理证据:

(1) 中国系一九五八年四月廿九日,联合国在日内瓦召开的第一次海洋法会议通过的《大陆礁层公约》的签字国。这个公约连同我国在内共有四十六国签署,一九六四年六月十日生效。我国于本年八月二十一日批准,成为第四十二批准国,并送请联合国备案。依照该公约所规定的原则,我有行使这种主权的当然权利。我政府于五十八年七月十七日发表声明,日本政府当时并未立即提出任何异议。同时,日本并未签署或加入大陆礁层公约,自不得提出任何权利主张,亦无权强加干涉。

(2) 日本外相爱知揆一认为:"尖阁群岛系属琉球群岛一部分,中国从未提出对领土主权的疑问,任何片面主张,对这个岛屿及其沿海区域的权利,是国际法所认为无效的。"这种幼稚的言论,本不值一驳,依法理言,琉球群岛系置于美国托管制度之下,其任何措施,自须依照金山和约第三条所明白规定者,该和约中,并无任何条款,得解释为授权美国于任何时候,得将此等岛屿交与日本或其他任何国家。在美国一意孤行,将奄美大岛以圣诞礼物送日本及复行决定于一九七二年将琉球群岛再送日本之时,中国政府当然以美国政府为对象,曾多次提出交涉,认为美国得自由放弃其在此等岛屿之行政权或此等岛屿中任何部分之行政权交与日本一点,不能同意。自不必以日本为对象而提出置疑之理。钓鱼台列屿亦然,在我国领土主权地位未遭受侵害以前,更无理由,先向日本提出任何主张,既或提出,亦以美国为对象,因日本尚无权过问琉球问题。由上论述,钓鱼台列屿与琉球群岛毫无关系,已无可争论。而日本竟以战前军阀面目,君临中国态度,向中国提出无理强硬照会,使中日现存友好关系,投一暗影。何其不智之甚。

退一步言,日本尚未再据琉球,竟先行使主权,殊嫌过早。即或在一九七二年之后,我们也认为它亦无权行使主权,主要原因为中国决不承认美、日两国私相授受。理由是,中琉有二千年历史渊源,五百年隶属关系,也只有中国有权过问或阻止美国任意将琉球转让日本。依国际条约言,"开罗宣言规定日本在一九一四年第一次世界大战后所夺得占领之一切岛屿,自不得再行收回,当然连琉球包括在内","波茨坦宣言指明,日本之主权,必将限于本洲、四国、九洲、北海道。据此,日本自然无权再行占领琉球群岛"。换言之,在开罗宣言、波茨坦宣言、旧金山对日和约三者,已确定了琉球地位,并均规定日本不得取得琉球。何况我政府并未承认日本对琉球群岛的任何主权,琉球前途,应由琉球人民全民投票自行决定其独立自主的愿望。

日本的主要目的,可说完全在于觊觎油源,用心非常。基本上就是唯利是图,贪念作祟。在将近千余年之荒岛,若非藏有油源的诱惑,此一事件,也不会发生。为了劫掠油源,日本人乃再露出侵略的野心,琉球政府在日本授意,美军合作之下,已派出巡逻艇及炮艇,经常在该区域巡逻,并驱逐我国的渔民,同时,美机亦定期巡逻,不准各种船只靠近该群岛。似此,严重地损害了我们的主权,将来探采,亦必受限制。同时,数千年赖以维生每年有三千多条船在此作业的海上渔民,将断绝生路。不但此也,遗憾的事件,更层出不穷:

(1) 拔旗行为不友好:中国时报记者在钓鱼岛曾竖立一面"国旗",虽属私人行为在国际法上亦不发生多大效力,但究属爱国行为的表现。因为"国旗"除了抽象上是一个国家的代表以外,它也是荣誉的象征,也更代表了严肃精神和磅礴的正气。当一国人民对自己国家怀抱着热情,在自己的国土上升起"国旗"的时候,是爱国现象自然的产生。而日本人何能例外,琉球警察居然出之以拔旗行为,对友好国家来说,是一种侮辱,也是一种不友好的行为。日本外务省承认曾得到美国的了解,琉球也不讳言是奉了美国政府的命令,否则,日本何敢胡作非为。同时,我"外交部"对于本年九月十八日琉球移去钓鱼台我"国旗",拒绝加以评论一节,也深感遗憾。

(2) 涂抹标语大不敬:琉球政府于拔去我插于钓鱼台"国旗"之同时,将中国时报所书之"蒋总统万岁"标语,用白漆涂抹,亦为对我国大不敬之行为。因为我们也可以打倒他们侵占竖立之水泥柱,岂非同属幼稚行为,因为随便树立界碑,并不能表示它已经占有了该处领土。

（3）视察未成表遗憾：当宪政研讨委员会召集人，座谈会于九月十二日举行时，第三委员会值月召集人周士杰曾报告两点请与会人员提出意见：① 请魏部长出席报告或演讲。② 拟组团亲赴钓鱼台视察，以明究竟。

视察团于九月十八日组成，计有召集人周士杰（团长）、委员丁治、鄢克昌，基隆渔会理事长谢石角，"中央日报"记者刘本炎，自立晚报记者张力行，台湾电视公司记者范葵、张敦志，辅导会技术员赵冠武（自行申请者）；临时加入者，有中国电视公司记者陈梦蛟、王恩倬，联合报记者黄经纬等十二人。

视察目的，鉴于中国时报仅去一个岛屿，所作报导，亦与事实无多大补助，因此，视察团主要目的，为搜集证据，作为政府对严正主张、坚定立场之有力支持。同时，能现地视察黄尾屿四年来设施居住情形，钓鱼台、小南岛建筑草寮及土地庙真相，以及资源、药材、鸟粪、鸟羽之搜集，以打破无人岛及荒岛之观念。

视察范围：拟包括全部八岛屿，特别注意东经一百二十三度二十分以西及北纬二十六度以北露出水面二公尺以上之礁石（例如破浪岛之实际位置）以防日本作为依据，扩张领海范围为十二海里之起点。

视察团之组成，始终以秘密方式出之，不幸，仍被有心人加以破坏，虽然海宪号试验船，机件确有故障，但如无政治因素，亦能修复。当视察团于九月二十二日上午七时半出发赴基，听取简报上船后，始悉机件有问题，功亏一篑，终未能达到代替政府搜集资料之目的，此非视察团或个人之失败，国弱需人，其谁怨乎？但失之东隅，而收之桑榆，日本政府及日本各报，大字标题，更大放厥词及抗议，谓我视察团侵犯其领土，并派炮艇巡逻，不负安全责任等等。足使彼邦了解我国民之不可侮性，宣传目的已经达到。有人说，视察团被阻不能前往视察，与越南阮高祺被阻参加美国大游行，同属中外奇闻奇事。主要的，是不能前往，不是不敢前往，有机会当再前往视察。

美国为什么承认历史谎言，居然认为尖阁群岛为琉球岛的一部分，实在是一个难以索解的谜。我们的看法，不但美国承认而且还助制造这一历史谎言，不外三种原因：

一、不了解东亚近代史：换言之，对中日两国之间的恩怨，缺乏正确认识。它以为琉球已被日本占领六十六年，又被美国占领二十五年，中国不曾提出索还的交涉，当然是自动放弃琉球的主权。兹以琉球美军民政府所发行的《琉球现况手册》为例，手册内称："中国终于一八八一年非正式承认日本对于琉球的主权，但直到一八九五年中日战争结束时，始予正式承认。"这一不正确的说法,毫无事实根据。当一八七九年(清光绪五年),日本强占琉球,满清不但未予承认,而一八八〇年(清光绪六年)美国卸任总统葛兰特及国务卿隆鲁出任调停亦未被中国接受之史实,真难相信美国驻日大使连自己的外交史,全不明白,实令人难以理解。所谓一八九五年,即中日甲午战争之后,所订马关条约,仅有五条,并无只字提及割让或承认琉球归日的事实。美国如何能够引用作为我国正式承认日本对琉球的主权。此种错误,岂真为"无知"所造成的吗?

二、故意歪曲事实:主要的是配合美国当前对日的政策,一意曲从并维护日本,承认日本具有"残余主权"于前,以托管之领土奄美群岛当圣诞礼物送给日本。嗣更变本加厉,决定于一九七二年把琉球拱手让人。现在则以尖阁群岛曾为驻琉美军靶区,很天真的就认为是属于琉球群岛的一部分,等于承认琉球群岛是日本国土的一部分一样。此种抹煞历史的谎言,竟出之于外交大使之口,实打破外交惯例,我们真希望美国外交当局,或对历史有研究的学者,有以澄清,或提出正确的事实与修正,当然我们也希望我们的外交当局,能对琉球群岛与钓鱼台列屿不相关联的历史,以及对琉球与钓鱼台列屿的主张同立场,再发表一个较为详尽的正式声明,说明事实真相,以矫正世人的误解。

三、意图袒护日本:这种可能性,让我们看看外电报导,以示非虚。意大利和平报本年一月四日载:"联合国圈子里传说一件关于美国领袖最近与日本佐藤首相华府会谈的可耻事件,于琉球基地归还日本而尚未公布的正式协定中,美国屈从日本的要求,将认为'尖阁群岛'是琉球的一部分。其实'尖阁群岛'一直属于中国,从未是日本的一部分。"又说:"根据联合国的亚洲报告,该处发现全世界最大的油田,日本的兴趣即在于此。自联合国关于此一巨大石油矿藏之报告发表后,琉球的亲日政府曾把来自台湾的中国渔船逐出'尖阁群岛'水域,支持日本的美国空军不断在该地区巡逻,以阻止航行近该岛水域的任何船只。"该报又评论说:"由于远东特别的政略局势,'尖阁群岛'一事显示出,美国决心与日本联合开拓该地区的经济资源,尤其是在巨大石油蕴藏方面。日本各大工业团体毫不理会台湾政府的主权主张。同时,中共也曾提出同样的主权主张。'尖阁群岛'的石油蕴藏量,约达一百五十亿吨,足供日本或中国之用。"本篇刊出时间,正值美、日两国于上年底签订琉球问题之后。其正确性很大。因此,我们认为政府仅仅声明维护权益立场,似嫌过弱,应该强调"领土"、"主权"不可分裂之原则始可。

上述三点,绝非臆测,兹将美国国务院于本年九月九日所发表之声明全文

（台湾各报，皆未刊登全文），译述于左：

"依据对日和约（指旧金山和约），美国对'南西诸岛'有行政权。约中所用之名词指北纬廿九度以南，二次世界大战结束时隶属日本管辖，且在本约中没有另行特别规定之诸岛。约中所用之名词，含有包括尖阁群岛当作琉球之一部分管理之，但认为对琉球之剩余主权仍属日本。由于一九六九年十一月尼克森总统和佐藤首相协议之结束，琉球之行政权可望于一九七二年归还日本。关于此等岛屿（指钓鱼台列屿）主权之不同主张，我方认为应由涉及争执国家解决之。"这种公然为日本撑腰，确认钓鱼台列屿为琉球群岛之一部分，亦因此美国认为钓鱼台列屿主权应属日本，实属骇人听闻，白纸黑字，历历在目，应无可置疑。难怪我"外交部"于上月循外交途径洽告美国政府，促其注意改善制止琉球当局对在钓鱼台列屿附近海面作业的中国渔民之干扰。而美国竟答以"无义务"，实属欺人太甚。我外交当局应一反过去作风，挺身而起，据理力争，驳斥美国声明的谬论。

对于琉球群岛未来命运，如果我们不能拿出确切可行的对策，一味地委曲求全，而不能确定我们明确立场的话，则日本重占琉球，已成定局，无法挽回。此由五十八年十二月一日二百一十五位"国大"代表致美国总统尼克森声明"对琉球问题的立场"劝导美国政府悬崖勒马，勿做损人而利己的事情，于五十九年四月四日收到美国国务院中国司司长汤麦士许·史密斯二月十九日致"中华民国国民大会"代表周士杰先生函乙件译文：

周先生大鉴：总统要我代他答复你一九六九年十二月一日关于你和"中华民国国民大会"其他二百十五位代表们，对决定将琉球群岛行政权，交还予日本之意见的信。

美国政府对于琉球行政权归还予日本一事之处境已久，为公众所周知，我可以保证，美国政府对于你们来信上的意见，以及贵国"外交部"暨周书楷"大使"的意见，都曾经仔细地考虑过，我们明确地相信，琉球地位的改变，将不影响"中华民国"的安全利益。同时，这些岛屿归还予日本管理以后，对太平洋地区整个的和平与安全，将有贡献。

我认为当日本佐藤首相于访问华盛顿期间，在一九六九年十一月二十一日的共同声明中，所明确指出的"维持台湾地区的和平与安全，是日本的安全的最重要因素"一语，极具意义。佐藤首相亦曾在华盛顿全国记者俱乐部的演说中，重申上述意见。

我对于你们对我国政府,坦诚的表达,你们的意见,极为感谢。我相信这封复信,也将基于中、美两国人民间,密切的友谊上,为你们所接受。

这封信的内涵意义,虽极诚挚,但仍不免有任意的私相授受之嫌与违反国际条约及国际正义立场。近来虽有参议员塞蒙等主张延期归还琉球,以及提案人于五十六年十一月四日以一〇二位"国大"代表名义发表的琉球问题联合声明反对琉球交日留待琉人自决主张,曾列入美国众议院记录。惜未被美国政府接受,亦未能使美国政府改变其立场。

我政府处理有关钓鱼台问题,业应日本之请,于本年九月廿三举行第一次会谈,次日又继续举行,预料将持续相当的时期。在会谈中,日本以避重就轻方式,撇开钓鱼台列屿不谈,针对大陆礁层问题,提出了与我立场不同书面意见。据说这份书面意见,既未登记件号,亦未有官方关防印信,完全是非官方的方法,表达意见。我"外交部"只在礼貌上,予以接纳,转呈决策方面,加以研究,这跟展开谈判,是两回事。同时,据"外交部"沈次长剑虹表示,这仅是日本一面之词,并重申我们对钓鱼台坚定立场,我们已正式照会日本,日本对钓鱼台列屿所作领土主权的叙述与主张,我们不能同意。

最近消息,由于中、日、韩联络委员会在汉城举行会谈时,由日本前首相岸信介推动由私人投资,设立"亚洲海洋开发公司"共同开发东中国海及日本大陆礁层中的石油及其海底资源。可能消除有关中国与日本及日本与韩国间,大陆礁层的现有争端。

愿在这里建议政府与全国人民,这并不是根本的解决,只是满足一时的欲望,隐忧尚在后面,希望全国各界能往远处、大处着想,勿贪小利,苟图暂时之安,而贻害将来,丧权辱国,悔之晚矣。这并不是故作警人之语,而是语重心长,请注意下面四点传言,不能全认为是子虚乌有。第一、日本法界人士多数主张,将钓鱼台列屿问题,留待一九七二年琉球归还日本之后再谈。届时当可由日本左右,用心可恶。第二、传闻日本曾告知美国与我合作油商,勿侵日本主权,因日本之不同意,已有部分油商,顿萌退意迫我非接受日本之资产与技术之控制不可。第三、日本图以停止资金,迫我妥协。第四、对日本蓄意图谋侵占"中华民国"领土,"匪共"至今噤若寒蝉既证明了"毛匪"以中国领土为饵,勾引日本,日本也减少了一分压迫,而放胆加强侵略。于此,我们也愿正告日本,今日之"中华民国",在任何情势之下,决不向威胁利诱低头,决不出卖领土主权。

综上所述,无论从史、地、法理各方面,皆足证明,我与琉球群岛有二千余年历史渊源,五百年隶属关系,论潜在主权之说,可以说"中华民国"与琉球群岛关系,既深且厚。虽然清廷无知,在日本捏造杀害日本人事件,向清廷提出抗议时,满清则以琉人久居化外,无法治理为由,推卸责任,在日本出兵强占萨摩藩后,满清又赔偿了三千万两银子,权臣误国可见一斑,以钓鱼台列屿而言,不但隶属中国数千年,与琉球毫无关系。即退一步言,在台、澎归还中国之后,钓鱼台列屿当然随之归还中国,文献俱在,日本何得妄图觊觎。不过,在证据方面,亦有不利于我之二点:第一、国防研究院出版,张其昀主编之世界大地图东亚部分,明列钓鱼台列屿在中国国界之外,此为提案人亲眼目睹。第二、据中国电视公司记者陈梦蛟先生云:"国中教科书亦将钓鱼台列屿划于国界之外",尚未查明证实。以上两项,经于本年九月二十三日致函"教育部"(副本送内、外两部)查明有无错误,予以修改或销毁之。"教育部"于十月二日函复交"国立编译馆查签"。在十一月份立法委员吴延環亦曾先后就此错误提出质询。现在张编地图仍然陈列于重庆南路一段远东图书公司橱窗内,照旧出售,未闻有任何人过问,政治之不进步,有如此者。

于此,有一附带说明,花瓶屿、棉花屿、彭佳屿三小岛,在光复后即归基隆管辖,与钓鱼台列屿毫无关系。尔后报纸报导或专家研究、报告、转载等应持慎审态度。提案人无论撰文、口述都五万余言,从未将上述三岛屿钓鱼台列屿连系一起,惟恐一误再误也。

钓鱼台列屿主权问题之发生,种因于我政府对琉球归属问题之态度。诚如日本所说:"我们从未提出交涉,等于默认了琉球归日。"这种延续下来的因果关系,是想象得到的。好在"亡羊补牢",为时尚不太晚。只要政府下定决心继续向美国交涉,延缓其于一九七二年交付琉球的时间,自能维护我领土主权之完整。相信在任何困扰环境下,终必能一一渡过。在外交方面,一切争取主动,处处提高警觉,步步为营,不予敌人以可乘之机,同时不要坐以待变,而先发制人,则日本何能在尚未取得琉球之前,复对钓鱼台列屿,提出无理要求。现在我们应该坚定我们对钓鱼台列屿领土的立场,确保大陆礁层的主权。我们不反对谈判,因为有邦交国家,无法反对谈判,但不是谈判领土主权,也不是息事宁人,因为姑息足以偾事,交换交换意见,未为不可。我们也不反对合作,因为合作,可以集中人力、资产、技术于一个机构之内,可以事半而功倍,能把世界最大油田,最大财富,平均分配于三个国家之中,使油源不致匮乏,人民生活水准提高,何乐而不为。但必基于平等互惠原则,不以财富而凌人,不以国势而欺人。合作则三得其利，势分则彼此受损。望日本人及政府三复斯言，而定取舍焉。

最后希望，为中国永久计，为台湾今日计，今日争之犹可，今日弃之，则祸延后世，患更深矣，今日之局势，虽美、日联合对我，亦不可能因此而起衅端。况今日钓鱼台列屿之局势，有利于我，如处理得宜，不致引起更大争议。主要者，仍为严守主张，坚定立场，才能确保国家的权利。

办法：

一、"中华民国宪法"第四条："'中华民国'领土，依其固有之疆域，非经'国民大会'之决议，不得变更之。"依此，钓鱼台列屿，属于我固有之疆域，关于该列岛之领土主权，政府应通告世界，我们立场坚定，决不退让。

二、政府应明确决定对琉球群岛问题的立场。

三、在钓鱼台列屿设置特别行政区，归台湾省政府管辖，以执行建设，发展生产，巩固国防，保护渔区而维我主权。

四、先行派艇巡逻或派军驻守，以示武装确保之决心。

五、最不得已时，援西德前例，诉之于国际法庭。

六、反对任何国家越俎代庖干涉我们的内政，致影响我们的领土主权。

七、应请政府对琉球群岛立场，对钓鱼台列屿措施，皆应在一九七二年以前确定与完成，以免夜长梦多，措手不及。

五十九年十二月十日

提案人　周士杰　罗甸服　王奉瑞　富圣廉　蒋慰祖　李宇清　王会全　武成祖　刘韵石　刘泗英　王石英　柯建安　王勉　刀威伯　苏子　昔恩义　梁甲荣　董煜　李拂一　潘仰山　熊起厚　王廷柱　马步青　黄启武　陈倬　彭浩一　章祝三　陈会瑞　孙中岳　张颐　瞿大廷　杨乃霖　王松乔　艾拜都拉　孙鹤鸣　刘家麟　吴志道　许晓初　张玉麟　陆容庵　鄂克昌　丁治　袁日省　冀象鼎　苏友仁　李康　安瑞麟　廖士汉　张一梦　胡友椿　杨震清　黄光化　谭雄　张新葆　邓觉　沈德亨　刘建华　谈明华　张望　杨季泽　黄农　王财安　宋志斌　赵雪峯　张伟光　葛英华　高长柱　石紫瑾　王禹廷　刘瑞昌　郑嘉纲

（全宗名："外交部"，卷名：《第一届"国民大会"代表五十九年度年会提案》，入藏登录号：020000012157A　典藏号：020-130400-0058）

（十八）台"行政院"会议所议钓鱼岛资料

1. "行政院"第一五七四至一五八三次会议资料
"中华民国"六十六年至六十七年止

院会资料目录

第一五七五次会　六十七年四月廿日

吴三彩　四十八

刘新玉　四十九

甲、亚太地区

一、"匪"船侵入钓鱼台海域(1—6)

二、印尼并不急于与"匪"复交(7—10)

乙、北美地区

一、卡特总统谈美"匪""关系正常化"之时间问题(11—13)

丙、中南美地区

一、尼、萨、厄三国暴乱(14—16)

二、智利内阁改组(17—18)

"匪"船侵入钓鱼台海域

日本巡逻艇"八重山"号于四月十二日晨七时许，在钓鱼台海域内发现悬挂"匪旗"渔船百艘，其中十六艘进入十二浬领海作业，当即予以警告并要求撤离，但"匪"渔船非但忽视警告继续作业，且出示"此地为中国领海，我们有权在此航行作业"字牌，部分"匪"船并配有机枪，在巡逻艇驶近时，并准备向该艇开火。十三日晨七时许续有"匪"渔船廿九艘进入该海域作业。日方为寻求外交解决，仅增派船艇在附近监视，未采过激行动。

四月十五日伪副总理耿"匪"飚接见一批访"匪"之日本民主社会党国会议员时表示，"匪方"渔船既非有计划亦非故意驶入钓鱼台水域。耿"匪"认为此系意外事件,"匪方"将进行调查。并指责日政府似有意利用此一事件,以延搁日"匪"和平条约之签订。耿"匪"发表上述谈话后,进入钓鱼台领海十二浬之"匪"渔船遂相率退出,但仍在海域内作业,在十七日下午八时又有廿艘进入十二浬之海域,至八时四十分,仍有两艘未见驶离。

日本政府在事件发生后,即采慎重处理态度,以免扩大事端,然对"共匪"此项行动之动机深感费解,乃要求"匪方"澄清。反对与"匪"缔结和约之议员则坚持搁置与"匪"重开缔约谈判。大平与田中两派人士则认为应调查事实真相,反对与缔约事混为一谈。日本社会、公明两党亦认为应与和约分开处理。民社党则对"匪"之举动表示遗憾,认有重新考虑和约之必要。

至于"匪"聚结大批渔船并配有武装在钓鱼台海域作业之意图,东京方面众说纷纭,其他国家报纸亦有评论。惟日政府态度极为审慎,目前正循外交途径向"匪"交涉中。但一般认为:(一)日"匪"和约问题之谈判,在钓鱼台事件未解决前,已无重开可能。(二)对"匪"渔船作业,由于日方船艇有限,无法采有效抵制行动,将成僵持局面。

我为维护我对钓鱼台之主权,在"匪"船侵入钓鱼台海域之第二日,即四月十三日,本部发言人曾郑重再度声明钓鱼台列屿为我国领土之一部分,"中华民国"拥有钓鱼台主权,不容置疑。此项严正立场迭经我政府郑重声明。任何方面所采取之任何举措绝不影响"中华民国"对钓鱼台列屿之主权。我对该事件之发展仍在密切注意中。

(全宗名:"外交部",卷名:《"行政院"第一五七四至一五八三次会议资料》,
入藏登录号:020000012065A 典藏号:020-130300-0132)

2. "行政院"第一三七四至一三八四次会议资料
"中华民国"六十三年至六十三年止

日本拟与"匪共"签订和平友好条约

日本政府拟与"共匪"签订和平友好条约，规定日"匪"双方关系之基本原则，俾维持双方永久和平暨友谊，互相尊重主权以及和平解决争端等。

日方希望该约不触及台湾及钓鱼台等之微妙领土问题。

日外务省已开始起草该约，据悉条文可能不超过十条，如"匪共"不另生枝节，时在本年九月间互换草约，年底以前签署。

大平外相将于五月十八日启程前往美国访问一周，并预定访美期间与尼克森总统、季辛吉国务卿进行会谈。

又据东京办事处电呈报：大平定于二十日与季辛吉就对"匪"政策、日俄共同开发西伯利亚、南北韩越石油资源、中东政策等国际情势问题交换意见，并协调日美两国外交问题。

据外电报导，五月九日大平在参院外交委员会，就日"匪"航空协定问题答询时称：（一）日美关系与日"匪"关系并行不悖，甫经促进之日"匪"友好关系，并不影响日美安保条约，该项条约不需修改；（二）日本政府将接受日"匪"联合声明内容之约策，该声明曾经宣称，台湾乃中华人民共和国领土之一部分。

韩国重新强调开放外交政策

韩总统朴正熙日前接见纽约民族评论记者时，曾再度强调韩国准备"在互惠与平等之条约下向世界其他所有国家敞开大门。"朴总统同时呼吁北韩接受南韩所提互不侵犯协定之建议，俾维朝鲜半岛和平。

按朴总统于上年六月廿三日首次正式宣布前项外交政策，并力图与"匪共"及其他共党国家来往，惟未获积极反应。

马可仕表示将与"匪共"关系正常化

菲总统马可仕于日前在总统府接见"匪"篮球代表（已于十日飞香港）时谓由于东南亚之国际及区域发展必将导致中共与菲律宾间之"关系正常化"，"同时希望不久我们将有全面外交关系"。继谓"亚洲之现实情况使我们必须彼此了解及明了国家与人民间之不同情势"。菲律宾人相信"毛泽东领导下之你们的革命及各方面的民主化"。续谓"菲有人口四〇〇〇万，其中有许多人具有中国血统,假如我们的人民对你们有敌意,我将感到十分惊奇,因你们的历史显示,你我同属一种族"。马氏最后表示"我深信中华人民共和国比亚洲任何国家更有兴趣维持和平及稳定,此不仅对亚洲为然,对全世界也系如此"。

此项谈话菲电视台已予播放,"匪"电台亦曾将马氏言词转播。

马可仕于上(四)月间接见访菲之苏俄二银行家时,亦曾表示将与苏俄及"匪共"建立外交关系。

按自马可仕于一九七二年九月实施戒严以来,菲律宾已先后与东德、波兰、捷克、罗马尼亚、匈牙利、南斯拉夫及伪外蒙建立外交关系。

另菲外长罗慕洛于日前参加东南亚国协外长会议后对记者表示,菲政府正积极考虑同时承认北平与莫斯科。此事在马尼剌讨论已久,在秘密会议席上,对北平并无观点不同之问题。罗氏续谓菲律宾将是东南亚国协第二个承认"匪共"之国家。

日本对《日"匪"和平友好条约》拟采取之立场

日本外相大平在国会中表示,希望与"匪"签订和平友好条约,惟将不涉及任何领土问题,该项条约之签署,依一九七二年九月间签署之《联合公报》规定,应在一切有关商务协定签署以后,渠本人于本年初访北平时,曾与"匪方"人员就此事交换意见。

"匪共"对该约迄未表示任何意见,据悉日外务省将来谈判时将采下列立场:

(一)该和约不具有处理解决战后领土问题争执之特性。

(二)在解决台湾问题上,日本无发言权,因该和约仅能在前述《联合公报》范围内进行谈判。

(三)关于钓鱼台问题,日本曾公开表示其立场,谓此一问题已不复存在。

日"匪"渔业协定交涉陷于僵局

"匪共"与日本双方依据一九七二年九月廿九日新发表之联合公报于本年五月廿四日起在北平正式谈判一项渔业协定。据亚协东京办事处电呈报:双方谈判因日本坚持将现行民间渔业协定(有效期于上月二十二日届满)作若干修正即可,而"匪方"则坚持将加强管制在黄海及东中国海捕鱼,致尚无进展。

又据日方报导,上述协定之最主要争点,在于"匪方"独自划定所谓军事警戒区域,军事航行禁止区域,军事作战区域等军事区域。而此等军事区域扩及十二海浬以外之公海上,此举在世界上尚无先例。又"匪方"以"二百浬经济水域说"如付之实现,则上述军事区域将完全包括在经济水域之内,故拟将经济水域主张,订立于日"匪"渔业协定之内。但日方认为"二百浬说在国际上尚未成定论",相持不下。

第三届联合国海洋法会议

过去联合国曾在日内瓦召开两次海洋法会议,第一次于一九五八年举行,因此项会议未能解决关于领海宽度和设定各国捕鱼区范围等问题。因此,联合国乃于一九六〇年召开第二届海洋法会议,专门讨论领海宽度及渔区范围等问题,由于各国意见纷歧,会议毫无结果而散。联合国嗣后于一九六八年设立海洋底床委员会负责筹备第三届海洋法会议之召开事宜,并曾于一九七三年十二月三日至十四日在纽约联合国总部召开第三届海洋法会议之第一期会,以处理有关会议之组织问题。现其第二期会议,已于六月廿日起在委内瑞拉首都加拉加斯揭幕,讨论海洋法之实质问题,为期十周。

一、我未参加会议之缘由

此次与会之各国代表及观察员来自一百四十八国,共约五千人,"匪"出席代表团共廿五人由"伪"外贸部副部长柴树藩率领。惟我国及北越未参加,北越虽获邀请,但其因越共未获邀而拒绝参加,我国则因未获邀请而未参加。盖联合国自廿六届常会通过排我纳"匪"决议案后,即改认"共匪"系中国之唯一合法政府,故凡联合国体系内所举办之国际会议均不再邀我参加。上午联大第廿八届常会讨论召开此次海洋法会议有关问题时,"匪"复提案要求关于邀请参加该会议之国家应遵照上述联大排我纳"匪"决议案之规定办理,不邀我政府。此项请求经大会通过采纳。因此,第三届联合国海洋法会议即未邀我参加。而我亦以此项会议系联合国体系内之会议,目前联合国之情势对我仍极不利,在一三五个会员国中,与"匪"有外交关系者仅三十国,即使我欲争取与会,亦难如愿,将徒使我国际地位再遭挫折,故我亦未争取参加。

二、本届会议重要议题

本届会议的基本目标在制订一项国际公约,规范海洋开发活动,会中讨论的议题十分广泛,其中最重要的有领海宽度,渔区或经济区范围,海洋底床之开发,国际海峡之通行,海洋污染之防止等问题。

本届会议中领海宽度,渔区或经济区范围将是争论的焦点。美国、苏俄及若干已发展国家坚持各国领海不应超出十二浬,及国际海峡之自由通行。所谓第三世界国家则要求对其沿海二百浬之海域行使主权或管辖权。(智利、秘鲁、厄瓜多、巴西、阿根廷、巴拿马、萨尔瓦多、尼加拉瓜、乌拉圭等国主张二百浬的领海，哥伦比亚、墨西哥、新加坡等国主张二百浬的经济区。）"共匪"为利用各国对领海范围的争执及讨好第三世界国家起见亦赞成领海为二百浬。又据外电报导，"共匪"认为各国均有权决定领海界限。此外，发展国家认为会议所讨论议题关系各国基本权益，为使会议结果能有效执行，会中一切议案之通过应采取协议（consensus）方式为之，惟"匪"及所谓第三世界国家依仗人多势众，坚决主张以单纯多数方式决定，双方对此问题之立场僵持，致使会议开幕以来，对本应于第一期会议中解决之投票程序问题迄未能解决，难怪联合国秘书长华德翰预测这次会议在八月底结束时，对于使用海洋等问题达成协议之希望甚微，可能要于一九七五年在维也纳再召集一次海洋法会议，继续讨论。

三、我所持立场

鉴于我未参加此次海洋法会议，而我之各友邦对会议之实质问题，尤其是领海宽度之意见又极为纷歧，故我对会议实质问题暂不宜发表声明。况且本案牵涉甚广，关系国家权益甚巨，必须慎重恃事，故对有关实质问题之主张，应由有关机关共同研议。

四、本部所采措施

本部对于此项会议极为重视，除电请驻美"大使馆"向美国务院表示我对此项会议关切之意，并盼美方将其对有关问题之立场具告外，并指示驻委内瑞拉"大使馆"密切注意会议进行情形及"共匪"在会内外之阴谋及动向随时电部。

日"匪"渔业协定问题

援六月廿一日日本各报报导，日"匪"渔业协定谈判自五月廿四日起在北平举行，迄今会谈卅余次，因对东中国海及黄海渔业资源之保护与捕鱼限制，日"匪"双方意见未能一致，决定于本年下半年尽早恢复会谈。在政府间渔业协定尚未签订前，暂将于本月廿二日期满之日"匪"民间渔业协定展延适用。每日新闻分析"共匪"极力支持开发中国家新作二百海哩"经济水域"之主张，在与日本间渔业协定上面需贯彻此项立场。双方将俟现在委内瑞拉举行之第三届海洋法会议开会结果再度会商。

（全宗名："外交部"，卷名：《"行政院"第一五七四至一五八三次会议资料》，入藏登录号：020000012045A　典藏号：020－130300－0112）

（十九）日本经济参考资料所涉钓鱼岛资料
"中华民国"五十九年至五十九年止

1. 日报认为我大陆礁层所有权将引起争执

八月一日日本经济新闻夕刊报导：日本政府认为尖阁列岛附近的大陆礁层系在日本领海权的范围之内，除已由总理府进行地质调查外，石油资源开发会社也正向琉球政府申请矿区权。因此，该报认为"中华民国"政府准许美国海湾石油公司在日本之太平洋海湾公司开发包括尖阁列岛附近的大陆礁层，在所有权方面难免发生争执。

有关东海大陆礁层问题，今年六月间，韩国政府也曾在该处划定矿区权。日方以韩国设定的矿区权中，部分系由日本认定属日本领海权之内，且正由日本各石油会社申请开发的矿区重复为理由，曾要求韩国撤销此项矿区权，此事现在由双方政府交涉中。（日本经济新闻8.1日）

2. 中日韩联络委员会将调查礁岩争执

日韩协进委员会于四日举行第四次常务委员会。除就日韩两国政治、军事、经济情势交换意见，特别讨论订于十一月间成立的中日韩三国连络委员会，应调查海洋共同开发问题，调解三国对尖阁列岛领有权的争执。

日韩两国均强烈反对最近中国政府突然将包括尖阁群岛在内的东海大陆海底礁岩油矿采取权租让给美国海湾石油公司，故此事将成为三国连络委员会成立后之第一件待调整事项。（日刊工业新闻8.5）

（全宗名："外交部"，卷名：《日本经济参考资料（一）》，入藏登录号：020000005410A　典藏号：020－190300－0164）

（二十）"中央通讯社"参考消息
"中华民国"六十六至六十七年止

日将考虑与"匪"合作，开发大陆礁层资源

（"中央社"东京廿八日专电）日本外相园田直昨天在大阪声称，拟议中的《日中（共）和平友好条约》缔结后，日本希望慎重考虑与中共联合开采大陆礁层资源。

园田直在向关西地区日本商界人士会议的演说中，发表上述谈话。

此间报界解释园田直的此项谈话，显示日本欲在此项"条约"签订后，而非在此"条约"的谈判中，处理因钓鱼台岛而引起的争执。

据报纸报导，园田直在演说中说，一旦日本与中共达成恢复此项"条约"谈判的协定，他有意访问北平。

他指出，日本驻中共大使佐藤正二与中共副外长韩念龙举行另一回合或两回合会谈后，此项"条约"的谈判可能重开。

佐藤正二与韩念龙于本月十四日举行一小时又四十分钟的会谈，试图缩小双方对此拟议中的"条约"的歧见。虽然佐藤正二已要求举行另一次会议，但日期未订。

园田直在此项演说中，再度抨击苏俄所拟的日俄友好合作条约。莫斯科于上周片面公布此项条约的草案。

六七、二、廿八

（全宗名："外交部"，卷名：《"中央通讯社"参考消息（二）》，入藏登录号：020000005005A　典藏号：020－199900－0002）

（二十一）日本重要时事摘要所涉钓鱼岛资料

1. 日本重要时事摘要（二十八）
"中华民国"六十七年

日本重要时事摘要（六十七、四、廿六——四、廿九）第四五〇期
亚东关系协会编
中日·日"匪"关系

（1）福田首相、园田外相一致认为钓鱼台列屿问题应以大使级会谈解决

（资料来源：四、廿七读卖）

日本政府首长廿六日夜透露，福田首相和园田外相一致同意召开大使级会谈，解决钓鱼台列屿附近中共渔船侵犯日本领海事件。该首长称："虽然在钓鱼台附近领海的中共渔船完全不见了，但这并不充分。既然发生了那种侵犯领海事件，应在北平召开大使级会谈彻底地解决。"并表明该会谈预定在福田首相访美返日后召开。

（2）福田强调以外交方式处理日"匪"钓鱼台纠纷

（资料来源：四、廿七读卖晚刊）

福田首相廿七日上午九时五十五分邀请自民党干事长大平至东京，野泽之私人寓邸会谈约一小时，曾就日美首长会谈之基本方针、日"匪"和约交涉、国会对策、东京市长选举等问题交换意见。福田在会谈中对于日"匪"条约问题表示：(1)希望妥善地以外交方式处理钓鱼台问题。(2)政府内部现在筹备重开交涉之条件，希望在访美后再度与大平会谈，同时强调重开交涉之基本方针并无变化。

福田在钓鱼台问题中所提之"外交方式处理"，预料系指将在"大使"级会

谈中,确认"匪方"所称"侵犯领海系偶发事件"而言。大平则表示:"自民党内之意见协调谨系暂时停止,俟政府决定并提出重开交涉之结论后,自民党亦将配合重行协调党内意见。"

(3)"共匪"渔船仍在钓鱼台列屿附近海域出现

(资料来源:四、廿七读卖晚刊)

据廿六日下午海上保安厅飞机之调查,在钓鱼台列屿附近海域之"共匪"渔船队已离开该海域,惟渔船队当晚再度返回,廿七日晨获悉约有六十艘"匪"渔船在该列屿近海。

据第十一管区海上保安厅总部(那霸)向海上保安厅提出之报告称,自廿六日上午八时至下午九时,"共匪"渔船队已完全离开钓鱼台列屿附近日本领海外五十五·五公里以内之海域。但在当天下午九时十分巡逻船的雷达上发现约有十艘的渔船再度出现在钓鱼岛西北西约五十七公里(领海外约卅五公里)附近海域。

据巡逻船继续监视结果,确认渔船的数目自深夜至凌晨逐渐增加。廿七日上午七时,在钓鱼岛西北约卅五公里(领海外约十三公里)较远处,约有六十艘"匪"渔船在海上作业或逗留。

(4)廖"匪"承志表明今后中共渔船将不再靠近钓鱼台列屿海面作业

(资料来源:四、廿八朝日)

北平田所特派员廿七日电:中共全国人民代表大会常务委员会副委员长(日"匪"友好协会会长)廖"匪"承志廿七日与访"匪"的宇都宫德马议员(无党派俱乐部)、日"匪"经济协会常任顾问冈崎嘉平太会见,就中共渔船侵犯钓鱼台列屿领海事件称:"中共不希望在该地区引起纷争,因此今后将使'共匪'渔船不要靠近该岛的附近。"

"不靠近"是指该岛之十二海浬以内或不在该海域作业,现在尚不明了,但至少中共为避免发生事端,对渔船正实施限制措置。

(5) 福田将再度邀请卡特访日

(资料来源:四、廿七读卖晚刊)

日本政府方面廿七日晨透露,福田首相将在五月三日之日美首长会谈(在华盛顿召开)中,再度邀请卡特总统访日。据有关人士表示,卡特总统访日之时期仍将与去年三月首脑会谈时所发之结论相同,系"对日美双方均为适当之时期",事实上现在等待美方之答复。日本希望卡特早则在明年春季访日。

(6) 福田首相访美前接见记者发表谈话

(资料来源:四、廿八朝日)

面临五月三日的日美首长会谈,福田首相廿七日下午在首相官邸接见内阁记者团,就首长会谈的基本态度、日"匪"问题等目前的政治课题发表谈话。

关于日美首长会谈的基本态度,福田表示:将就① 日美两国应为世界经济的复苏努力,并致力使在七月所召开的先进国首长会议成功。② 亚洲政策应有的作法,二大问题与卡特总统交换意见。

关于重开日"匪"和约谈判和处理钓鱼台列屿领海侵犯事件,福田表示:"对进行条约谈判之想法虽未改变,但对侵犯领海事件尚需看清中共政府的态度,俟返日后再决定具体的措施。"

关于返日后的政治日程则表示:

① 尽力使后期国会最大议题的有关日韩大陆棚问题的国内法案通过。

② 国会终了后拟带头推进恢复景气之工作。

③ 处理成田机场开放问题。

关于日美首长会谈,福田首相首先表示:在世界政治中最主要的问题是经济问题,目前的经济现状极像第二次世界大战之前的情况,为了打开困难,只有日美欧协力突破困局,别无他法。因此日美需协调意见促使先进国首长会议成功。他拟就此点与卡特总统会谈。

会谈的具体内容为:① 通货不安问题的根源在美国国际收支之红字,因此将强烈要求美国"防卫美元"。② 日美间的经济问题,业已在日本驻美大使牛场信彦德劳斯会谈解决。美国所关心的 7% 成长问题,无论如何也要实现。

③ 关于日本贸易收支之大幅黑字拟限制输出并增加紧急输入,预测本年夏季以后急剧减少。

又在首长会谈中拟向美方强烈要求对亚洲的关心。因东南亚国协(ASEAN)国家普遍认为美国对亚洲的影响力减少而感到不安。因对世界□□的美国从亚洲退出一事对世界和平极不相宜,此点拟要求美国理解。关于处理钓鱼台列屿中共渔船侵犯领海事件及因此中断重开日"匪"和约谈判之问题,福田首相表示:"正想决定重开和约谈判的时候,发生'共匪'渔船侵犯领海事件,以致谈判拖延,但关于进行谈判的想法毫未改变。"

(全宗名:"外交部",卷名:《日本重要时事摘要(二十八)》,入藏登录号:020000005024A　典藏号:020-199900-0032)

2. 日本重要时事摘要（二十九）
"中华民国"六十七年

（1）日本将重行交涉日"匪"和约，并先解决钓鱼台列屿问题

（资料来源：五、五朝日）

日本政府认为目前外交上最大课题日美首长会谈已圆满结束，俟福田首相、园田外相七日返日后，将正式重行交涉日"匪"和约问题。政府与自民党首长将于下周稍早举行会谈，正式决定此点后，除将急速协调自民党内之意见外，日驻"匪区"大使佐藤与"伪外次"韩"匪"念龙亦将举行会谈，以外交方式解决钓鱼台列屿事件，并将同意重行交涉日"匪"和约。

（2）福田首相指示准备在北平召开佐藤·韩会谈

（资料来源：五、五读卖）

纽约森特派员四日电：福田首相对这次日美首长会谈中卡特总统重视亚洲的事加以高度的评价，根据这项成果决定积极推进亚洲·太平洋外交。

福田为打开因钓鱼台列屿中共渔船侵犯日本领海事件而停滞不前的日"匪"和约缔结问题，早则于下周中拟在北平召开佐藤驻"匪"大使与韩"匪"念龙之会谈，业已指示园田外相开始准备。

园田外相将于六月中旬访问东南亚国协（ASEAN）各国及缅甸，又于六月下旬出席在澳洲召开的日澳定期阁僚委员会说明福田访美的成果以及进一步加强与各国的关系。

(3)日政府首长表明：日"匪"缔约交涉重开与否将待福田首相裁决

（资料来源：五、五每日）

日政府首长四日傍晚就重开因"共匪"渔船团侵入钓鱼台列屿领海事件而中断之日"匪"缔约交涉问题表明其见解及进行程序称：① 待福田首相返国后由政府及自民党首长研议今后进行之程序。② 自民党内意见协调将早日展开。③ 党内意见统一是完全委任党干部去办理，要取得协调，是极为困难。④ 最后势将由福田首相以党总裁之身份裁决重开。

该政府首长推断钓鱼台事件之处理势必成为重开交涉之前提条件，并重复指出处理内容系：日"匪"双方应经由日本驻"匪"大使佐藤与韩"匪"念龙等"大使级"会谈正式确认：① 该事件确系"匪方"所谓之"偶发事件"。② 包括不再侵犯在内之完全恢复原状。③ 对日"匪"缔约之热忱及方针不变。

(4)佐藤与韩"匪"念龙会谈，致力缔结日"匪"和约

（资料来源：五、十一产经）

北平十日共同电：驻"匪"佐藤大使于十日上午十时，在"伪外交部"与"伪外次"韩"匪"念龙会谈一小时四十分钟，就中国渔船在钓鱼台列屿侵犯日本领海问题及今后的日"匪"和约谈判之进展交换意见。

结果双方就下记各点获得协议：

（1）今后继续维持发展日"匪"友好关系。

（2）日"匪"和谈将依照日"匪"共同声明之宗旨努力进行。

（3）钓鱼台列屿问题将以大局的见地处理。国交正常化时日"匪"两国均未提该项问题之态度，现在仍未改变。

日本党之胁公使、王"匪"晓云、丁"匪"民亦均参加会谈。

此次会谈系"匪"为向日本抗议日韩大陆棚特别措施法案成立而召开的。对韩"匪"的抗议，佐藤大使予以说明后提议："拟商讨包括钓鱼台列屿问题在内的日'匪'关系全体的问题"，经韩"匪"表示同意。双方在会谈中决定，对大陆棚法案之抗议与日"匪"和约问题分解讨论，而对钓鱼台列屿事件之处理方法及该事件发生后陷入僵局之和约谈判问题，双方均表示将以积极态度处理。

尤其对钓鱼台列屿问题，在一九七二年国交正常化时互相了解的事项："以日'匪'关系的大局着想，暂不提该项问题"，经正式外交途径再度确认。

(5) 中共向日本抗议日韩大陆棚法案在国会通过

（资料来源：五、十一产经）

北平十日共同电："伪外次"韩"匪"念龙十日上午邀请佐藤驻"匪"大使到"伪外交部"，强烈抗议日本政府强行成立日韩大陆棚特别措施法，认为该法是继续侵害中共主权的行为。

韩"匪"朗读事先准备好的书面称："中共政府业已二次发表声明：日韩协定侵害中共的主权是不法且无效的，中共政府无法予以承认"。并称，日本众院将特别措施法通过后送交参院审议事是："侵害中共主权的重大行为"，表示强烈的抗议。

韩"匪"又强调称："日本政府应即时中止恶化日'匪'关系的主权侵害行为，否则应对所发生的结果负其责任。"

佐藤大使说明该项协定是曾经考虑中共的立场而作成的，倘如中共有意商讨大陆棚中间线的划分法，日本有意随时应诺，同时亦答应将"匪方"抗议的趣旨转达日本政府。

(6) 为重开日"匪"和约谈判，自民党内的"促进"及"慎重"两派活动频繁

（资料来源：五、十二朝日）

为重开日"匪"和约缔结谈判问题，自民党内之"促进派"、"慎重派"于十一日分别举行集会。促进派发表"即时重开谈判"之主张而慎重派则发表"应停止谈判"之意见。

园田外相于十一日下午在参院外务委员会强调，"应早期重开谈判"的基本态度。迄今静观事态发展的促进派，预定于十二日召开包括在野党议员在内的集会，为促进和约的缔结开始积极的活动。因此自民党内的两派之对立更形显著。

自民党内的日"匪"和约促进派于十一日下午在众院第一议员会馆集会，所获结论如次：

(1) 勿将钓鱼台列屿问题及中共对日韩大陆棚协定之抗议作为缔结和约

之障碍。

(2) 以大局着想,日"匪"和约已到应行缔结的时期,政府应正式开始谈判。

日"匪"友好议员连盟会长滨野清吾预定于本周内会晤福田首相要求促进谈判。该集会由滨野会长呼吁所属日"匪"友好。

(7) 参议院商工委员会拟在本届国会会期内通过日韩大陆礁层法案

(资料来源:六、九朝日)

社会党参院商工委员会委员,八日傍晚在委员会中质询日韩大陆礁层协定等国内法案时,自民党议员提出结束质询之动议并获得通过。因社会党等四在野党反对日韩大陆礁层法案,预定在九日之众院预算委员会中停止审议。在参院方面,各党国会对□委员长九日起举行会谈后,将着手解决此一问题。最后将借参院议长安井之斡旋在本届国会结束(十六日)前,通过日韩大陆礁层法案。

(8) 日韩大陆礁层协定之有关法案获参院通过

(资料来源:六、十五朝日)

与日韩大陆礁层协定有关之日本国内法(因实施共同开发邻接日韩两国之大陆礁层之南部所订定之石油・可燃性天然瓦斯资源开发特别措施法案)在十四日下午二时举行之参院院会中,获得自民、民社两党之赞成而告通过。

(9) 青风曾批判园田外相为缔结日"匪"和约访"匪区"事

(资料来源:六、廿一朝日)

自民党鹰派集团青风曾于廿日夜晚在东京都召开总会,就日"匪"和约缔结问题及解散众院问题交换意见。有渡边美智雄议员等共约十人参加会议,对园田外相计划访"匪"热烈希望缔结日"匪"和约事加以批判称:"如有脱出党让缔结条约的情事时,将立即向福田首相提出罢免外相之要求。"

(10) 日"匪"和约谈判将于七月三日重开,园田外相拟于七月上旬访"匪"

(资料来源:六、廿三产经)

福田首相于廿二日上午与园田外相、安倍官房长官及返日述职之佐藤驻"匪"大使协商日"匪"和约霸权问题等日本政府之最终方针。外务省于廿一日召开会议,根据佐藤大使的报告决定基本态度。

结果,韩"匪"念龙虽然生病,但日本政府仍拟依照既定方针即(1)日方拟定于七月三日由佐藤·韩"匪"间重开谈判;(2)倘有可能园田外相拟于先进国首长会议前,七月上旬访"匪",以期早日解决。

上项既定方针拟请示福田首相裁决,福田如何下决断颇值得注目。

(11) 佐藤驻"匪"大使透露"匪方"亦希望早期缔约

为与日本政府商议重开日"匪"和约谈判的最终方针,刻正返日述职的佐藤驻"匪"大使于廿一日下午在外务省接见记者称:"'匪方'似亦希望早日缔约。"

佐藤大使又称:"从现在的情形看来,'匪方'似不会在事务阶层拖延。"暗示"匪方"于先进国首长会议之前,七月上旬有接受园田外相访"匪"的可能。

佐藤大使对园田访"匪"事虽表示尚未与"匪方"进行具体的交涉,但指出与重开谈判最初的情势已有了变化,佐藤大使称:"因这次日'匪'间的谈判业已达到相当的程度,因此外相访'匪'可能不会白跑一趟。"认为如园田访"匪"时,霸权问题也有政治的解决的可能。

（12）福田及中曾根派年轻议员认为钓鱼台列屿之所有权问题未澄清时,不应缔结日"匪"和约

（资料来源:六、廿二朝日）

自民党福田派与中曾根派之年轻议员廿一日晚于东京市内聚会,就解散众院问题及缔结日"匪"和约问题交换意见。对于日"匪"和约问题一致认为："在钓鱼台列屿之所有权问题处于暧昧不明情形下,不应缔结。"对解散众院问题亦一致认为："党员不应以签名反对解散用以限制宪法所规定之首相之解散权力。"

出席该项集会的有福田派之玉泽德一郎、佐藤隆、鹿野道彦及□清,中曾根派有中尾荣一、松永光、渡边秀央及中村靖等人。

（13）福田首相决定倾全力在先进国首脑会议前草签日"匪"和约

（资料来源:六、廿二读卖晚刊）

福田首相二十二日上午八时半起在官邸接见园田外相、安倍官房长官、佐藤驻"匪"大使、有田外务次官、中江亚洲局局长等,协议政府对重开日"匪"和平友好"条约"交涉之最后方针。结果,福田首相决定下列方针:(1)倾全力在先进国首脑会议召开(七月十六、十七日)前草签日"匪"和约;(2)因此,将于二十三日建议"匪方"自七月三日起在北平举行事务阶层之交涉;(3)园田外相之访"匪"时期,将"静观事务折冲之演变后再行考虑";(4)着佐藤驻"匪"大使于二十六日返回北平,筹备重开交涉。福田首相并就交涉最大焦点之霸权问题,强烈要求园田外相、佐藤大使等设法坚持日本"反对霸权并非针对特定之第三国"之基本立场。福田首相虽未具体提及园田外相之访"匪"时期,但事实上已同意园田外相在七月六日后访"匪"。

（全宗名:"外交部",卷名:《日本重要时事摘要二十九》,入藏登录号:020000005025A　典藏号:020-199900-0033）

3. 日本重要时事摘要（三十）
"中华民国"六十七年

（1）日众院外务委员访"匪"团十二日曾晤黄"匪"华

（资料来源：七、十二每日）

北平十一日共同电：日本众议院外务委员会委员长永田亮一等一行，订于十二日上午会晤"匪伪外长"黄"匪"华。在此之前一行于十一日上午会晤"匪伪"中日友好协会秘书长孙"匪"平化，就当前之日"匪"关系交换意见，据称孙"匪"对日"匪"和平友好条约表明坚持向来原则之态度。

永田委员长等为深入了解问题，以备该条约一旦缔结时，条约承认案将交付该委员会审议，故自访英途中，应"伪"中日友好协会之邀请，顺道访问北平。黄"匪"华接见访"匪"日人尚为首次，在日、"匪"和平条约交涉重开之前夕，究竟黄"匪"将表示何种态度，极令人注意。

（2）"共匪"有意与日本共同开发东海一带之大陆礁层之石油

（资料来源：七、十二读卖）

据日政府十一日透露："共匪伪政府"业已非正式向日本探询共同开发东海一带大陆礁层石油之可能性，日本政府拟积极响应。关于日"匪"间之大陆礁层境界问题，因与日韩大陆礁层共同开发问题有关，日政府曾告"匪方"随时准备交涉，因"共匪"推进农业、工业等"四个现代化"运动，预测"匪"已决定与日本共同开发。日本认为共同开发在原则上并无异议，在缔结日"匪"和约后，日政府即拟进行交涉共同开发。因双方对所有权问题有所争执而形成对立状态之钓鱼台列屿将成为新问题，惟日本政府以"双方不提钓鱼台问题"之两国间的"默契"，考虑共同开发日本有效支配之钓鱼台列屿领海外之东海地区。

(3) 福田首相指示外务省当局重开谈判时应坚持"反对霸权并非针对特定第三国"之原则

(资料来源：七、十三读卖)

福田首相十二日指示园田外相等外务省当局设法在七月二十一日重开日"匪"和约交涉时,应坚持日方"反对霸权并非针对特定第三国"之原则;并指示设法检讨重新在条约正文中列入促进日"匪"双方之经济合作、文化、人物之交流等事项。按,过去日方之条约草案内容系以政治为主:(1) 互相尊重主权及领土完整、不干涉内政;(2) 和平解决争端;(3) 反霸权、第三国条款;(4) 批准条约之手续与条约之有效期限等。

(4) 自民党慎重派要求：日"匪"缔约交涉应就钓鱼台归属问题明确谈判

(资料来源：八、十朝日晚刊)

自民党在十日上午在自民党总部召开临时总务会,讨论已进入最后阶段的日"匪"和平友好条约交涉。政府方面有安倍官房长官(代表外相)、外务省亚洲局三宅次长等人出席说明交涉经过。

席上安倍曾说:"交涉虽然顺利,但尚未渡过最大关头。"对日"匪"缔约力主慎重从事的总务藤尾正行与列席旁听的佐藤隆、中尾荣一等人曾强烈抨击称:"外相会谈以及一连串的会谈均未提及钓鱼台群岛的归属问题,系违反总务会要求'明确谈判领有权'的决议。"

促进派鉴谷一夫总务则反驳称:"条约尚在交涉中,应该信任政府,一切委由政府交涉,总务会应该就此结束议论",一时呈现紧张的场面。

对于这些议论,安倍官房长官重复答称:"关于领土问题,政府始终基于总务会的决议从事交涉。今后仍将坚持'钓鱼台列岛乃日本固有的领土'之立场。但如何进行谈判,事关交涉内容,无法在这席上表明。"

中曾根总务会长就此项问题说明称:"刚才会晤首相时也要求过,钓鱼台列岛问题应该严格处理。"

(5) 日"匪"缔约交涉已就第三国条款达成协议

（资料来源：八、十一朝日）

日"匪"和平友好条约交涉，因"匪方"在十日的佐藤驻"匪"大使与韩"匪"念龙间的会谈上，就第三国条款"作了飞跃性的让步"，以日方最欢迎的方式达成协议，今后的交涉仅剩下"如何措词，应排在条约的哪一部分"等条约作成上的技术性问题。

(6) 伊藤防卫局长表示，日中和约对日本的国防安全有利

（资料来源：八、十六产经晚刊）

众议院内阁委员会于十六日上午十时召开委员会，举行有关国防的质询。会中防卫厅伊藤防卫局长明确表示，"日中和约之缔结，军事上对日本之安全有利"。防卫厅最近对苏军的大幅增强提高警戒。一般认为伊藤局长之发言暗示日本期望中共之力量能充作苏联威胁的缓卫任务。

(7) 香港左倾报纸强调钓鱼台是中国的领土

（资料来源：八、十七朝日）

（香港十六日伊藤齐特派员电）香港左倾晚报新晚报在十六日的社论表示："钓鱼台虽是小岛，但既然是中国的领土，寸土也不能让步。这在中日和约签订前后都是一样的。"明确否定了自民党总务会长中曾根所作的解释："邓小平副首相默认该岛是日本的领土。"在香港，关于中日和约尤其是该岛的领有权问题，在和约签订之后，仍议论不停。香港的中国问题观察家认为左倾报纸一面赞扬中日和约的签订，予以很高的评价，同时在签约后四天，发表对日方解释的强烈批判是预料中的事，已密切地注视。

(8) 园田外相表示：希望与"匪"共同开发钓鱼台周围的石油

（资料来源：八、十九产经）

参议员外交委员会在十八日下午召开会议，衔接上午召开的众议院外交委员会，邀请园田外相出席，审核日"匪"和平友好条约。席上园田外相就钓鱼台列屿的归属问题称："将来不致在日'匪'间引起争端"，表示今后为开发东海海底和二百海里经济水域划线时，预料日"匪"也不致因钓鱼台引起争端。

另就钓鱼台列屿周边的开发问题称："开发不仅是一国的事，还是以日'匪'合作的形式较好。倘有正式的提议，将积极从事"，表示希望以日"匪"合作的形式开发包括钓鱼台列屿周围地区在内的大陆礁层之石油。

(9) 通产省拟扩大输入"匪区"原油

（资料来源：八、廿朝日）

通产省为扩大日"匪"贸易，决定扩大输入"匪区"原油，开始与石油、电力、钢铁等有关业界交换意见。通产省在十九日证实：一九八五年的输入目标约为五千万吨，约合日本全输入量之12％。倘与业界的协调顺利，河本通产相将在下月访问"匪区"时，向"匪"提议扩大输入。

然而，石油业界并不赞成扩大输入"匪区"原油，因为"匪区"原油系重质油，重油成份较多，易生 NO_x，所以石油公司并不加以精制，多为电力公司和钢铁公司用来发电。通产省为解决此项问题，拟补助石油精制业者增设重质油分解装置，俾能精制"匪区"原油。

(10) "共匪"有意与日本共同开发大陆礁层石油、煤、非铁金属资源

（资料来源：九、十产经）

【北平九日共同社电】"伪国家经济委员会主任兼副总理"康"匪"世恩，九日在"伪人民大会堂"会晤共同通信经济记者访"匪"团，就石油及其他资源的共同开发和外国贷款等，表明"匪伪政权"的看法，历时约二小时。

在石油开发方面,与外国的合作对象仅限于海底石油,在渤海湾、东海、黄海、南海的广大大陆礁层推行大规模计划,使八至十年后,海底石油年产量达致亿吨,一处就有一亿吨产量的规模。

关于共同开发的对象,康"匪"称:"倘若条件一样,则选日本为对象",同时表示拟在十一日与河本通产相会谈时,就此项问题协商。

另关于大规模开采煤矿、开发非铁金属,"共匪"也有意与日本合作,证实了将采取以现物价偿还贷款的生产物分与方式。

(全宗名:"外交部",卷名:《日本重要时事摘要三十》,入藏登录号:020000005026A 典藏号:020-199900-0034)

4. 日本重要时事摘要(三十一)
"中华民国"六十七年至六十七年止

(1) 日本拟对约为四千处的无人岛岩礁确立"实际支配"的事实

(资料来源:十、四朝日)

在"领海十二海里、渔区二百海里"的新海洋时代之下,三日判明:日本的"实际支配"尚不完全的无人岛,仅算海图上载明的,在南方诸岛、九州西岸附近就有三百二十一岛,连海图上未载明的无人岛、岩礁也计算在内,约共计四千处之多,而且多未加以"实际支配"。

自民党的领海领土调查特别委员会(委员长由玉置和郎担任)根据此项调查,在四日上午邀请有关单位干部开会决定:"实际支配"不完全的无人岛、岩礁中,尚无名称者,予以命名,并编入适当的地方公共团体,在国有财产册中予以记载。

此系为了不重蹈钓鱼台列屿、独岛引起的领土纷争之覆辙,企图趁早确定日本对于这些无人岛、岩礁之"实际支配",但部分在野党批评此举为"紧急立法对策之一环"。

(2) 钓鱼台列屿有三岛未在日本政府国有财产底册中登记

(资料来源:十、十七朝日)

今年四月间,由于"共匪"渔船侵入日本领海而引起问题的西南群岛、钓鱼台列屿八岛中,有冲北岩、冲南岩、飞濑三岛并未在日本政府国有财产底册中登记,这是自民党的领土领海调查特别委员会(委员长玉置和郎)于十六日查明的事情。

玉置认为:"证明日本'实际支配'的重要部分付诸阙如,可能导致日'匪'间的领土纷争",拟在十七日的众院外务委员会提出质询。管理底册的大藏省说明称:"没有经济价值的岛屿向来不予登记",但可能在国会的日"匪"和平条约议论中引起一番论战。

(3) 福田·邓会谈,同意推进南北韩会谈

(资料来源:十、廿五朝日晚刊)

福田首相与邓"匪"小平的第二次会谈自廿五日上午十时许开始,在首相官邸举行,历时一小时半。双方就朝鲜半岛问题、日"匪"经济文化交流问题,以及今后日"匪"关系三项交换意见。

席间"共匪"重新就"共匪"对于美"匪"建交三条件加以说明。关于朝鲜半岛问题,"共匪"认为"并无紧张状态",日本亦认为:"无战争的危险",同时一致同意"应该为推进自主的和平统一,促成南北韩会谈"。

(4) 邓"匪"主张搁置钓鱼台列屿的主权问题

(资料来源:十、廿六读卖)

邓"匪"小平于廿五日下午四时许,在东京日本记者俱乐部,会晤数达三百名的内外记者,就日"匪"和平友好条约的意义、反对霸权主义、"共匪"为推行现代化对日本的期待、朝鲜半岛、美"匪"建交、钓鱼台列屿的归属等问题表示意见,历时约一小时。

"邓匪"在其中证实:日"匪"双方同意搁置钓鱼台列屿的归属问题,强调拟将问题留给下一代解决。

此外关于日"匪"间的问题,邓"匪"表示:① "共匪"目前尚未考虑借日本的政府贷款,但今后将予研究;② 现行的民间长期贸易协定并不充分,有必要予以改订,俾能增加贸易额二倍至三倍;③ 日"匪"两国政府今后随时交换意见至为重要,但不是以类似部长级会谈的形式。

在国际关系方面,邓"匪"重新强调反对霸权主义称:"中国与日本均面对着霸权主义的威胁",邓"匪"虽未曾指名苏联,但实则在抨击苏联。

关于美"匪"建交,邓"匪"称:"正在等候美国政府的考虑",虽暗示为期不远,但避开明言建交时期。

关于"共匪"的四项现代化,"邓匪"表示,对于日本的协助寄以厚望,同时希望能向日本学习,但也断言"共匪""将坚持自力更生方针",即使在达成四项现代化,变成强大的社会主义国家之后,"中国也决不称霸"。

(5) 邓"匪"强调反霸权,抨击苏联

(资料来源:十、廿六朝日)

邓"匪"小平廿五日与福田首相会谈之后,下午在日本记者俱乐部会晤记者,结束"政治日程",将于廿六日前往关西地区。

福田·邓会谈曾以朝鲜半岛问题、今后日"匪"关系为中心交换意见,在记者会中,邓"匪"赞扬日"匪"和平友好条约的"反霸权"条款,并暗中批评苏联称:"霸权主义正在世界各地寻求霸权。"

(6) 邓"匪"表示拟将钓鱼台列屿问题搁置到下一代

(资料来源:十、廿六产经)

邓"匪"小平廿五日下午四时许在日本记者俱乐部会晤内外记者团,就访日成果、日"匪"和平友好条约的意义等发表意见。

邓"匪"在其中就钓鱼台列屿的归属问题表示了拟将此项问题搁置到下一代的想法,与日方所主张的"实际支配论"有微妙的差异。

邓"匪"虽未曾指明苏联,但曾抨击霸权主义,并断言:反霸权条款系"日'匪'条约之核心",对日方所重视的阻止措施则只字未提。

此外邓"匪"又述及:① 只要韩国不出手,朝鲜半岛并无紧张状态;② 美"匪"建交的障碍在台湾问题,"共匪"方面正在等美国的考虑;③ 中国的四项现代化将以农业为重点来进行。

(7) 外务省担心邓"匪"的钓鱼台发言将在日本国内引起反响

(资料来源:十、廿六产经)

外务省方面廿五日晚间,就邓"匪"的钓鱼台列屿发言表示:"他说明得很好,但搁置一词实属多余",担心此项发言将在日本国内引起很大的反响。

关于钓鱼台列屿的归属问题,日本政府说明:"只要日本的实际支配能维持十年、二十年,就是等于日本的领有权获得承认。"邓"匪"所以在记者会作此

项发言,系针对着日方说明,表明"共匪"的态度,同时企图留下记录为证,并向"匪区"作交代,系一项政治性极高的发言。

(全宗名:"外交部",卷名:《日本重要时事摘要三十一》,入藏登录号:020000005027A 典藏号:020-199900-0035)

5. 日本重要时事摘要（三十四）
"中华民国"六十八年至六十八年止

(1) 日本着手钓鱼台列屿之调查

（资料来源：五、廿二朝日晚刊）

日政府廿二日透露，冲绳开发厅为了调查钓鱼台列屿之开发利用，于廿一日起着手修筑临时直升机着陆场。政府·自民党内部认为这是政府对该列屿的实际支配的开始，由于一年前发生中共渔船的占据事件，中共之反应值得注目。

运输相森山在阁议后向记者表示："海上保安厅之直升机及巡逻船协助搬运人员及资材。"

冲绳开发厅在五十四年度预算列有三千万日圆之调查费，调查钓鱼台列屿附近之海流、波浪、天气等自然条件一年，俾使判断今后有何种开发的可能性，将来应否建筑灯台、避难港、直升机场等设备。

(2) 中共表示对钓鱼台之立场不变

（资料来源：五、廿三朝日）

（北平廿二日共同社电）中共高级官员就日本在钓鱼台列屿建设直升机停机坪事答询称："中共对此问题之立场一贯不变。即双方把领有权搁置不谈。"

(3) 我"外交部"发言人金树基发表关于钓鱼台列屿主权之谈话

（资料来源：五、廿四产经晚刊）

（香港廿三日共同社电）廿三日的台湾联合报报导，"中华民国外交部"发言人金树基就报纸报导日本在钓鱼台列屿建筑直升机停机坪一节发表谈话称："'中华民国'对钓鱼台列屿之主权不受任何国家对该列屿采取之任何片面的行动所影响"。

（4）冲绳开发厅派团调查钓鱼台列屿的地质、水质及动植物概况

（资料来源：五、廿五产经晚刊）

冲绳开发厅决定由海上保安厅、国土地理院提供协助由廿六日起为期两周从事钓鱼台列屿的地质、动植物、水质调查。调查团包括十二位学术调查员共卅一人。以往冲绳县石垣市曾在钓鱼台列屿树立标识，可是国家正式派遣调查团是冲绳归还日本以后的首创之举。对日本固有领土的钓鱼台列屿，中共亦主张领土的主权，此问题中日间暂行搁置不谈，开发厅长官三原说明："仅调查开发的可能性而已。"可是对外方面，由于最近政府决定建立直升机停机坪，继以调查团之派遣，这些措施可以说政府已着手实际管理该列屿之举动。

调查之目的在探查该列屿中之钓鱼岛、南小岛、北小岛三岛之开发及利用之可能性，主要的调查内容：① 设置自动气象器，测量未来一年间的气温、风向、风速、雨量等。② 调查地质、动植物、水源、水质、地下水。③ 测定附近海域之海流、水深等。又正确地测量该列屿之位置、形状、面积，制作五千分之一的地图。

钓鱼岛已经在建设直升机停机坪，据开发厅的说明是便于运送精密机器，以便作调查测量工作。这次自动气象计之设置是永久的设施。

三原长官在廿五日之阁议后向记者表示："这仅是为了探查钓鱼台列屿之开发利用之可能性，并非表示领土占有之示威。"政府内部认为具体上要作何种开发要看这次调查之结果再作判断，可是由于地方之要求，正在检讨建设渔船保养设备及灯台等。

（5）日本着手调查钓鱼台列屿

（资料来源：五、廿八产经晚刊）

据第十一管区海上保安本部之消息，冲绳开发厅之钓鱼台列屿调查团卅一人、记者卅九人共七十人于廿八日上午八时半至十时乘海上保安厅之巡逻船三艘，登上最大的岛——钓鱼岛。

调查团之中，学术调查员是池原贞雄、琉球大学教授等十二人，分别就地质、动植物、海中生物等部门调查。据说钓鱼台列屿海域有丰富的海底油田，

可是担任地质之山口大学教授松本说："仅要调查地表的构造，与石油无关。"学术以外之调查员将调查水源、海流、制作地形图、安置自动气象计等。调查团以钓鱼岛为中心，在南北两小岛及附近海域调查到六月八日为止。

为报导这项调查，约有六十名之记者涌到石垣岛。

（6）日"匪"即恢复渤海湾石油开发谈判

（资料来源：五、廿九朝日）

于二月中旬突然中断的中共渤海湾南部海底油田开发之日中谈判将再度进行。据有关人士廿八日表示，中共曾向日本的石油公团表示"希望近日日中重行谈判"。中共要求：① 日方出资二亿美元作探矿费用，探矿成功时，中共以石油偿还，如探矿失败时日方不要求还返，风险由日方负担。② 日方之出资以美元计算，并尽量减低利率。

石油公团决定于六月间派遣松泽明理事赴大陆谈判，通产省及石油公团认为石油之需求紧迫，最好早日与中共谈妥，以取得邻近之石油来源。

（7）日政府内部对调查钓鱼台列屿事，态度不一致

（资料来源：五、卅产经）

政府人士于廿九日就中共"伪外交部"亚洲司长沈平曾召见日本驻北平大使馆代办表示日政府派调查团调查钓鱼台列屿事感到遗憾一节说："钓鱼台列屿在历史上是日本的固有领土，调查是为了渔民之安全而作的"（田中官房长官），反应冷静，并将按照预定计划继续调查。但又强调："希望这次的调查不会给日中友好关系带来不良的影响"（外务省人士），担心事情搞不好，有再度引起日中间外交问题之可能。为此将于三十日以园田外相为中心协商对策。

(8) 中共对日本派团调查钓鱼台列屿表示遗憾

（资料来源：五、卅读卖）

（北平廿九日星野特派员电）中共"伪外交部"于廿九日就日本在钓鱼台列屿进行开发调查事，经过外交途径对日表明"遗憾"之意，要求善处。中共"伪外交部"亚洲司长沈平于当日上午，召见日本大使馆代办伴公使，会谈卅分钟，以口头表示："① 关于钓鱼台列屿的运输相森山的发言（建筑直升机停机坪）；② 冲绳开发厅长官三原的发言（派遣调查团）；③ 海上保安厅之发表（派遣巡逻船'苍野'），中共不得不表示遗憾之意。同时认为这些行为并非合法的行为。"伴代表说："钓鱼台列屿是日本的固有领土，不过将把中共之意思报告日本政府。"

(9) 园田表示最好不去管钓鱼台列屿

（资料来源：五、卅晚刊）

园田外相于卅日在众院外交委员会，就中共抗议日本派团调查钓鱼台列屿事表示："考虑日本的国益，最好将该地就现状维持二三十年不去管它，最好"，表示基本上反对冲绳开发厅之作法。

他说："如果日方以这些行动表示对该地的有效支配，则中共既然主张是他们的领土，就不得不表示异议。虽然是日本的固有领土，但国与国之交往，有感情也有面子关系，如果这些行动目的在夸示有效的支配，我是绝对反对的。如果是为了附近居民的生命的安全而冷静、慎重地进行则情非得已。"社会党之井上一成进一步质询说，钓鱼台列屿之调查行动，由日中友好之立场而观，究竟适不适合，园田答说："这是认真的问题，我愿意答复，最好是二十年、三十年不去管它""这次调查，我事前不知道，其他阁僚也没问我的意见"。

(10) 冲绳开发厅指示调查团尽快完成工作回来

（资料来源：五、卅一朝日晚刊）

冲绳开发厅长官于卅一日上午，指示钓鱼台列屿调查团："尽早完成调查，早日回来。"有关人士表示这并非是调查的中断,而是尽快完成工作,早日回来,以免引起日中间之摩擦扩大。该人士预测工作顺利的话,该团有提前回来之可能。

(11) 邓小平向铃木善幸表示有意接受日政府贷款

(资料来源:六、一产经)

(北平卅一日时事社电)中共之邓小平于卅一日接见铃木善幸等自民党五议员,表示欲向日政府借款,要求日政府积极地检讨。中共以往亦曾表示希望日政府贷款,但中共"伪政府"首长表示此意系第一次。

铃木等与邓小平会谈之主要话题是日本对中共四项现代化之协助问题,邓说:"民间贷款无法应付发电所建设等庞大的资金需求,希望政府的贷款。贷款的金额、条件、对象等中共方面将检讨,希望日方亦能积极地检讨",关于与外国加强经济交流,他说,"现在进行专利法、投资法之修订,除合资方式外,也可接受外国企业之直接投资"。又说:"① 渤海湾南部之海底石油开发希望最大,希望与日方尽早进行协议。② 希望与日本缔结科技合作协定、文化协定。③ 关于工厂进口契约保留的部分,早日解决。④ 大平首相表示日美将合作协助中共之现代化一点愿申谢意。"

(12) 邓小平重申搁置钓鱼台列屿的归属问题

(资料来源:六、一产经)

(北平卅一日共同社电)邓小平接见铃木善幸一行时表示:"日本在钓鱼台设置直升机场,不是兴风作浪吗?因此我们不得不表明立场。我在中日和约缔结时曾经说过把这个问题置于一边,让后代的人去处理。现在我仍以为这样作对两国最好。"表示目前不争执该列屿的归属问题,有利增进双方的友好关系。他说:"园田外相之说明中共能接受。"

（13）自民党首脑主张由日"匪"共同开发钓鱼台石油资源

（资料来源：六、一日经）

自民党首脑三十一日夜晚透露，认为"应尽速与'共匪'协商由日'匪'共同开发蕴藏于钓鱼台周围海域之石油资源"。该首脑表示"问题系钓鱼台周围之石油，如不开发毫无意义。日'匪'任何一方均不能单独开发，因此，除与日韩礁层同样采取共同开发以外，别无他法"，并强调为进行此一协商，渤海湾的石油开发，可能的话，应于六月中商妥。

（14）日本调回钓鱼台列屿调查团

（资料来源：六、五产经晚刊）

总务长官三原朝雄五日晨就日本派往钓鱼台列屿的调查团表示："五日晨已开始撤回准备。"

此系由于顾虑到"共匪"的反应，早则在六日晚间，最迟也将在七日调回。

（15）钓鱼台列屿学术调查团离岛撤回

（资料来源：六、七产经）

（那霸电）冲绳开发厅之钓鱼台列屿学术调查团于六日完成调查，决定较预定的日期提早一日离开该列屿。

这次的调查是以查探该列屿之自然、地理条件及开发利用之可能性为目的，自五月廿八日起在钓鱼岛、南小岛、北小岛，调查地质、动植物、海中生物等。调查团撤回后将于钓鱼岛留下自动气象针，收集未来一年间的气温、风向、风速、雨量等资料。调查之结果俟整理后当会公布。

(16) 钓鱼台列屿调查团表示调查之成果满意

(资料来源:六、八朝日)

钓鱼台列屿调查团于七日回到冲绳县石垣岛。从事调查的学者们纷纷表示:"对调查之成果感到满意。"调查的期间遇到梅雨中断的良好天气,调查工作大致完成。

调查团认为这次调查,能调查到钓鱼岛的南侧是最大的收获。以往对断崖绝壁的南侧,从未作地质及生物的调查。担任地质部门的山口大学教授松本征夫表示:"南海岸的地质是堆积岩及火成岩相间。能够确实的调查成果很大。"

植物方面,琉球大学教授新纳义马在南侧的海岸发现新品种的葵类植物。这次调查新发现的植物有二十种。由此证实钓鱼台列屿之植物共有四百种之多。"除了鲣鱼干工场遗迹附近外,自然植物都未受到破坏,植物学上可以作为亚热带之标识地区,价值很高。"

动物方面:新发现的有田鼠,及黑背鼠。琉球大学教授池原贞雄表示:"田鼠在琉球列岛以往并无记录,由何处而来非常有趣。采取的动植物标本超过一千件",池原又说,"关于钓鱼台列屿之生物方面,大致了解了"。

海洋生物方面,以钓鱼岛为中心,作沿岸调查。鱼种有鲷鱼等与琉球其他岛屿之沿岸相同,唯体型较大是一个特征。负责的琉球大学助教西岛信昇表示:"开发岛附近之渔场是可能的,唯鲨鱼多是一个缺点。"

由于调查团之派遣引起日中关系之波纹,该团仓促调回,是美中不足的。池原说:"最可惜的是未能确认南小岛海鸥的生息地",六日,探查南小岛山腹的海鸥巢,由于断崖险峻,功亏一篑。

(17) 李"匪"证实:"匪"苏将有外交次长级会谈,欢迎日"匪"共同开发钓鱼台列屿地区

(资料来源:六、十八每日)

【北平十七日辻特派员】"伪副总理"李"匪"先念十七日上午会晤日本社会党副委员长下平,就国际情势交换意见,同时证实:"共匪"与苏联将在莫斯科

举行外交部次长级会谈,谋求"国交正常化"。李"匪"也就钓鱼台列屿表明:日"匪"与其争夺领有权,不如共同开发该地区。

李"匪"称:"倘若苏联不改变霸权主义,则'共匪'将继续攻击霸权主义。三十年前苏'匪'间缔结的条约已因与今日的对美、对日友好关系矛盾,而决定不予延长。今后在国家、党关系方面,仍难避免原则性的争执。"

李"匪"虽然确认"共匪"在基本上仍持对苏强硬态度,但又称:"为实现四项现代化,希望能避免不必要的紧张。将根据和平五原则,为关系正常化,在莫斯科举行外交部次长级会谈",首次证实了中苏间将有新的管道。

"伪外交部"对于苏联五日的有关关系正常化的备忘录尚未答复,因此李"匪"所提外交部次长级会谈,究竟是已在中苏间达成协议的,或仅是"匪方"的决定,并不明了。

关于钓鱼台列屿,李"匪"称将委诸下一代的人去解决,同时对于日"匪"共同开发该地区表示积极的态度称:"日本的某些人士提议共同开发,我认为这是'高明的提案'。"

(18)园田外相表示不谈领有权问题拟与中共共同开发钓鱼台列屿之石油资源

(资料来源:七、十一每日)

园田外相于十日之阁议表示,"领有权问题撇开不谈,应立即与中共进行共同开发,尽速采取事务性工作"。这是回答森山运输相之建议"石油问题引起国民之不安,何不与中共共同开发钓鱼台列屿的石油资源"而表示积极的态度。

关于钓鱼台列屿,日中之外台湾亦在主张领有权,当日中和约缔结时,双方同意搁置此问题。又开发海底资源时,最重要的大陆礁层境界问题,日本主张钓鱼台列屿与中共大陆之中线为标准,中共主张钓鱼台列屿是大陆礁层之一部分,所谓"自然延长论",意见对立。

自民党首长表示希望日中共同开发,中共之李先念于六月十七日与社会党之下平访问国会会谈时也表示不谈领有权问题,来共同开发,态度积极。

可是外务省的基本方针是"关于大陆礁层境界线问题,倘日本的立场无损则可以共同开发"。换言之共同开发之先决条件是有关日本立场之交涉,看来情形不可乐观。

(19)日方建议就钓鱼台列屿领海外之公海设定区域与中共共同开发石油资源

(资料来源:七、十一产经晚刊)

外务省首长于十一日表示,关于拟与中共共同开发钓鱼台列屿周围海域之石油资源问题,政府有意于钓鱼台列屿领海以外的公海上设定共同开发区域并就此事尽早与中共进行谈判。这是因为钓鱼台列屿领海以内的共同开发有引起国内反对的可能,而且由于中共搁置钓鱼台列屿领有权问题,使此问题更为困难,因此先在公海上进行共同开发。

该首长说中共对日方之建议,会不会同意,又对该列屿主张领有权之"中华民国"会如何反应都不可预料,但是倘与中共之谈判谈成将缔结政府间之协定。

(20)中共李先念表示赞成搁置领有权问题,由中日共同开发钓鱼台石油资源

(资料来源:七、十六每日)

【北平支局十五日电】每日新闻社社长平冈敏男率领的本社访问团于十五日在人民大会堂与李先念会谈。李某说"纯粹以外国资本建立之工厂因对中共之经济仅占一小部分,不影响社会主义路线。① 近日中将举行的中苏会谈,中共将贯彻反霸权的立场,惟结果如何不易判断;② 考虑无资源的第三世界国家,则石油输出机构之涨幅太大;③ 将贯彻由重工业调整为以农业及轻工业为中心之经济政策;④ 今后将采取结合计划及竞争的有弹性的经济政策。将来中国统一时,在台湾的外国企业将适用中外合资经营企业法,而准其继续经营。钓鱼台列屿附近之海底石油共同开发是日本之友人想到的,我们

大大地赞成。我们赞成把领有权问题搁置，先行共同开发的办法。孔子有正确的一面也有错误的一面，不过他当作教育家是值得赞扬的"。

（21）外务省检讨中日共同开发的钓鱼台海底石油

（资料来源：七、十六读卖）

园田外相表示长期石油政策之一环由中日两国共同开发钓鱼台列屿周围的海底石油资源，外务省事务当局已正式地进行检讨。外务省的态度是① 开发区域在钓鱼台列屿诸岛十二海里领海以外之公海；② 这是与台湾无关系的海域，一面与有关部会及企业界协调意见，另一面将向中共提议进行共同调查。外务省已透过非正式路径，打探中共的态度，中共原则上赞成共同开发，期待能达成基本上的同意。不过主张钓鱼台主权的台湾的态度、中共的资金能力等不确定的因素很多，要具体实现尚须花时间。

（22）"共匪"赞成与日共同开发钓鱼台石油

（资料来源：七、十六日经）

【北平十五日共同电】李"匪"先念"伪"副首相十五日上午在人民大会堂接见平冈敏男社长所率领之每日新闻访"匪"代表团，谈及先前日本政府有意与"共匪"交涉钓鱼台列屿周围海域之海底石油共同开发构想时，强调"共同开发系日本友人之提案，"共匪"亦赞成。赞同搁置领土问题，先开发资源之作法。据该"伪"副首相之说法，关于此一日"匪"共同开发构想，咸认双方政府近期内将开始具体交涉。

（全宗名："外交部"，卷名：《日本重要时事摘要三十四》，入藏登录号：020000005030A　典藏号：020-199900-0038）

5. 日本重要时事摘要（三十五）
"中华民国"六十八年

(1) "共匪"希望适用渤海湾方式，与日本共同开发钓鱼台列屿海底油田

（资料来源：七、十九每日）

【北平十八日共同社电】"伪副总理"王"匪"震十七日在人民大会堂会晤社民连副书记长秦丰，就日"匪"共同开发钓鱼台列屿附近的海底油田问题称：倘若以"渤海湾开发方式"之类的合理条件，"共匪"将即刻有反应。

关于渤海湾开发，日"匪"自去年即已从事交涉，但迄未达成协议。其交涉内容如下：日方出资总工程费四千亿日圆，"匪方"负责开发与生产。日方将每年输入二百万吨原油，其中一部分原油系偿还日方投资之用。

惟渤海湾系"共匪"领土，钓鱼台列屿却日"匪"双方同时主张领有权，王"匪"所称"以渤海湾方式开发钓鱼台"的想法，是否包括钓鱼台列屿系"共匪"领土之前提，备受注目。

根据秦丰，王"匪"发言如下：

一、关于共同开发钓鱼台列屿，日本政府曾提议早日开始交涉。倘若条件对日"匪"双方都合理，"匪方"将即刻有反应。

二、所谓合理条件就是像渤海湾方式，内容与基准对日"匪"双方都合适。

三、钓鱼台列屿开发（已于第五届全人代第二次会议通过），将适用中外合资经营企业法。

(2) 日本政府对于日"匪"共同开发钓鱼台列屿海底油田构想，有慎重从事的想法

（资料来源：七、廿四朝日）

关于日"匪"共同开发钓鱼台列屿周围海底油田的构想，日本政府已注意到了日"匪"间想法有出入，而有慎重从事的意见，认为不宜匆促予以具体化。

外务省并且已指示驻"匪"大使馆密切注意"匪方"意图。

关于此项构想,日本政府方面在七月十日的内阁会议席上始由森山运输相提案,园田外相附议。但正如园田外相在阁议后所证实:"'共匪'方面已非正式地试探过","共匪"在五、六月间即已向访问"匪区"的日本工商界钜子提出此项构想。

"共匪"方面首先在六月十七日,由"伪副总理"李"匪"先念向社会党副委员长下平说:"有个日本朋友提议共同开发该海域,我认为此案很好。"其他"匪酋"也提议"组织一个联合公司从事开发,领有权问题不予涉及,则我们这一代也能向解决问题迈进一步","赞成日本朋友之不涉及领有权问题,只管共同开发的提案"。

七月十七日"伪副总理"王"匪"震复对社民连副书记长秦丰说:"以渤海湾方式开发钓鱼台列屿"。

日本政府所以提高警觉的原因,首先是"匪酋"发言明确指出"钓鱼台列屿周围"地区,同时表明"与领有权问题另案处理"的基本立场。

第二是"匪酋"的发言开始于日本在五月底派遣的钓鱼台列屿开发利用调查团,受到"共匪"抗议之后。日本政府人士推测称:"'共匪'认清日本由于实际支配而在领有权问题方面较占上风的现状,乃以共同开发石油的战略,造成'共有'钓鱼台列屿的状况。"

至于所谓"渤海湾方式"是由日本提供资金与技术,在中国领海开发海底油田,然后对日本供应石油的方式。"共匪"拟将此案适用于钓鱼台列屿,无非是在主张"共匪"对该地区拥有潜在性主权,其意图不外是在这项前提之下共同从事开发。

第三是从"共匪"开发石油的现状观之。"共匪"实无必要优先开发钓鱼台列屿。中国大陆预料石油藏量甚丰,应该优先开发的是这些陆上油田。但因接近中苏边界,"共匪"乃决定同时开发海底油田。虽然如此,日方专家仍认为:"共匪"因已决定与日本共同开发渤海湾,由英国系统的石油公司探勘黄海,并授权美国系统的石油公司探勘南海珠江口外海,应该无余力顾及其他。

惟大平首相、园田外相等日政府高阶层人士认为目前"共匪"在东海可能拥有更多权利的现状之下,早期采行"共同开发",对日本较有利。

日本政府内部有人认为:"共同开发"钓鱼台列屿周围一事可能变成日"匪"友好的政治性象征,可能导致日本在领有权问题上被迫让步的事态,因而有慎重从事的论调。

(3) 日本暂停与中共谈判,共同开发钓鱼台海底石油

(资料来源:八、二产经)

外务省检讨与中共共同开发钓鱼台列屿周围之海底石油问题,结果认为就领有权问题不易解决,双方不易达成具体协议,因此决定暂停进行。

这是外务省人士一日透露的,不过该人士表示,依中共方面的态度,国际环境的变化,将来双方仍有达成协议的可能,今后仍将透过外交途径打听中共的意向。

钓鱼台列屿的石油开发问题,是森山运输相及园田外相在七月十日的阁议相继发言而引起一般人的注意。以后政府把该海域的油田开发当作石油危机时代的王牌而积极检讨达成以下看法:(1)钓鱼台列屿是日本固有的领土,(2)与中共共同开发之海域是:① 钓鱼台列屿领海外之公海,② 与台湾不相干之海域。

对此,中共对共同开发表示积极的态度,对领有权问题表示一贯的搁置的态度,与日方之主张对立。

这些中共的见解并非透过正式的外交途径表明而是中共的首长向访中的日方访问团表明的。政府某些人士认为中共之所以对共同开发表示积极的态度,无非意图使领有权问题搁置罢了。

外务省认为搁置领有权问题而共同开发石油不仅容易引起国内之反对,而且等于授给苏联一种口实,会对日本提出要求"搁置领土问题缔结睦邻友好条约"。在外交政策上并非高明。

(4) 日政府决定正式与中共谈判钓鱼台海底石油共同开发问题

(资料来源:八、十五读卖)

日政府决定近日与中共正式谈判共同开发钓鱼台附近海底石油问题。据外务省人士十四日表示,除于下月一日中共"伪副总理"谷牧访日时园田外相将与之会面探询中共之态度外,并将于本月底在纽约召开联合国海洋法会议时,先进行日中的事务阶层的谈判。

（5）日本将向中共提议洽商大陆礁层划线问题

（资料来源：八、十六每日）

外务次长高岛于十五日傍晚会见大平首相，报告就包括钓鱼台周围海域在内之大陆礁层境界线问题，及海底资源开发问题，于本月底与中共之海洋法方面之专家会商，并得首相之同意。

这是为推行园田外相之构想由日中共同开发钓鱼台列屿周围海域之海底油田之前必先由日中确定大陆礁层之界线。外务省预备俟本月廿四日在纽约召开的第三届联合国海洋法会议闭幕后，向中共提议谈判，邀请中共之海洋法关系人士访日，或派遣外务省条约司及其他有关人士赴中共谈判。

关于日中共同开发海底资源问题，园田外相、森山运输相曾提议由日中共同开发钓鱼台海域的海底石油，中共首长李先念等人表示积极赞同。

对此，外务省内人士认为搁置领有权问题不谈而进行共同开发的话，结果会造成中共方面的"实绩"以致影响日方的所有权，而主张慎重。因此外务省人士希望这次谈判能就大陆礁层之划界表明双方之基本态度，从而摸索妥协之点。

可是中共主张"大陆礁层自然延长论"认为钓鱼台周围之海底是中国大陆之一部分而日本则主张中国大陆与钓鱼台之中间线为境界之"中间线论"，双方的主张对立，因此预想谈判颇为困难。

（6）"中华民国"当局宣布领海十二海里，经济水域二百海里

（资料来源：九、七每日）

【台北六日 UPI 电】"中华民国"当局六日宣布：将领海自过去的三海里扩大为十二海里，并为保护渔业权扩大经济海域为二百海里。

此系对抗菲律宾政府日前所作二百海里宣言。

在此项声明中，"中华民国"主张该国在该水域中具有开发资源、从事养殖并加以使用的权利暨国际法所规定的司法权，同时承认他国根据国际法具有航行、飞航、铺设海底电缆的权利。

另暗示：将为保护渔民，派遣海军舰艇巡弋，但与邻国的二百海里水域重

叠的部分,有意从事交涉。

根据"中华民国"渔业当局称:台湾的渔业关系人员五名已因菲律宾的行为而死亡,有一百七十七名渔民暨渔船五十三艘遭受羁留。

(7) "中华民国"宣布扩大领海为十二海里并设定二百海里经济区

(资料来源:九、七产经)

【台北六日林慧儿特派员电】"中华民国"的"行政院"发言人宋楚瑜于六日宣布"行政院"会议已通过决定:① 把"中华民国"之领海由三海里扩充为十二海里;② 在领海之外设定二百海里经济区;③ "中华民国"之大陆礁层与此项经济区无关,依照一九五八年之日内瓦大陆礁层协定,及国际法一般之原则享有主权上的权利。

又"中华民国"之经济区与他国之经济区重叠的场合:① 由有关国家政府交涉以定境界线;② 或依国际法普遍承认的原则决定。这项决议正采取手段呈报"总统"公布。这样台湾也将成为领海十二海里国家之伙伴了。

台湾近海有许多日本及韩国的渔船经常在作业,如果台湾采取新的海洋资源的措施,会受到种种的影响是必定的,而且趁此机会,也可能对日中间在检讨共同开发海底石油的钓鱼台列屿的问题,采取领土主权的强硬态度。

台湾在二年前一九七七年五月一日,日本宣布领海十二海里以来,不断检讨扩大领海及设立经济区。

六日阁议之直接原因是最近菲律宾片面地设定二百海里的经济区,以图拿捕台湾的渔船及驱逐台湾渔船之故。台湾为了采取对抗措施,乃设定经济区域,以谋与菲方进行谈判。

日本与台湾由断交以前到现在虽无渔业协定,但全盘而观,并无显著的纠纷,如果台湾设定新的经济区域,为了防止可能发生的纠纷,台湾的亚东协会与日本的交流协会有缔结民间渔业协定之必要。(共同社)水产厅因为台湾未决定实施日期,正在注视何时开始实施。

日本之渔船在台湾附近之海域作业,主要的渔获物是竹签鱼、青花鱼,及乌贼等年产三万吨,台湾实施这项决定后对日本之影响不小。

（8）台湾当局宣布实施二百海里经济区域

（资料来源：九、七朝日）

【台北六日路透社电】台湾当局在六日宣布为保护天然资源实施二百海里经济区域，并把领海由三海里扩大为十二海里。这显然是为了对抗菲律宾的措施。该宣言，表示台湾当局享有在经济区域内开发、维护及利用天然资源之权利。又① 台湾之经济区域与他国之经济区域重叠时，由有关国家政府交涉决定境界线；② 或以国际法普遍承认的原则决定。关于台湾沿岸的大陆礁层的主权则依日内瓦大陆礁层公约之一般原则决定。

九州・山口之水产业界，对台湾宣布之二百海里经济区域包不包括日本的良好渔场钓鱼台列屿在内非常关切。

九州・山口地方有许多渔船以冲绳、长崎为基地，在钓鱼台海面捕捞鯖鱼、鯵鱼、鲣鱼等，露透电未说明，如果台湾之二百海里区域包括钓鱼台海域，将受很大的打击而担心不已。

（9）日本对我二百海里宣言感到困惑

（资料来源：九、七读卖）

关于"中华民国"宣布二百海里水域一节，日本水产厅□水产公司等水产关系方面并不能掩饰困惑。

此系由于日本与"中华民国"并无邦交，不但无法正式承认其二百海里水域，同时在东海的划线问题也可能牵涉到"共匪"与韩国，有发展为政治外交问题之虞。

中日间因无正式的外交途径，日本方面因情报不足，苦于无法充分了解具体的宣言内容暨其真正的目的。因此暂时将致全力收集情报之后，再行检讨因应方案。

根据报导，"中华民国"所以宣布二百海里水域系为了对抗菲律宾的二百海里宣言。

但根据水产厅某干部称：菲律宾的宣布本身就是"莫名其妙的怪事"。

根据外务省的调查，菲律宾虽已将二百海里宣言刊登于公报上，但对于有关国家日本则不管是正式或非正式均无任何通知。对于日本透过外交途径的照会,也仅答称:"不知道",不但是划线等具体内容不详,宣言本身也是一片模糊的状态。

由于目前日本渔船在菲律宾近海的作业仍与过去一样,并未遭受任何困扰,水产厅认为:"该项措施至少尚未实施",但仍通知各渔业公司:"在菲律宾近海作业时应予充分的注意"。

(10) 日本内阁阁僚表示钓鱼台列屿是日本领土

(资料来源:九、七每日晚刊)

森山运输相于七日之阁议,就来日访问中之谷牧中共"伪副总理"于六日在记者会所说"钓鱼台列屿之主权属于中共本来很明确的"一节表示:"该列屿历史上是属于日本固有之领土:① 海上保安厅把它列为南端的警备区域将继续以往的警备体制;② 该列屿周围每天都有巡逻船在巡逻,由上年起配备 YS 十一型飞机;③ 下年度预算已编列经费配置装载直升机之巡逻艇于冲绳海域。"

园田外相也说:"该列屿是日本固有之领土,不认为是纷争的地域",金子藏相说:"谷牧是为了经济援助问题来日访问的,为何提及领土问题令人不解"。

(11) "中华民国"宣布二百浬将波及韩国、"共匪"

(资料来源:九、八日经)

"中华民国"为对抗菲律宾实施二百浬经济海域,亦宣布实施,以致南海地区沿岸各国,有关二百浬之利害冲突业已表面化。设定二百浬经济海域之动向很可能波及"共匪"、韩国。因此日本水产厅警戒称:"东海、南海及日本海亦即将进入二百浬时代"。

尤其与韩国方面,因九月中旬必须解决北海道沿海之该国大型拖网渔船作业问题,日韩两国可能一举实施二百浬。

菲律宾实施二百浬系今年五月三十一日开始，惟迄今仍未正式通知日本，水产厅正在全力搜集有关情报。另，由于"中华民国"无外交关系，该厅对于确认宣布二百浬实况，亦颇费周章。

咸认菲律宾及"中华民国"之最大目的系在确保南海水产物及海底资源。当然，势必促进对南海资源颇表关心之越共、"共匪"及印尼等沿岸国家加速实施二百浬。"共匪"如实施二百浬，届时不只日本，韩国亦不得不实施。日本现在对韩国及"共匪"免除适用二百浬，但势必全面进入二百浬时代。届时，因"共匪"与韩国无邦交，日本居间调停之三边交涉，将不可或缺。

与韩国间之实施二百浬问题业已出现。为保护北海道沿海资源而设定之限制线内侧，因韩国大型拖网渔船进入作业，致使日本渔业受害。为解决此一问题，两国水产厅曾举行首脑会谈谋求解决，但始终未获结果。

水产厅首脑会谈所达成之妥协案——"让小渔船取代大型拖网渔船进入作业，拖网渔船则在限制线外围试验作业"，由于北海道渔民坚决反对而触礁。

在此一状况下，日方认为"对韩国如不适用二百浬，问题无法解决"之意见日趋升高。水产厅等部会，原期望今秋可望举行之日韩定期阁僚会议上能将解决，但因国会解散，目前势必延期，水产厅首脑表示"在最后关头定要寻求解决"。

（全宗名："外交部"，卷名：《日本重要时事摘要三十五》，入藏登录号：020000005031A　典藏号：020－199900－0039）

6. 日本重要时事摘要（三十七）
"中华民国"六十八年至六十九年

(1) 日本冲绳开发厅发表调查报告，认为钓鱼台列屿之开发困难很多

（资料来源：十二、十八朝日）

冲绳开发厅于十八日发表关于钓鱼台列屿开发的调查报告。指出：① 钓鱼台列屿附近风强浪高，渔船避风港之建设几乎不可能，渔船避难用之浮标之设置也不适用；② 灯台、直升机停机坪、自动气象观测仪之建设，虽非不可能，但实际上相当费事。因此结论是，这一方面的开发利用，事实上很困难。

(2) 高桥庄五郎著书表明钓鱼台列屿系台湾之附属岛屿

（资料来源：一、七朝日）

高桥庄五郎战争期中在中国大陆，战后返日从事日"匪"贸易。一九六三年创设日"匪"友好商社"高庄"。现任日本国际贸易促进协会常任理事。

高桥出版《论钓鱼台列屿》，从学术上解明钓鱼台之领有权问题，该书并已获选全国图书馆协会之推荐书籍。

高桥说："钓鱼台列屿在历史上、地理上属台湾之附属岛屿。中国在中日甲午战争之后与台湾一起割让给日本。日本在世界第二次大战时无条件投降，在旧金山和约将台湾与其附属岛屿归还中国，因此钓鱼台列屿的领有权属中国是理所当然的"。

高桥前后花了十年以上的时间收集资料，读破一百卷专门书籍写成此书。

他主张领有权问题并非日"匪"间可轻易解决的，千万不要因此使贵重的石油无法开采。

（全宗名："外交部"，卷名：《日本重要时事摘要三十七》，入藏登录号：020000005033A　典藏号：020-199900-0041）

7. 日本重要时事摘要（三十九）
"中华民国"六十九年

(1) 中共通知日本将作发射洲际飞弹实验

（资料来源：五、九朝日）

外务省方面八日晚间证实：中共通知日本，将在近期中作向南太平洋发射洲际飞弹的实验。

这是经由"伪"驻日大使馆与日本驻"匪"大使馆二途径通知日本。虽然中共未明示实验日程，但外务省方面有"在最近期间的印象"。

(2) 中共抗议日韩开始探采石油

（资料来源：五、九读卖）

【北平八日星野特派员电】中共于七日发表"伪政府"之声明，强烈抗议日韩开始探采"日韩大陆棚"的石油。随于八日在"伪"人民日报登载论文以"断然防卫中国大陆棚的主权"为题，强烈要求日本重新考虑。

以往中共每逢日韩共同开发协定签署，换文时都对日表示抗议与声明，表明中共之立场。这一次，由于开始石油之探采，进入实际行动，故由"伪外交部"之声明提高层次为"伪政府"之声明。

该声明及论文都表示强烈反对侵害中国的主权，另一面希望继续发展日"匪"的友好关系。

(3) 邓"匪"小平表示拟与日本谈判日韩大陆棚问题

（资料来源：五、十五产经）

【北平十四日共同社电】中共之邓"匪"小平于十四日上午与矢次一夫等会谈时提到日韩大陆棚问题说："关于这个问题，两国政府间约定要谈判的。"

(4) 日"匪"将举行东海大陆棚问题的交涉

（资料来源：五、廿四产经）

据外务省首长廿三日透露，中共最近答应就东海的大陆棚问题举行协议。因此，六月间日"匪"之专家将举行大陆棚问题的交涉。

交涉将提到：① 日韩大陆棚开发问题，② 一般性日"匪"的大陆棚划线，③ 钓鱼台群岛附近的大陆棚问题，等项，由于日"匪"双方对大陆棚理论的差异，及钓鱼台列屿周围牵涉到领海问题，交涉预计会拖长。

据外务省表示，中共于七日肖"匪"向前"伪外交部"亚洲司副司长在北平召见加藤公使就日韩开始探勘日韩大陆棚共同开发石油表示抗议之际，对日方主张以谈判解决之提议有了柔软的姿势。

中共仅表示："将就东海之大陆棚协商"，而并未提议将谈何种议题。日方的希望是先就日韩大陆棚开发协定、其开发方法等及其基础的大陆棚的日方的基本看法予以说明，以求得中共的理解。

以往日"匪"间的大陆棚问题，中共采"自然延长论"，日本主张"中间线论"。中共对日韩之大陆棚共同开发认为"不法且无效"，以往对该开发之每一进展节目，都表示抗议。

对此，日方认为"日韩大陆棚共同开发在国际海洋法的立场是有效的"而再三要求中共就此问题互相洽商。

在这种意见对立之中，中共虽表示抗议但接受交涉之原因，外务省认为"未开始交涉无法明了，然而以往的严重抗议的'严重'两字消失，有软化的迹象"。

又中共不限定于日韩大陆棚问题，而表示就日"匪"间的大陆棚全般洽商姿势，自然"不排除钓鱼台列屿的问题"。可是钓鱼台附近在大陆棚问题以外尚有领有权问题的对立，日方的立场是已在实际支配的钓鱼台问题无让步的意思。

不过，中共对日韩大陆棚问题表露柔软的姿势，可能是想在大陆棚的石油开发问题摸索日"匪"共同开发的可能性。今后的发展引人瞩目。

(5) 外务省首长表示日本不曾附和中共的"反苏防卫论"

（资料来源：五、廿四每日）

外务省首长廿三日傍晚证实：廿七日访日的华"匪"国锋与大平首相举行日"匪"首长会谈时不致谈及日本的加强防卫问题，同时强调日"匪"之间在对苏政策上仍有歧见，称："会谈时中共可能在谈阿富汗问题等国际情势时涉及对苏战略，但中共的想法是反苏防卫论，日本不可能附和。"

外务省认为中共要求日本加强国防就是干涉内政，华"匪"不致提及此项问题。

但由于华"匪"在前往南斯拉夫参加故总统狄托之葬礼，与大平首相会谈时曾大事抨击苏联之入侵阿富汗，并称："苏联之最后目的在于征服中东产油区"，在与访"匪"的自民党前干事长中曾根康弘会谈时也指出：由美国、中共、日本及西欧各国携手合作，加强封锁苏联，至为重要，对日本之加强防卫问题寄以期望。

因此，华"匪"在此次日"匪"首长会谈中，力促加强日"匪"关系，抵抗"苏联侵略"是十分可能的事。

外务省首长的发言系对中共之此项对苏战略表慎重态度，该首长又称："为因应苏联的措施，日本可能与欧美各国加强合作，但中共的反苏防卫论则与日本的立场不同。"

(6) 日本将与中共签订"科技合作协定"，进行原子能和平利用合作

（资料来源：五、廿六读卖）

日本政府方面廿五日透露：华"匪"国锋预定廿七日访日，日"匪"将签订"日'匪'科学技术合作协定"，并将进行实务阶层协议，就原子能和平利用确立合作体制。

日政府拟接纳中共的希望，首先提供有关原子能发电的技术，作为日"匪"科学技术合作之"象征"。这是首次在原子能领域与社会主义国家正式合作，料将受瞩目。

关于合作的形态、内容等，将在今后协商，据了解，原子能发电将占相当的

比重。但问题是,如何监视有无转为军事用途。此外由于日本在和平利用方面的技术领先于中共,此项合作将由日本片面提供技术,也是个问题。

(全宗名:"外交部",卷名:《日本重要时事摘要三十九》,入藏登录号:020000005035A　典藏号:020-199900-0043)

8. 日本重要时事摘要（四十）
"中华民国"六十九年

（1）日本拟与中共共同开发钓鱼台列屿的海底油田

（资料来源：八、十一每日）

日政府决定由日"匪"共同开发钓鱼台列屿附近的海底油田并于下月中旬派遣外务省干部与中共洽商。该海域据联合国远经会的调查可能存在足与中东比美的大油田，然而就该列屿的主权归属日"匪"谈不拢，因此在渤海湾等地日"匪"共同开发进行时该海域却落后不前。外务省拟把该列屿即领海部分划开，就其余部分设定共同开发区域，由日本出资及提供技术，与中共共同开发。

钓鱼台列屿于明治十八年（一八八五）日本政府作现场调查、同廿八年（一八九五）编入日本领土。战后归美国管理，一九七二年依冲绳还返协定与琉球、大东群岛一并归还日本。可是发现有油田存在的可能性以后，台湾主张有主权，一九七一年中共亦发表宣言主张有主权。

一九七二年九月日"匪"建交、一九七八年八月日"匪"和约缔结时都把该问题搁置。可是中共于上年五月冲绳开发厅作现地调查时也提出抗议。

日"匪"双方于今年五月廿九日签订渤海湾石油共同开发协定，预定明年一月间始探矿。另中共要求日本合作开发新疆的塔里木盆地、青海省的柴达木盆地、四川省的四川盆地、河北河南交界的华北盆地等四处内陆油田，四月下旬访"匪"的佐佐木通产相与康世恩"伪副总理"会谈同意日"匪"共同开发大港及渤海南·西部的内陆油田。

关于钓鱼台周围的海域，上年七月，园田外相及森山运输相合意向中共提议共同开发，随后并向中共作非正式的接触，中共以内部的情形尚未成熟为由而采消极的态度。

因此九月中以后，将派遣外务省之中共、东北亚、海洋法等专家组成代表团访"匪"，就钓鱼台列屿、日韩大陆棚共同开发、大陆棚开发等问题说明日方的看法，并洽询中共的看法。同时把钓鱼台及领海划出，就其余海域设定日"匪"共同开发区域，与中共共同开发。

外务省认为① 大庆油田之生产降低，中共之石油生产已到了顶峰了；

② 中共推进四项现代化,今后对石油之需要日增;③ 为获得现代化所需之资金需要扩大石油的输出能力;④ 世界之石油供求今后将更为艰难,海底油田之开发由计划到生产至少需要三年以上——等理由,中共采积极姿势的可能性很大。

(全宗名:"外交部",卷名:《日本重要时事摘要四十》,入藏登录号:020000005036A　典藏号:020-199900-0044)

二、中国国民党中央文化传播委员会党史馆藏琉球档案

（一）钱复回忆录

钓鱼台事件

　　钓鱼台列屿（日人称尖阁群岛）位于台湾东北约一百二十浬，琉球本岛西南约二百三十浬。钓鱼台原是无人岛，过去无人注意，二十世纪六十年代后期，因传闻附近海域蕴藏石油，突然成为众人注意的焦点。

　　一九六九年十一月，美国总统尼克森与日本总理佐藤荣作会晤，决定将美军管理的琉球群岛归还日本。日本政府于一九七零年七月表示，钓鱼台列屿为日本南西群岛的一部分，并谓一八九六年明治天皇有第十三号敕令，将钓鱼台划入冲绳县，故从该年至一九四五年，五十年间钓鱼台都是日本的一部分，将来琉球归还日本，钓鱼台也要随同归还。日方指出，有日本国民古贺辰四郎曾于一八九七年向日本政府申请租借钓鱼台列屿，经获同意后在该地段设伐木工厂及鲭鱼工厂，此后其子古贺善次继续经营。一九四五年美军接管琉球后，每年均付给古贺家族两万美元为租金。

　　美国方面则公开表示，视钓鱼台列屿为琉球的一部分，美将琉球交还日本时，钓鱼台亦将一并交还。至于中日两国对该地发生主权的争执，美国不介入，应由争端国自行解决。美方主要理由是二次大战美军攻下琉球后，驻琉美陆军第九军所下的第三号行政命令，将北纬二十九度以南，东经一二三度以东，过去属于冲绳县范围，由美国行使军事占领，包括钓鱼台列屿。

全力维护钓鱼台主权

　　我国政府的立场是，东中国海的大陆礁层，包括钓鱼台列屿附近海底的大

陆礁层，与我国海岸相邻接，都是我国陆地领土的自然延伸，以琉球海沟为其自然界限。在我国海岸邻近大陆礁层界限之内突出海面的礁屿，依现行国际法原则及大陆礁层公约，不能作为主张开发权的基点。我政府对于该海域大陆礁层的开发，具有完全的权利。

除地理上的理由，我政府自明朝开始接受琉球朝贡，册封历代琉球君主，每次派出册封使臣都有详细纪录，明、清实录均予列入。根据这些使臣记载，由福州出海，向东航行，先经过澎湖，再经过基隆、彭佳屿、钓鱼台、黄尾屿，最后达姑米山才是琉球疆界，换言之，赤尾屿以东才是琉球的一部分，钓鱼台不是琉球的一部分。再加以约一百年来，钓鱼台是基隆与宜兰渔民作业的范围，钓鱼台附近渔量不丰，但遇有天候不佳，渔民都去那里避风，平时也作为修船、晒网或补网之场所。

"行政院"曾在一九六九年七月十七日的院会中，发表"我对沿海大陆礁层资源之探勘及开发，得行使主权上权利"声明。同年十一月六日，"行政院"会议也通过"大陆礁层公约"，函请"立法院"审议，"立法院"在一九七零年八月二十一日通过批准，并在二十五日通过"海域石油矿探采条例"。

一九七零年九月二日，我国记者搭乘海洋探测船"海宪号"登陆钓鱼台，树立我"国旗"，并在岩石上刻字。同月十五日美在琉球的民政府（Civil Government），令琉球警察乘船取下我"国旗"，携返石垣市，视为"拾得物"加以保管。我即约见美使馆政治参事唐伟廉（William Thomas）表示关切，要求美方约束琉球政府不得再有类似行动。唐参事于第二年（一九七一年）四月二十七日，将该面"国旗"送还我方。

中国石油公司也基于政府政策指示，将"经济部"核定的海域大陆礁层所划分的五个探勘区，分别与外国公司签订海域探采和约，钓鱼台属第二区。中油公司于一九七零年七月二十八日，与中国海湾石油公司签订探采和约。日本方面经由外交途径向我表示关切，同时我政府亦认定钓鱼台问题之交涉对象为美国，而非日本，因此对日方之关切表明我国不能同意，声明我政府在该海域有探勘开采之权。

一九七零年九月十五日上午，沈剑虹次长召美国大使馆安士德（Oscar Armstrong）代办来部，详细说明我国在历史、地理、条约上均有权对钓鱼台做主权主张的理由，并将"口头声明"递交，要求美国政府不能将该列屿交予日本。九月二十五日"行政院长"严家淦院长，借立法院总质询的机会，将我国全力维护在钓鱼台列屿的正当权益做明确说明。

十月二十八日,美国国务院远东司中国科长休斯密(Thomas Shoesmith)来华访问,上午曾来北美司和我就双方有关问题谈了八十分钟。我告诉他,我国对钓鱼台拥有主权是极为明确的,我朝野各界对此一问题有很强烈的表示,希望美国政府重视,处理本案时切勿偏袒日本。我们指出该列屿现由美军管理,我因基于区域安全及重视中美邦交的考虑,过去对美军管理未表示异议,但绝非默认,他日美国在该项管理结束时,应将该列屿交还我国。

进入校园

过了三个星期,留学美国纽约、纽泽西、康奈狄克和威斯康辛的中国留学生在一九七零年十二月二十三日组成了"保卫中国领土钓鱼台行动委员会",发起签名运动,要求我政府采取具体行动保护我国对钓鱼台列屿的主权,也在普林斯顿银行开设专户接受捐款。此一青年学生自动自发的保钓爱国行动,不数日就风起云涌,在海内外发展成澎湃的学生运动。

当时政府处于戒严状态,对于学生运动尤其是示威游行,是绝对不允许的。在海外无法禁止,只有请"教育部"国际文教处姚瞬处长和"中央"第三组曾广副主任去美与留学生沟通,希望这项行动不要为中共利用。

国内部分最初对于示威游行是绝对禁止,但不久发觉无法限制,于是主政者采取疏导方式,执政党张宝树秘书长和青年救国团蒋经国主任要我尽可能到各学校就这个问题讲演,和同学们讨论。我统计一下,到一九七二年五月底,一共讲了七十二次,虽然非常辛苦,但是能为国家化解了一向可能导致社会危乱的难题,我感到十分安慰。二三十年后,我在全球许多地方都会遇到一些中年的国人向我致意并说:"钱先生,我当年在某大学读书,听过你讲钓鱼台,至今记忆犹新。"这是非常美好的感觉。

钓鱼台事件发展中,"外交部长"换人了,魏道明部长应聘为"总统府"资政,周书楷"大使"于一九七一年四月十四日接任,四月二十二日带我去台大参加学生保钓大会,部长简单开场白离开,我继续向同学详细报告,答复许多问题。一九七一年十月出版的《大学杂志》四十六期刊有当时就读台大的王晓波先生所写的《钓鱼台问题对话录》,是救国团宋时选执行长建议他在那年六月十四日下午二时,在"外交部"和我谈了两小时的记录。王先生在后记中有两段话很重要:"想到国难当头,和一百多年来中国人所受的压迫和屈辱,而现在政府与青年之间的差距又是如此的大……今天总算找到了政府中的负责人,将我对钓鱼台事件的意见做了一次畅谈。我写下了这个谈话纪录,希望政府能消除对青年的疑虑,也希望青年朋友能消除对政府的误解。现在,只有政府与青年人齐心协力才能挽救这个国家。"这段话给予我许多启示,也说明沟通、化解误会的重要。

美国政府于一九七二年五月十五日将琉球归还日本,我政府曾数次洽请美方将钓鱼台列屿归还我国,或仍维持为美军使用靶场,但美方以为归还日本者仅为行政权而非主权,美方在管理琉球时钓鱼台为其之一部分,故同时归还,但并非表示美政府认定钓鱼台或琉球的主权应属日本,有关主权的争议,应由当事国自行处理,美国不拟介入。

(钱复:《钱复回忆录》,天下文化出版,2005年第1版。)

索　引

A

阿尔巴尼亚案　197
阿根廷　255
艾拜都拉　249
艾其逊　85
爱丁堡广场　220,221
爱尔兰　236
爱国青年联盟　147,227
爱知揆一　113,238,242
安格纽　220
安理会　197,198,229
安瑞麟　249
安士德(Oscar Armstrong)　303
岸信介　158,228,238,247
奥地利　236
澳大利　27,40,74

B

B-52型战略轰炸机　238
BONIN岛(小笠原群岛)　1
八日星野　296
八重山　138,147,155,239,250
八重山群岛　239,241
巴基斯坦　40,47,74
巴拿马　255
巴西　1,255
霸权主义　274,275,284
柏林会议记录议定书　73
板门店会馆　93
板垣修　187
"保钓"示威　218-221
鲍亦与　105
北村德太郎　94
北大西洋公约组织　235
北海道　37,161,166,243,293,294
北韩　64,252
《北京人民日报》　228
北平　201,210,214,217,218,224,225,
　　253,255,257-259,262-264,267,
　　268,271,277,279-281,283,285-
　　287,296,297
北平保卫钓鱼台大会筹备委员会　219
北小礁　241
北洋军阀　104
北越　216,225,254
贝尔纳斯　19
秘鲁　236

币原喜重郎　94
波茨坦宣言　12,53,80,95,161,163,164,
　　166,193,232,234,243
波兰　253
波浪(亦称那鼓山)　241
玻利维亚　236
渤海湾　272,279,281,282,287,288,300
不承认主义　80
不平等条约　29
布法罗　107

C

参议院商工委员会　265
柴尔兹　222
柴树藩　254
长宫川　184,195
长久保卓　214
长秦丰　287,288
长宇谭撒　201
朝鲜　7
朝鲜半岛　252,274,275
陈诚　87
陈会瑞　249
陈梦蛟　244,248
陈书畴　237
陈为荷　131－135,137,139,140,142,
　　143,149,158,159,233
陈训舍　137
陈裕清　101
陈倬　249
陈祖康　237
成田机场问题　184,195
池原贞雄　278,283
齿舞列岛　37

赤道几内亚　236
赤谷源一　197
赤木正雄　94
冲北岩　241,273
冲南岩　273
冲绳岛　12,19
冲绳开发厅　277,278,280,282,295,300
冲绳县　113,147,155,164,168,179,180,
　　227,238,278,283,302
冲之鸟岛　41,55,66
创价学会　230

D

大不列颠及北爱尔兰联合王国　74
大城谦吉　118
大东群岛(Daito Islands)　229,300
大连　4,7,10,154
大领熏　118
大陆礁层公约(大陆礁层协定)　131,175－
　　178,180,193,206,232,234,239,242,
　　291,292,303
大陆礁层划线问题　290
大陆棚　186,189,190,240,241,260,263,
　　264,296,297,300
大陆油槽公约　240
大平正芳　183,194
大崎六郎　186,189,190
大矢章三　94
大野伴睦　94
大正　235
大正十二年冲绳管内地图　240
大专院校学生联合会　219
当间重刚　118
党工会议　177
刀威伯　249

德川时代　12
德川宗敬　94
德黑兰会议　2
德拉华州大学　225
德劳斯　260
邓昌黎　105
邓觉　249
邓小平　270,281
邓志雄　144
狄托（也译作铁托）　298
第二次世界大战　29,61,164,217,240,260
第二届中日合作策进委员会　228
第七舰队　22,59
第一次海洋法会议　242
第一次世界大战　23,243
缔结正常关系条约　94
钓鱼岛（钓鱼台）　100,147,154,161,163,175,231,241,243,250,256,258,259,278,279,282,283
钓鱼岛问题　148
钓鱼台列屿　100,103-105,107-109,111,113,116,128,130,134,138-143,146-149,151-154,161-166,168,169,175-177,179,182-185,187,193-196,199-206,208-210,212,214,215,217,218,221,223,224,226-232,234,237-242,245-249,251,258-264,267,268,271,273-275,277-293,295,297,300,302,304,305
钓鱼台列屿学术调查团　282
钓鱼台事件　110,135,170,183,184,194,195,220,251,263,302,304,305

钓鱼台行动委员会　104,219,224,225,304
丁"匪"民亦　263
丁治　244,249
东北　2,3,58,80,168,212,241,242,300,302
东德　253
东海　140,154,159,178,187,188,206,242,256,268,271,272,288,292,293,297
东海岸联合行动委员会　225
东海大陆棚问题　297
东京　40,64,93,97,112-114,117,145,149,151,154,179,180,197,199-206,208,209,211,212,214-217,220,222,227,230,251-253,257,258,265,267,274
东京新闻　102
东京最高法院　179
东南亚　54,95,252,253
东南亚国协（ASEAN）　261,262
东三省　4,10
董煜　249
读卖新闻　102,112,118,131,140,145,159,205,206
杜勒斯　19,20,22,24,32,33,35,37-41,46-48,53,58,59,63,80,81,85,91-94
杜鲁门　89,93
杜威　16,64
渡边美智雄　265
渡边秀央　267
对日本和平条约　65
对日和约研究小组　50,84,87,88

对义和约　29,30

对于战后华侨返回原居地之方案　10

多妇岛　66

E

厄瓜多　255

二百海里宣言　290,292

F

法国(法兰西)　2,3,14,40,46

法国新闻社　12

法眼晋作　197

反苏防卫论　298

饭岛清　184,195

范葵　244

方治　9

防空识别圈(ADIZ)　112

飞航识别区　215

飞濑三岛　273

飞行情报管区(FIR)　112

菲律宾　27,40,46,74,85,104,146,252,
　　253,290-294

逄化文　237

《扶助韩国独立方案》　3

浮生六记　240

福田赳夫(福田首相)　183-185,194-
　　196,200,203,258,260-263,265-
　　267,269,274,275

福州　168,303

富圣廉　249

G

冈崎嘉平太　259

冈田势一　94

刚果民主共和国　197

高长柱　249

高津正道　94

高濑庄太郎　94

高丽　41,65

高桥庄五郎　295

高委员长信钧　106

高雄　179

哥伦比亚　255

革命实践研究院　78

葛兰特　239,245

葛罗米柯　16,93

葛英华　249

根本龙太郎　94

工商日报　237

工藤　215

公海　42,68,95,96,103,253,285,
　　286,289

公明党　114,230

宫城仁四郎　118

宫川隆义　184,195

宫古岛　138

共和党　19

姑米山　303

古岛一雄　94

古贺辰四郎　154,164,302

古贺善次　164,240,302

顾维钧　1,22-25,33,35,38-41,58,60,
　　61,63,64

关于国际清理银行之公约　68

《关于讲和问题之质问战》　53

《关于联合国有关台湾各案因应方案》　28

光绪　239,240,245

广川弘禅　94

龟川正东　118
桂仲纯　188
国场幸太郎　118
国防会议　203
国防研究院　176,248
国防最高委员会　3
国际法院（国际法庭）　25,30,32,44,74,109,131,212,249
国际开发银行　96
国际联盟　198
国际领土代管制度　3
国际民用航空公约　69
国际清理银行之规约　68
国际通货基金　95
国际组织大会　1
国民大会　151,152,193,226,231-236,238,246,249
国民民主党　94-96
《"国民政府"档案》　11

H

哈佛大学　124,225
海参崴　4,10
海外对"匪"斗争工作统一指导委员会　118
海约翰　80
韩国　3,4,10,24,29,31,33,35,40,55,58,59,73,90,110,114,135,146,149,178,180,187,188,228,242,247,252,256,275,291-294
韩念龙　257
汉城　180,187,247
何昌年　182
何缉生　237

和田力　201,206,207,212
河井弥八　94
荷兰　14,23,40,47
赫尔利　3
横路孝弘　209,210
衡力　141
胡秋原　129
胡友椿　249
花瓶屿　241,248
华德翰　255
华盛顿　1,40,100-103,105,108,109,111,157,174,206,217,219,220,223,224,246,260
华盛顿邮报　217
黄光化　249
黄海　109,178,253,255,272,288
黄恒生（译音）　225
黄华　229
黄经纬　244
黄农　249
黄启武　249
黄少谷　65,84
黄尾屿　154,168,241,242,244,303
火奴鲁鲁　115
霍斯敦　106
霍特生（HODGSON）　52

J

基尔基思　4
基隆　239,241,248,303
基隆渔会　179,244
吉田谦三（吉田）　12,51,53,94,116,202
季辛格（季辛吉）　172,211,252
济州岛　65

索　引

冀象鼎　249
加拉加斯　254
加拿大　40,51,74,180,236
加藤静技　53
加藤勘十　94
加藤阳三　214
甲午战争　7,168,245,295
尖阁列岛(尖阁诸岛、尖阁群岛)　112,
　　113,131,154－156,158,159,164,
　　168,179,180,187,190,200－202,
　　204－208,212－215,218,238－240,
　　242,244－246,256,302
鉴谷一夫　269
江崎　203
蒋伯竞　188
蒋经国　123,125－134,136－148,153,156
　　－158,160,162,163,165,167,169,
　　171,199,304
蒋秘书孝肃　149
蒋慰祖　249
蒋中正　1,2,12－14,16－20,22,24,26,
　　27,31,33,35,37－41,46,49,50,53,
　　55,58,60,61,63,65,78,84,87,94,
　　97,98,172－174
《蒋中正"总统"档案》　1
《蒋中正"总统"文物》　12,13,15－19,21,
　　23,25,26,30,32,34,36－40,45,48,
　　49,52,54,57,59,60,62,64,75,77,
　　82,88,90,93,96,99
结城安次　94
捷克　253
《今日的日本》　240
金日成　93
金树基　277

金子藏　293
经济水域　254,255,271,290
井口武夫　190
井如滨　237
鸠山一郎　94
九一八事变　238
旧金山对日和会(旧金山会议)　2,89,91
旧金山对日和约(旧金山和约)　204－
　　206,243,246,295
《旧金山联合国会议有关事项》　11

Q

瞿大廷　249

K

卡拉车夫　120
卡特　250,260,262
喀麦隆　236
开罗会议　2,81,82,163,193,232,234
堪培拉　222
堪萨斯州　111
康奈狄克　304
康世恩　300
柯建安　237,249
科技合作协定　281,298
克里夫兰　93
克里米亚会议　3
克萨克斯唐　4
肯楠　150
堀木鎌三　53
苦米地义三　94
库页南半岛　22
奎北会议　1

L

拉华州　224

拉斯杜洛夫事件　209

兰县　116,149,153,201,202,204

蓝钦　20,46,58,65,84,86,87,97

劳翰　105

李飞雄　237

李拂一　249

李鸿章　180

李剑民　106

李杰超　237

李康　249

李奇威　54,93

李惟果　37

李文曾　223

李文斋　129

李我焱　224

李先念　284,285,290

李荫国　237

李宇清　249

联邦制度　69

《联合公报》　253

联合国　5-8,10,12,14,17,22,24,26,28,29,31,33,35-37,41,42,46,47,49,51,53,55,56,61,62,64-67,74,76,79,83,84,87,89,90,94-96,114,120-125,144,150,170,178,197-199,201,204,205,212,229,231,235-237,239,240,242,245,254,255,300

联合国安全理事会　41,44,66,74

联合国共同宣言　95

联合国海事法国际会议（联合国海洋法会议）　205,254,289,290

联合国和平使用海床会议　207

联合国会议　2,22

联合国秘书处　67,124

联合国人权宣言　41,65

联合国托管制度　35,43,55

"联合海洋发展研究会议"　228

梁甲荣　249

廖"匪"承志　259

廖士汉　249

林慧儿　291

林肯纪念堂　219

林让治　94

林子平　241

铃木茂三郎　53,94

铃木善幸　281

领海　7,107,130,178,205,240,244,250,251,254-256,258-263,268,273,285,286,288-292,297,300

刘邦彦　108

刘本炎　244

刘成章　237

刘家麟　249

刘建华　249

刘启泰　115

刘瑞昌　249

刘少奇　122

刘泗英　249

刘心皇　237

刘新玉　250

刘韵石　249

刘振铠　237

琉球岛　244

琉球防空识别区　214

琉球革命同志会　18

琉球归还协定　204,206,209,210

琉球海沟　168,241,303

琉球海事安全厅　227

琉球经济促进会议　205

琉球群岛　7,41,55,66,117,128,138,154,
　　155,159,161,163-169,176,177,179,
　　201,204,208,213,217,222,228-231,
　　237-240,242,243,245-249,302

《琉球现况手册》　244

琉球协定批准书　203

琉球协定外交密约　209

硫磺列岛　41

龙广泰(译音)　221

龙绳文　220,224

隆鲁　245

芦田均　94

卢森堡　236

鲁斯克　87,150

陆海光　108,119

陆容庵　249

鹿野道彦　267

路透社　101,292

旅顺　4,7

绿风会　94-96

伦敦　2,64,80,207

罗安琪　108

罗甸服　249

罗吉斯　113,142,144,206,219,223

罗马尼亚　253

罗斯福　1,81,82

罗致远　137

洛克希德飞机受贿案　184,195

洛桑条约　68

M

麻六甲海峡　205

马步青　249

《马关条约》(马关条约)　155,165,179,
　　180,245

马康卫　128,148,149,151,170,171

马可仕　252,253

马来西亚(马来亚)　3,236

马立克　46,47

马尼剌　253

马树礼　102,106,107,115

马歇尔　14,16,19

麦克阿瑟　92,93

麦叶　203,209

满洲国　36,56

满洲里　4,10

毛人凤　18

毛泽东　252

茂澜　46

梅雅集　113

梅叶　205

《每日新闻》　112,118,142,204,255,
　　285,286

美国"归还"琉球之声明稿　161,163

美利坚合众国　74,75,113,169

美联社　46,92,226

美纽澳安全公约　81

门户开放　80

盟国　2-4,9,12,17,24,29-32,35,36,40
　　-46,49,50,52,55,56,63-74,76,79-
　　81,87,89,91,92,98,103,133,141,
　　161,163,164,166,193,232,234,235

盟国军事法庭　4,42

盟建新闻处　93

蒙特娄海峡协议 68
棉花屿 241,248
缅甸 3,40,47,54,74,262
民社党 251
民用航空运输协议 43
明朝 218,303
明治 154,155,159,240,300,302
模里西斯 236
莫斯科 9,16,120,253,257,283,284
墨西哥 255
木村禧一 190
木下荣 94

尼周会谈 211
念龙会谈 263
牛场信彦 151,208,260
纽丝纶(纽西兰) 14
纽约 14,61,64,93,101,107,120,127,214,222,224,229,240,254,289,290,304
纽约民族评论 252
纽约森 262
纽约时报 37,108,118,170
纽泽西 304
钮乃圣 202

N

那霸 151,159,215,241,259,282
奈耳逊 1
南冰洋 41,66
南海 178,272,283,288,293,294
南韩 64,252
南桦太 95
南库页岛 28,31,35,51,52,55,58,95
南满路 7
南鸟岛 41,55,66,112
南斯拉夫 253,298
南威岛 66
南小礁 241
内地区 2
内务省地理局 240
尼赫鲁 14
尼加拉瓜 255
尼克森主义 235
尼克松(尼克森) 144,146,157,164,170,172,174,208,209,211,225,235,246,252,302

O

欧洲 2,81
欧洲顾问委员会 2

P

潘迪夫人 14
潘仰山 249
赔偿委员会 3
彭得(BOND) 97
彭德怀 93
彭浩一 249
彭佳屿 248,303
彭佳屿灯塔 241
彭孟缉 197
澎湖列岛 7,31,33,35
片山哲 94
平冈敏男 285,286
朴次茅斯条约 66
朴正熙 252
普林斯顿 304
普罗 12

索　引

Q

戚桐欣　241

千岛群岛　17,28,31,35,37,51,55,58

千叶三郎　53,94

前方区　2

钱复　148,302,305

钱致榕　100,114

乾隆　241

浅沼稻次郎　94

桥本复　132

侵犯钓鱼台事件　184,185,195,196

青风曾　265

青岚会　183,195

R

饶世澄　237

日本产业新闻报　241

日本冲绳县一九六五年国务调查报告　240

《日本地图》　240

日本防卫厅防卫局　214

日本府县分划图　240

日本公明党　230

日本国策研究会　187

日本国会琉球统计表册　240

日本经济参考资料　256

日本经济新闻　102,256

日本时报　102,109,113,160

日本外务省　117,201,202,206,209,211,240,243

日本无条件投降草案　3

日本政府国有财产底册　273

日本众议院外务委员会　268

日本左翼工会　204

日韩大陆礁层法案(日韩大陆棚法案、日韩大陆礁层协定)　264,265

日韩经济合作策进委员会　180

日华时局对策协议会　186,188-190,192

日美安保条约(美日安保条约)　118,145,146,203,238,252

日美防卫协议　53

日内瓦　205,242,254,291,292

日月潭　154,174

《日中(共)和平友好条约》(中日双边合约)　60,80,87,88,257

阮高祺　244

阮君换　115

S

萨尔瓦多　255

塞蒙　247

塞内加尔　236

三国草案　1

《三国通鉴图》　241

三木武夫　94,145

三原朝雄　282

三宅次长　269

色丹岛　95

涩谷　213

森山运输　284,288-290,293,300

山里永吉　118

山中贞则　200

善后救济总署　10

善后救济总署决议案　10

商震　12

上海联合公报　211

蛇岛海峡　241

社会党　53，94－96，200，204，209，250，
　　　265，280，283，284，288
沈葆桢　154
沈德亨　249
沈剑虹　111，139，141，180，303
沈平　279，280
胜间田清一　94
圣路易市　100
施耐德　113
石川　203
石井光次郎　228
石垣岛　112，154，159，227，279，283
石紫瑾　249
时代周刊　214
史密斯　246
史汀生　80
矢次一夫　187，296
矢野绚也　230
世界和平机构会议　1
双重代表权方案　197
水祥云　237
松永光　267
松泽明　279
宋时选　304
宋志斌　249
宋子文　2
苏澳　239
苏捷条约　10
苏维埃社会主义共和国联邦　9，41，74
苏友仁　249
苏子　249
孙鹤鸣　249
孙某(Robert Sun)孙运睿　192，225
孙廷荣　237
孙芗谷　237
孙中岳　249

T

塔易克　4
台北士林官邸　58
台北州法院　179
台"外交部"　131，189
台湾"国史馆"档案　1，2
台湾海峡　178，190，192
台湾银行　36，56
台湾总督府　179
台宣传外交综合研究组　126
台亚太司　186
太平洋　1，2，22，33，35，38，41，42，50，66，
　　　81，89，90，164，166，168，235，246，
　　　256，262，296
太平洋联防公约　37
泰国　3，8，9，72，106
泰晤士报　207
谈明华　249
谭雄　249
檀香山　1
汤麦士　246
唐努乌梁海　4
唐伟廉(William Thomas)　303
《特交文电(七)》　1
藤尾正行　269
天皇制度　82
天羽民雄　197
天主教学生联盟　219
田中耕太郎　94
田中角荣　183，185，195，196
田中万逸　94

索　引

田中义具　197
田中织之进　94
通产省　271,279
托管制度　41,66,205,242

W

"外交部"条约司　192
"外交部"亚太局　192
外蒙　4,10,201,253
外务省　12,101,107,109,116,117,131,
　　132,138,149,150,159,160,190,199,
　　201,202,205,206,209,210,212,216,
　　252,253,266,269,275,279,284-
　　286,288-290,292,296-298,300
外务省情报文化局　201,212
外务省亚洲局中国课　190
万国红十字会　72
王财安　249
王春生　224
王恩倬　244
王奉瑞　249
王会全　249
王亮畴　3
王勉　235,249
王石英　249
王世杰　14-16,19,24,26,27,31,37,46,
　　60,63,65
王松乔　249
王廷柱　249
王晓云　263
王雪艇　3
王虞辅　237
王禹廷　249
王震　287,288

威斯康辛　304
维多利公园　218,219
维辛斯基　16
伟立制药公司　242
委内瑞拉　254,255
委任统治制度　41,66
魏道明　131-134,154,158,159,304
魏德迈　14,16
《我与联合国》　1
乌岛　95
乌拉圭　255
屋良苗乌　238
吴三彩　250
吴仙标　224,225
吴延環　248
吴志道　249
武成祖　249

X

西鲍德　97
西伯利亚　252
西德　249
西堀正弘　197
西沙群岛　66
西太平洋区域安全体系　235
西尾末广　94
西之岛　41,55,66
昔恩义　249
锡兰　40,56,74
喜友名嗣正　18
下条恭兵　94
下条康磨　94
宪政研讨委员会　237,244
香港　137,143,210,218-221,224,225,

228,252,270,277
香港保钓联合阵线　221
香港保钓行动委会　221
香港专上学联会　221
向板垣　102
项武忠　224
小林建　147
小林犬　227
谢麟书　237
谢石角　244
谢石觉　179
新华社　5,109,180,210
新加坡　255
新疆　4,300
新疆经济合作方案　4
新纳义马　283
新宿　213
新闻天地　237
新亚洲政策　211
信托协定　68
匈牙利　253
熊起厚　249
休斯密（Thomas Shoesmith）　304
徐经满　154
徐守腾　224
许晓初　249
许孝炎　137
许质菴　237
薛光前　120
薛汉光　237
薛岳　17

Y

雅尔塔协议（雅尔塔密约）　12,58

亚东关系协会　186,188,189,192,194,258
亚伦　93
亚太理事会　143,150,198,235
鄢克昌　244,249
颜泽滋　237
奄美大岛　95,242
奄美群岛　245
燕京餐厅（译音）　220
杨格　91-93
杨季泽　249
杨联升　105
杨乃霖　249
杨日旭　100
杨扬　237
杨与勤　237
杨振宁　144
杨震清　249
姚舜　101
耶鲁大学　224
叶达三　237
叶公超　33,35,39,59,65,84,87,91,97,98
叶公超与蓝钦谈话纪录　83
叶葵南　237
《一个小市民的心声》　226
一松定吉　94
伊藤防卫　270
伊藤宏　184,195
宜兰　303
益谷秀次　94
意大利　5,236
意大利和平报　240,245
印度尼西亚　40,56,74
英国　9,40,48,51,52,59,78,80,81,84,

　　　　87,92,198,288
英国周刊　61
英苏条约　10
樱内辰郎　53,94
鹰派集团　265
永田亮一　268
楢桥渡　94
余珍珠　224
鱼津利　227
俞大维　15
俞国斌　107
俞鸿钧　39
俞康　237
宇都宫德马　259
宇山厚　149
玉泽德一郎　267
玉置和郎　183,195,273
园田直　257
袁履霜　237
袁琪　224
袁日省　249
远东顾问委员会　2,3
远东国际军事法庭　42,68
约翰斯·霍普金斯大学　100
越南　2,3,216,244

Z

曾广　304
曾广顺　101,102
曾弥益　94
增田甲子七　94
增田实　190
翟因寿　197
詹明星　197

战后琉球问题　1
张宝树　304
张敦志　244
张力行　244
张群　148,157,174
张世森　237
张望　249
张伟光　249
张新葆　249
张一梦　249
张颐　249
张玉麟　249
张岳军　198
张云蔚　238,242
章祝三　249
朝日新闻报　159
昭和复兴联盟　227
赵波　237
赵冠武　244
赵介山　240
赵树极　237
赵雪峯　249
郑家骏　105
郑嘉纲　249
郑介民　13
植原悦二郎　94
《指南广义》　241
志贺学　190
治外法权　17
智利　236,250,254
中川以良　94
中村靖　267
中岛敏次郎　190
中东路　4,7

《中俄解决悬案大纲》 9,10
中非共和国 236
中国代表权问题 197,199
中国电视公司 244,248
中国国民党中央文化传播委员会 303
《中国海岸外可能的麻烦地点》 218
中国沦陷区 2
中国战区统帅部 9
中华民国 9,40,49,59,76,79,84,87,91,92,97,108,109,111,113,116,117,121-125,131,134,138,140-142,144,148,149,154,159,161-169,178,189,190,194,197,200,201,203-205,208,212,214,217,218,224,226-228,230,237,246-252,256-258,262,268,273,277,285,287,290-296,300
中华人民共和国 190,212,225,229,252,253
中美英苏四国对日同盟条约草案 19
《中、美、英、泰军事协议》 3
中鸟守利 94
中日韩联络委员会 187,256
中日和约谈判 98
《中山记历》 240
中苏互助条约草案 9
中尾荣一 267,269
中央日报 100,107,116,117,201,202,226,244
中央通讯社 53,201,257
中野留夫 189
中曾根康弘 183,184,194-196,298
《忠勤档案》 199
重庆 1-3,248

《重要问题案》 236,237
舟山群岛 214
周良辅 237
周士杰 193,234,244,246,249
周书楷 100-105,133,135,137,139,140,142,143,149,161,163,166,172-174,246,304
洲际飞弹 296
轴心国 5
朱晋康 106
朱中玉 137
竹入义胜 230
竹下丰次 94
驻日大使馆 101-103,105-109,111-114,116,131,132,134,138,140,142,143,145-148,158-160,202,296
驻外使领馆 237
自立晚报 237,244
自民党 141,145,158,183-185,194,196,198,214,215,258,259,262-265,267,269,270,273,277,281,282,284,298
自然延伸原则 193,232,234
自由泰国解放委员会 3
总理纪念周 78
最惠国待遇 24,29-31,36,43,69,98
佐藤查究 203
佐藤·韩会谈 262
佐藤龙太郎 187
佐藤隆 267,269
佐藤—尼克森 216
佐藤荣作 94,164,187,203,205,209,223,302
佐藤尚武 94
佐藤正二 257

图书在版编目(CIP)数据

"国史馆"藏档 / 董为民,殷昭鲁,徐一鸣编. —
南京:南京大学出版社,2016.9
(钓鱼岛问题文献集 / 张生主编)
ISBN 978-7-305-17085-0

Ⅰ.①国… Ⅱ.①董… ②殷… ③徐… Ⅲ.①钓鱼岛问题—史料 Ⅳ.①D823

中国版本图书馆 CIP 数据核字(2016)第 131998 号

项目统筹	杨金荣　官欣欣
装帧设计	清　早
印制监督	郭　欣

出版发行	南京大学出版社		
社　　址	南京市汉口路 22 号	邮　编	210093
出 版 人	金鑫荣		
丛 书 名	钓鱼岛问题文献集		
主　　编	张　生		
书　　名	**"国史馆"藏档**		
编 者	董为民　殷昭鲁　徐一鸣		
责任编辑	田　甜　李鸿敏	编辑热线	025-83593947
照　　排	南京南琳图文制作有限公司		
印　　刷	南京爱德印刷有限公司		
开　　本	718×1000 1/16　印张 22.25　字数 365 千		
版　　次	2016 年 9 月第 1 版　2016 年 9 月第 1 次印刷		
ISBN 978-7-305-17085-0			
定　　价	178.00 元		

网址:http://www.njupco.com
官方微博:http://weibo.com/njupco
官方微信号:njupress
销售咨询热线:(025) 83594756

* 版权所有,侵权必究
* 凡购买南大版图书,如有印装质量问题,请与所购
　图书销售部门联系调换